王臣瑞著

大學用書

倫理學

（理論與實踐）

臺灣學生書局印行

自序

人類的學問是隨着時代進步的，同一類的書常可以重寫一次，倫理學當然也不例外。而且如果一種書常有重寫的理由，倫理學似乎更有理由再重寫。這就是爲什麼雖然在自由中國臺灣省有不少的倫理學，我們仍然再寫一本的道理。

我們都知道：人類今天面臨着許多嚴重的問題，譬如政治問題、經濟問題、環境汚染問題、以及戰爭問題等，然而在這些問題中最大的問題，恐怕就是倫理的問題。我們這樣說，並非故弄玄虛，譁衆取寵，因爲事實證明，國際上早已是非不辨，善惡不明，處處彌漫着姑息主義的氣息。同時，在我們人類的社會上，爾詐我虞，作姦犯科的事，不但層出不窮，而且尚有變本加厲之勢。更有甚者，由於倫理實證論、相對論和唯物論的影響，很多人都已否認了倫理眞理的存在，認爲人的行爲沒有本質善惡的分別，人生也沒有一個不變的標準，道德更沒有形上的基礎，這都不能不說是極嚴重的問題。我們認爲：研究倫理學的人，有責任對這些問題作深刻的研究，一定要發掘問題中最基本的核心，分析問題中最內層的因素，追根窮源，探頤索隱，把問題的眞理闡明。本書之作，就以此作爲目標之一。

還有，倫理學不但是一門純理論的學問，也是一門實踐的課程，它的目的是在學以致用，因此，理論與實踐，兼顧並重才對。所以倫理學必須給人在實際的人生上指出做人行事的標準來，譬如如何分辨行爲的性質？如何評判道德的價值？如何解釋權利與義務的衝突？如何形成確定的良心？本書也以解決這類的實際人生問題，作爲它的另一個目標。

也許有人以爲：凡是倫理學莫不有那兩種目標，似無標榜之必要。然而事實不然。在今天，有許多倫理學已不再以探討行爲的性質爲對象，也不再以指導人生的途徑爲職責，最明顯的例子莫過於分析倫理學，這種倫理學只以研究倫理字句的意義與邏輯爲課題，行爲的善與惡，是與非，皆不在它討論之列，更遑論指導人生了。我們的主張則與此大不相同，我們認爲：倫理字句的意義與邏輯固然很重要，但是分辨行爲的性質，建立行爲的標準更爲重要，因爲這是倫理學的基本職務。由於我們的倫理學極其注重這兩種目標，所以我們在本書書名「倫理學」之外，又特註以「理論與實踐」的小標題。

本書的資料多是作者近年來在輔大教授倫理學時所搜集，以及個人研究的心得；因爲大學倫理學授期爲一年，所以書中內容多偏重大原則性的「普通倫理學」，對於特殊生活的「特殊倫理學」所討論的問題較少。因爲作者認爲：以很短的時間讀包羅萬象的倫理學，似乎多注意一些大原則性的問題爲是。

民國六十九年八月十二日

於輔仁大學

倫理學　目錄

第三章　論行爲的目的

第四章　論意志的自由

第八章　論倫理價值

第一章 緒論

在我們研究任何一種學問時，應先對它的內涵稍知梗概。這樣，我們不但對書中所要講的材料能有個大體的觀念，而且還可以自行蒐集資料，作進一步的探討。倫理學，顧名思義，不難知其所指，但如對它的意義能深究一番，同時把它與其他有關的科學作一簡單的比較，再把它所研究的對象稍作闡明，我們必會對它有一個更清晰的認識。在這一章裏，我們所要討論的問題，就是這幾點。不過，既然我們開始要研究倫理學，對於研究倫理學的方法，也就不能不附帶一提。

第一節 倫理學的意義

倫理學的意義可從字源與實質兩方面來說。

一、從倫理學的字源方面來說：倫理學在拉丁文稱 Ethica，因爲西方的文字大都淵源於拉丁文，所以倫理學一詞，在英、法、德、意諸語，也都是大同小異。原來，拉丁文的

Ethica一字，又出於希臘文的Ethos ；而希臘文的這個字，是指風俗習慣的意思。但是，風俗習慣，廣義的來說，則包括社會的一切規範、慣例、典章和制度。所以拉丁文的Ethica 一字也就成爲倫理學的專有名詞。

倫理學在拉丁文除用Ethica一字外，還用Philosophia Moralis ，那是因爲在拉丁文表示風俗習慣的字是mores ；moralis則是mores 的形容詞。又因爲拉丁文用Philosophia Moralis 作爲倫理學，因此西方的語言有時也用與這兩個相同的字。

在中文裏，倫理二字早已爲古人所聯用。（註一）雖然中國古代學者未有把倫理學發展成一門專門的學問，但是中國的文化向來以倫理作主幹，對倫理的理論發揮得淋漓盡致，深邃透徹。中文的倫理二字，在字義上，較之希臘文與拉丁文所指的倫理一詞，尤爲妥貼恰當；倫字有輩有類的意思，是表示人際間的各種關係；理是紋理或道理，是說明人際間的關係，不是雜亂無章，而是有條有理、有原則和有標準的。所以中國的文化有「人倫」和「五倫」等說，而「人倫」一說，更散見於中國的經書裏。中文用倫理二字作爲倫理學，實較西方的文字尤勝一籌。

二、從倫理學的實質方面來說：倫理學研究人的一切倫理事實：諸凡人行爲的性質、行爲的標準、良心的現象、法律的基礎等，無不包羅於倫理學的範圍之內。然而今天的倫理學家們對於倫理學的看法，實是南轅北轍，各不相謀，大致來說，可分爲三種體系。

第一種是描述倫理學（Descriptive Ethics）。這種倫理學對於人的行爲，不論是在個人方面，或是在團體方面，都不作價值的判斷，也不建立原則與標準；而只作現象的敍述。因此，縱或在某一些社會裏，發現有極不合理的生活事實，也不加以指導和糾正。描述倫理學有時也稱爲科學倫理學；廣義的說，人類學、心理學、社會學，都屬於這種倫理學。

第二種是分析倫理學（Analytical Ethics）。分析倫理學一如描述倫理學，旣不批判人行爲的價值，也不研究人行爲的標準。行爲的善與惡，功與過，均不在它所討論之列。它所注意的是倫理字句的語意和邏輯的問題，譬如在我們說「這是一個惡的行爲」，或者說「那是他的責任」時，分析倫理學家認爲：倫理學的任務不是要判斷一個人的行爲的善惡，也不是要加予一個人一種責任；而是要在那兩個語句中分析「惡」與「責任」的意義。在一個倫理的語句裏，分析倫理學家的主要任務是探詢其中倫理字的內涵，譬如問什麼是「善」？什麼是「惡」？什麼是「價值」？什麼是「標準」？甚或什麼是「倫理」？

分析倫理學家把行爲的倫理理由與邏輯理由相分開，他們認爲二者在一個行爲上，不能相提並論；因爲行爲的倫理理由是使行爲成爲道德的理由；有了倫理的理由，行爲便不致受到別人的譴責與批評。邏輯的理由是使行爲實現的理由，有了邏輯理由，行爲便不得不成立。對於分析倫理學家而言，我們人所作的倫理判斷是不可靠的，因爲在我們作一個倫理判斷時，我們已經受了語句形式的欺騙，譬如說「謀殺是惡的」，這個倫理判斷語句與自然事實語句如「草是綠的」，看起來完全相同，然而在實際上，則大異其趣。因爲在「草是綠的」這個自然事實語句裏，它的眞實性可以一目了然，不必廣引博證；然而在「謀殺是惡的」這個倫理判斷語句裏，我們便不能直截了當的看到它的眞實性，我們必須分析、探討、推理。然而結果如何？仍然難以斷定。

第三種是規範倫理學（Normative Ethics）。這是狹義的倫理學，也是中西傳統所講的倫理學。中國自堯、舜、禹、湯、文、武、周公，由孔子集大成，一脈相傳的儒家哲學，西方以亞里斯多德（Aristotle,384-322B.C.）的哲學爲基礎，經教父（Patres）發揮，再由聖多瑪斯（St.Thomas Aquinas,1225-1274）解釋訂正，而後融會貫通，以迄於今的士林哲學，此外，凡主張有道德標準和原則的哲學家們的倫理學，都屬於規範倫理學。

規範倫理學主張：人之所以爲人，必與其他動物有別，因此人也必有其做人之道。然而人之所以別於其他動物，是在於人的理智，所以人之做人之道，應是依據人的理智而生活。但是這也就說明了倫理學的規範性質，因爲如果理智是我們生活的依據，理智自然便要求理想、標準和原則。

規範倫理學研究人行爲的原有本質，探討道德的最深基礎，實是形上學的一部分。但是規範倫理學不只是一個純粹理性的理論哲學，也是人行爲的實際標準和指導。因此規範倫理學認爲人的倫理文字如善、惡、是、非、稱讚、譴責、權利和義務等，都有實際的意義，與人的行爲有密切的關係，不是只供人分析而已。

倫理學含有規範的意思，原是它的本義，所以早先的倫理學並未冠有規範二字。現在我們所以有規範倫理學之稱，是因爲能對描述倫理學與分析倫理學有所區別。然而一般來說，在我們談論倫理學的問題時，雖然指的是規範倫理學，而仍然不加以規範二字。的確，如果倫理學不講如何做人、如何行事，實在已失去了倫理學的意義。

我們說，倫理學是在研究人行爲的本質，探討道德的最深基礎，因爲它的目的是要建立人行爲的標準、確定人的做人之道、使人度一個眞正合於人的生活、做一個眞正名副其實的人。因此，在這種意義之下，我們認爲倫理學的定義應當是：「以人的理智研究人行爲的絕對規範和實踐的科學」。對於這個定義，我們有加以解釋的必要。

倫理學是以理智所研究的科學：倫理學所研究的是人行爲的原則和人的做人之道，所以應以人的理智作依據。我們認爲人的理智有能力去分辨善惡、評鑑眞僞，因爲理智的對象就是眞理；即使否認理智可以認識眞理的人，也必以理智作爲自己理論的依據。凡是證明理智不可能認識眞理的人，都證明一件事，那就是理智可以認識眞理。如果一個人實在否認理智的有效性，那麼，他也就沒有權利反對有關理智的任何主張。因爲不相信理智，就不應該利用理智。

人的思想的結構包括許多因素，構成一個思想的因素不能盡屬錯誤，在我們說「石頭有理智」時，這固然是一個錯誤的思想，但是石頭的存在是眞實的，有些物有理智也是眞實的。因此，即便人的一個錯誤思想，也必含有眞理的因素。（註二）

倫理學是規範科學：我們一談到規範，不免使人聯想到法律、規則、拘束等名詞；也不禁令人想起盧梭（Jean Jacques Rousseau, 1712-1778）在他的「民約論」中首章所說的話：「人生而爲自由，但處處被鎖鏈所束縛。」也許我們感歎，爲何人不能自由的生活，而非有規範不可？

首先，我們應該了解：倫理規範不是倫理學家向壁杜撰，憑空揑造的一套法律；倫理規範與人類同時出現，倫理學家只是研究和發現而已。人生有倫理規範，實是人性的要求；人性告訴人，如果人要想活得像個人，換言之，如果人要想做個眞人或完人，就必須遵守理智的指導，而理智的指導，就是人的規範。這就如同魚一樣，如果魚要想活得像條魚，活得優游自在，就必活在水中，因爲水是牠本性的要求。離開了水的魚，不是獲得了自由，而是喪失了自由。同樣，離開了倫理規範的人，也不是獲得了自由，而是喪失了自由。當然，離開了倫理規範的人，不會像離開了水的魚，一定會趨向死亡；但是他已陷入罪惡的泥沼，生活不能自如。

人不論度何種的生活，都有他的規則。依照倫理規範生活的人，固然有他的規則；不依照倫理規範生活的人，也何嘗沒有他的規則？只是規則的性質不同而已。

在人生裏，人是藝術家，也是藝術品；是彫刻家，也是大理石。一件好的藝術品，一個傑出的彫刻，沒有不有藝術原則的。沒有原則、沒有美感的作品，不能稱爲藝術。藝術家的一筆一畫，一刀一斧，都有它的講究；人的一言一行，一擧一動，也有它應有的道理。藝術家的一刀一筆，可以毀壞他的作品，人的一言一行，也可玷污他的人生；中國諺語所說的「

一念之差，貽誤終身」和「一失足成千古恨」，不是沒有道理的。

倫理學是絕對的規範科學：規範有絕對與相對的分別。相對的規範是有條件的規範，可以遵守，也可以不遵守；願意達到目的，就遵守；不願意達到目的，就不遵守。譬如一個人願意自己的言論有條有理，他就應該遵守邏輯的規則，如果他願意自己的建築美輪美奐，他就應該遵守藝術的規則；但是如果他偏要自己的言論語無倫次，或者偏要自己的建築古裏古怪，那麼，他就蠻可以把邏輯規則和藝術規則束之高閣，置諸不理。

倫理的規範不是相對的，而是絕對的；不是可以遵守或可以不遵守的，而是必須遵守的。因爲在善與惡之間、是與非之中，我們沒有選擇的自由。沒有人有做惡的權利，也沒有人可以放棄做好人的責任。倫理規範就是做人的規範，因爲那是「我們走人的道路，過人的生活，在人的社會裏，表現人的價值，提高人的尊嚴，擴大並發揮人性的光輝。」（註三）做人就是做眞人、完人、善人，一生做人，「造次必於是，顚沛必於是！」（論語・里仁）所以有人把倫理學定義爲：「人應依其所以爲人而做人的科學。」（註四）

倫理規範是絕對的，但是這並非說它不考慮人性的輭弱，要我們保證一生不能做出錯事來。人是有限的物，屬於人的一切，也莫不是有限的。因此，人的一生不能毫無缺失，完全美滿；聖多瑪斯也認爲，以人的本性而論，沒有人可能一生完全免於一切的過錯。（註五）中國至聖孔子也說：「若聖與仁，則吾豈敢？抑爲之不厭，誨之不倦，則可云爾已矣。」（論語・述而）他又說：「加我數年，五十以學易，可以無大過矣。」（同上）這雖都是孔子自謙的話，但是也說明了，孔子自認不是完全沒有錯誤的。在孔子的心目裏，在他的弟子們當中，品格道德最高尙的是顏回，孔子曾讚他「不遷怒，不貳過。」（論語・雍也）然而這豈不也說明了顏回有過？不過，人性雖然輭弱，難免一生沒有過失，但是我們却不能不有不犯過失，堅守倫理規範的決心。

倫理學是實踐科學：倫理學不是一門純粹理論的科學；純粹理論的科學專研究事物的眞理，揭發其中的奧秘；它是爲眞理而求眞理，以純粹的知識爲目的。宇宙論就是這樣的科學，因爲宇宙論是藉可感覺的自然物，研究超感覺性的自然原理，是超自然科學的自然哲學。倫理學不是這樣，倫理學在研究眞理之外，還注重實行；它不但要人知道什麼是惡，還要人疾惡若讎；不但要人知道什麼是善，還要人擇善固執，而且止於至善。

我們說過，倫理學是做人之道。然而做人，不只是知道它的道理，還必按着道理去實行。知道與實行完全是兩回事，亞里斯多德所以不贊成蘇格拉底（Socrates, 469-399B.C.）的「知識卽德行」的理由，就是因爲雖然蘇氏看到了知識的重要性，但却忽略了人的自由與情慾；不是凡人知道的善事，就毫無懷疑的一定去做。中國明代大儒王陽明也主張「知行合一」，但他所講的知，是心悅誠服的知，不是知而不行的知；知而不行，不是知。所以他說：「未有知而不行者，知而不行，只是未知。」（傳習錄）因此在中國的哲學裏，不論是古人所主張的「非知之艱，行之維艱」（尚書・說命中篇）的「知易行難」，抑或　國父孫中山先生的「知難行易」，都是說在知以外，尚必有行。

人由於實際做人，漸漸成爲一位完人；這就如木匠由於實際做木匠，漸漸成爲一位好木匠；電工由於實際做電工，漸漸成爲一位好電工。他們成爲好木匠或好電工，不只是因爲明白木工和電工的原理，而是由於實際的操作，熟而自然能生巧。我們都知道，一位登峯造極的音樂家，或者一位出類拔萃的運動員，他們所以能有驚人的表現，也不只是因爲他們讀過音樂和體育的書籍，而是因爲勤奮琢磨，千錘百煉，而後才達到了爐火純青的地步。

倫理學家喜歡用病人求醫來比喻倫理學與做人的關係，病人的病況是否有起色，端視病人如何執行醫生的處方，如果病人不照醫生的指導去做，縱有華佗再世，也是無濟於事。人做人也是如此，不是讀過倫理學的人就是完人，而是依照倫理規範生活的人，才能慢慢的在道德的生活上登堂入室。

倫理學是科學：這裏所說的科學，不是像物理、化學、天文等狹義的科學，而是廣義的科學。廣義的科學是指有原因、有系統、可以證明的知識。倫理學就是這樣的科學。我們認爲有强調這一點的必要，因爲實證論者否認了倫理學的知識價值。

實證論（Positivism）爲十九世紀的孔德（August Comte,1798-1857）所創，實證論一詞也是由他首先所使用。他認爲眞正的知識僅限於事實，而事實就是可感覺與可經驗的事物；神學和形上學皆屬空想，不能算做知識。其實，這種思想遠自伽利略（Galileo Galilei,1564-1642）便已開始，伽氏以實驗和數學作基礎，提倡自然科學，把知識的眞實性完全建立在可觀察、可計算的事物上。

實證論者既然把知識的範圍縮小到經驗和數字上，因此他們認爲只有可以用單位衡量和可以用感官證明的東西，才是眞正的知識；實驗是眞理的惟一根據，只有在實驗室內，才能證明知識的有效性。所以對於實證論者來說，倫理學不能算作眞正的知識，因爲倫理學所研究的是人的行爲；而人的行爲，雲譎波詭，變化莫測，既不可以假定，也不可以證實；如果說倫理學有有價値的知識，那就是其中有關社會學、人類學、心理學等部分。

我們認爲實證論者對倫理學的批評，實在有欠公允。因爲凡是一門科學，都有它自己所研究的對象：社會學有社會學研究的對象，人類學有人類學研究的對象。不同科學的對象雖不免有相同之處，但其專有的對象則是獨一無二，與其他科學的對象絕對劃分嚴明，彼此不相混淆；否則，便不是一門獨立科學。倫理學既是一門獨立的學問，亦有它自己所研究的對象；它的對象決不能爲其他的科學所代替。因爲我們人類所要研究的學問，涵蓋極廣，我們不但要研究外在的宇宙，也要研究人自己的本身；不但要研究物質，也要研究精神；有的科學探討事物的現象，有的科學探討事物的價値；有的科學用數字和單位來表示，有的科學用「應該」和「不應該」來說明；倫理學的問題既不是其他科學的問題，就不應站在其他科學的立場，來批評倫理學。況且倫理學所研究的對象，決不是飄渺虛無，而是可感覺、可觀察的人的行爲；它所建立的原則和標準，也決不是空穴來風，而是有原因、有系統、可以證實的事實。

倫理學是哲學，也是科學，而哲學與科學不能相分離，因爲「科學裏有哲學，哲學中有科學。」（註六）「當我們回顧學問的歷史時，就可以知道所有的學問，都是以哲學的立場把握自然爲出發點。」（註七）「科學不盡是具體的，哲學不全屬抽象的。」（註八）哲學與科學「同時誕生於紀元前第六世紀。」（註九）的確，起初的哲學家也是科學家，亞里斯多德便是一個最好的例子，他的「物理學」是哲學，也是科學。哲學與科學不是彼此無關，更不是互相對立，而是相輔相成、共存共榮的。實證論者認爲科學必須有假定，有假定而能證實，才是有效的知識；然而科學的假定，不論在那一方面，都是不能離開哲學的。因爲如果假定涉及到科學的對象，那便是存有論（Ontology）的問題，如果涉及到科學家本身的認識能力，那便是認識論（Epistemology）的問題。科學理論家林德賽（R.B. Lindsay）說得很對，他認爲不論科學家願意與否，在建立科學理論的過程中，決不能不作哲學上的評價和判斷，科學是不可能離開哲學的。（註一〇）

第二節　倫理學與其他科學的關係

倫理學是研究人行爲的科學，然而有些別的科學也研究人的行爲；但是它們絕不相同，因爲它們所研究的主要對象不同。與倫理學發生關係的科學，主要的有以下幾種：

一、倫理學與心理學的關係：倫理學與心理學都是以研究人的行爲爲對象，而且也都研究人行爲的動機。但是心理學研究人的一切行爲，包括有意識與無意識的行爲在內；在心理學看來，凡是發自人的任何動作，都是人的行爲。倫理學便不然，倫理學所研究的是人的自由意志的行爲，換言之，就是人的自主自抉的行爲，因爲惟有這種行爲，才是負責的行爲；所以倫理學所研究的只是人的有意識的行爲。當然，倫理學也不是不顧及人的無意識的行爲，然而它所以顧及人的無意識的行爲，其目的仍是在了解人的有意識的行爲。心理學研究人的行爲的主要觀點，是在明瞭行爲的「爲何」的問題；倫理學研究人的行爲的主要觀點，是在明瞭行爲的「應該不應該」的問題。前者注意人心理的健康，後者注意人良心的健康；一個注意人的身體，一個注意人的靈魂。

心理學與倫理學雖是兩種不同的科學，然而心理學對於倫理學却有極大的貢獻：心理學研究人心理的各種狀態，發掘組成人行爲的一切因素，使倫理學對於人的行爲有更眞實的評價，作更正確的指導。

二、倫理學與人類學的關係：人類學是研究人類的生活、習慣、風尚、文物、宗教、文化的科學，而這些問題也都包括在倫理學所研究的範圍之內。但是，人類學只在發現和敍述事實，不作任何道德上的批判；因此縱或在某些社會裏，發現一些不合理的生活方式或現象，也不作糾正和指責。倫理學適與此相反，倫理學的責任是要說明倫理的原則、指出行爲的標準，凡與原則與標準相合的行爲，便予以鼓勵和贊同；與原則與標準相反的行爲，便予以矯正和開導。倫理學不分民族，不分畛域，對於整個的人類，一視同仁；它所企望的，就是要人人都能度一個眞正人的生活，做一個眞正的完人。

三、倫理學與社會學的關係：社會會是研究人類行爲的動向、社會上的人際關係，以及人類與其生存環境關聯的科學。因此它不但研究人類的個人行爲（Individual behavior）、比較不同民族的行爲模式（Behavior pattern），而且還要研究社會的組織、社會的制度、社會的發展，以及群體生活所產生的價值觀念和共有的認同。此外，人類的基本生活條件如衣、食、住、行和環境，也都在其研究範圍之內。在社會學研究這些問題時，如果發現缺點和弊端，也都加以糾正和譴責。不過，它的糾正和譴責只是建議性的。

倫理學對於社會學所研究的問題，也都加以討論，尤其「特殊倫理學」一部份，對於人類大小社會的性質，更作徹底的探討。一如社會學，倫理學對於社會上的錯誤和弊端，也都加以糾正和譴責；但是那些糾正和譴責，不是建議或勸導性的，而是強制和必須的；因爲倫理學所要求的，不是根據人所制定的法律，而是根據人性的自然律。

四、倫理學與政治學的關係：政治學是研究國家政治現象的科學，其中包括政治制度、政治團體、權利組織、權利施行、以及國家與國家之間所發生的關係。人的生活是離不開政治的，亞里斯多德早就說過：「人按自己的天性，就是一個政治動物。」（註一一）但是政治生活只是人生活的一面；人的生活包括許多面，譬如經濟生活、文化生活、宗教生活等。而人的這一切不同面的生活，都涵蓋於倫理生活之內，因爲倫理生活就是人之所以爲人的整體生活，所以政治生活實是人倫理生活的一部份。

人類古代的文化，不論東方或西方，都溶政治與倫理於一爐。西方最早有關政治學的著作，要算柏拉圖（Plato, 427-347 B.C.）的「共和國」和亞里斯多德的「政治學」，而這兩部書都把政治學與倫理學看作一體來討論，而且也都以倫理學作爲政治的基礎。柏氏認爲惟有受過特殊優良教育和有高尙修養的人，才有領導國家的資格；亞氏則指出國家乃人類的最高社會，目的在使人度一個崇高道德生活，因此，執政者非有最大的能力與德行，便不足以擔當重任。

中國的政治思想，更是以倫理道德作基礎，一向是崇王道而貶霸道，尙仁政而棄暴政；在一部尙書裏，每篇典、謨、誓、誥，無不是講的道德政治。中國大哲孔孟二人，主張王道仁政，更是不遺餘力，孔子說：「爲政以德，譬如北辰，居其所而衆星拱之。」（論語・爲政）又說：「道之以政，齊之以刑，民免而無恥。道之以德，齊之以禮，有恥且格。」（同上）原來，孔子把政就解作正，政治的目的無非是求上下皆歸於正；但欲在下者歸於正，在上者必先歸於正，所以孔子又說：「政者，正也。子帥以正，孰敢不正？」（論語・顏淵）孟子承襲這種思想，因此也說：「君仁莫不仁，君義莫不義，君正莫不正。」（孟子・離婁上）又說：「堯舜之道，不以仁政，不能平治天下。」（同上）以道德作爲政治基礎的思想，散見於孟子全書，實是比比皆是，不可勝述。不過，在中國古籍中，講王道仁政最精闢、最透徹、最有系統的，應是大學一書。大學的政治思想就是內聖外王，把修身作基本的治國條件。分析起來，大學有「明明德」、「新民」及「止於至善」三綱要，以及「格物」、「致知」、「誠意」、「正心」、「修身」、「齊家」、「治國」及「平天下」八條目。大學雖是短短數篇，却是一部了不起的倫理政治鉅著。

五、倫理學與法律學的關係：倫理學與法律學有很多相同的地方：二者都是以人的行爲爲研究的對象，而且也都爲人的行爲建立原則和標準。但是法律學多强調明文，認爲凡是與法律相合的行爲，便是好的行爲；而與法律不相合的行爲，便是壞的行爲。因此縱然有的人，心懷叵測，但是只要不觸犯法律明文，便不失爲守法的人。倫理學便不如此，倫理學不但看人的外表，還要看人的內心。一個人稱爲好人或善人，不但要遵守法律，而且還須存心正直。所以法律所認爲的好人，倫理學可能認爲是一個不道德的人；法律所判爲的罪犯，倫理學可能認爲是一個無辜者。

六、倫理學與人生哲學：無疑的，倫理學與人生哲學是兩門最相近的科學，但是二者並不完全相同。人生哲學是研究人生的來源、意義、價值和目的，以及人對於人、對於物、對於神的關係的科學；它的主要目的，是給人在人生上指出一個正確的道路來。倫理學也有這種目的，但是倫理學的主要任務，是要探討人行爲的本質，分析人行爲的善惡，指出人行爲的標準，以企人對於立身行事，在每一個行爲上，不論輕重鉅細，都能有所適從。

第二節　倫理學的對象

大凡一種哲學或科學都有兩種研究的對象：一種是物質對象（Material Object），

一種是形式對象（Formal Object）。物質對象又稱爲公共對象，因爲那是不同的哲學或科學所共同研究的對象。形式對象又稱爲特殊對象，因爲那是一種哲學或科學所單獨研究的對象。不同的科學或哲學可能有相同的物質對象，但不能有相同的形式對象，它們之間所以相分而獨立，就是因爲有自己的特殊對象。

倫理學的物質對象或公共對象是人的行爲，因爲人的行爲不只爲倫理學所研究，也爲其他的哲學或科學所研究。倫理學的形式對象或特殊對象是人行爲的善惡和是非的性質，這是倫理學所專門研究的一點。倫理學所注意的不是做什麼的問題，而是應該做與不應該做，或者可以做與不可以做的問題。在一個行爲上，倫理學的任務是辨別行爲的性質，指明行爲的原則。所以杜威（John Dewey, 1859-1952）把倫理學定義爲「從邪正善惡的立場去研究行爲的科學，」（註一一）不是沒有道理的。因此，雖然倫理學所研究的問題極爲廣泛，但都沒有脫離這種觀點。

第四節　研究倫理學的方法

人的知識是逐步完成的，由於抽象，我們得到事務的觀念；由於比較，我們得到事物的判斷；由於推理，我們由已知知道不知。推理是理智運用的最高峯。推理的方式有兩種：那就是歸納和演繹，我們不論做什麼學問，都離不開這兩種方法。

演繹是由一個普遍的原理，推出局部的眞理；由一個公共的原則，得到單個的事實，幾何和代數便是利用演繹的。歸納與演繹正是相反，歸納是由局部的眞理，求出一個普遍的原理；由單個的事實，得到一個公共的原則。歸納是一種以經驗作根據的推理方法，物理學和化學多是利用歸納的。

我們研究倫理學要用什麼方法呢？哲學家們的意見不盡相同，理性主義者如笛卡爾（René Descartes, 1596-1650）和斯比諾撒（Benedict, Baruch Spinoxa, 1632-1677）主張利用演繹；經驗主義者如洛克（John Locke, 1632-1704）和休謨（David Hume, 1711-1776）等主張利用歸納。而我們則主張演繹與歸納兼顧並用，因爲倫理學旣離不開原理，也離不開經驗；利用原理，屬於演繹，利用經驗，屬於歸納。

我們研究倫理學，一定離不開原理，因爲人行爲的價值或標準，不都是來自經驗，而是與行爲的本質有關，譬如倫理學的最基本原則：「善應行，惡應避」，或者簡單的說，「行善避惡」，就不是來自經驗；又如「說謊是不道德的」原則，也不是來自經驗。「說謊是不道德的」，不是因爲我們看到張三說謊是不道德的、李四說謊是不道德的、或者其他別的人說謊是不道德的，我們才結論：「說謊是不道德的」。相反的，因爲有「說謊是不道德的」原則，所以我們才說張三說謊是不道德的、李四說謊是不道德的，或者王五說謊是不道德的。倫理學不像生物學或化學，或其他的自然科學，單憑實驗來了解它們的眞實性，倫理學有它的普遍原則，那些普遍原則的基礎是人的天性，原在經驗以前。

但是，倫理學也離不開經驗，因爲經驗是事實；沒有事實，倫理學的許多理論，便不免成爲空中樓閣，海市蜃樓。倫理學所研究的是實際的人生，決不能與事實脫離關係；國家的許多法律、社會上的許多組織，都是由於經驗所制定或組成的。在研究倫理學上，演繹與歸納一般重要，不能偏廢其一。

註一：禮記、樂記篇：「凡音者，生於人心者也；樂者，通倫理也。」政通案：王夢鷗、禮記今註今譯，解此處之倫理爲：「倫是人倫，理是物理。」賈誼、新書、時變篇說：「商君違禮儀，棄倫理。」輔佐篇：「以禮儀倫理，教訓人民。」春秋繁露、人副天數篇說：「行有倫理，副天地也。」淮南子、要略訓：「經古今之道，治倫理之序。」以上所引，皆見中國哲學辭典（韋政通編著、大林出版社）倫理條。

註二：參考：哲學概論，馬里旦著、戴明我譯，二〇五頁。萬有文庫、商務出版。

註三：蔣總統嘉言錄、第一輯、十二頁。秦孝儀編、裕台公司興台印刷廠印行，民國五十六年。

註四：Foundations of Thomistic Philosophy by A. D. Sertillanges, St. Louis, B. Herder Book Co. 1931. P. 234.

註五：St. Thomas, Summa Theologiae, I-II, Q. 109, a. 8

註六：方東美著：科學哲學與人生，虹橋書店印行，五四年，六頁。

註七：合田周平著，汪仁雄譯：生態學入門。協志工業叢書，六五年，八頁。

註八：方東美著：科學哲學與人生，七頁。

註　九：羅素著，鍾建閎譯：西方哲學史，中華文化出版事業委員會，四十四年，第一册，八頁。

註一〇：林德賽著，方祖同譯，科學與文化，協志工業叢書，六一年，七二頁。

註一一：J. Dewey and J. H. Tufts, Ethics, 余家菊譯：道德學，上海中華書局，二四年，一頁。

第二章　論人的行爲

人的行爲的問題是倫理學的一個基本問題，除非我們先對它有個清晰的觀念，便不易討論其他的問題。因爲倫理學所研究的任何問題，諸如行爲的價值、行爲的標準、權利與義務、德行與惡習等，無不建立於行爲的正確觀念上。因此，我們就把人的行爲問題，作爲倫理學的第一個問題來討論。

第一節　人的行爲與人的動作

在我們普通談話時，人的行爲與人的動作，可以彼此混用，沒有什麼關係；然而在倫理學裏，它們的意義却是南轅北轍，不可同日而語。人的行爲是指人自主自決所做的行爲，人的動作便不是這樣的。

人是動物的一種，然而人並不完全同於普通動物，因爲人有理智，而動物則沒有理智。西方的許多哲學家們，而尤其士林哲學家們（Scholastic Philosophers），就把人定義爲「有靈的動物」。中國的傳統哲學對於人也有同樣的觀念：尙書，泰誓上篇說：「惟天地父母，惟人萬物之靈。」孟子說：「人之所以異於禽獸者幾希！」（孟子·離婁下）周敦頤也說：「唯人也得其秀而最靈。」（太極圖）因此，人既是有理智的，那麽，人在做事時，也就應該知道他所做的事才對；而且也惟有如此，才算是人的行爲，因爲這是站在人的立場所做的行爲。所以不是人的一切活動都稱爲人的行爲，人的行爲的定義是：「出於理智的認識與意志同意的活動」。人的行爲所以又稱爲自由意志的行爲，便是這種道理。所謂自由意志，既包括意志，也包括理智，因爲必須有理智的認識，才有意志的同意。

很明顯的，我們有許多行爲不是出於理智的認識與意志的同意的，而是不知不覺，或者僅僅由於本能而做的。這些行爲只能稱爲人的動作，不能稱爲人的行爲。我們稱它們爲人的動作，因爲只是出於人，而非站在人的立場所做，譬如當一個人極度的疲倦時，無意的打個呵欠，或者由於心猿意馬，說了一句錯話，這些都是人的動作，不是人的行爲；又如人受到驚嚇時，猛然一跳；手觸到高溫時，馬上挪開，也都是人的動作，不是人的行爲。當然，心臟的跳動、血液的循環、肺部的呼吸、以及生物迴饋系統的種種現象，更是人的動作，而非人的行爲了。

人的行爲與人的動作的主要分別，在於是否是出於理智的瞭解與意志的同意。換言之，是否是明知故意而做的，如果是明知故意而做的，便是人的行爲；如果不是明知故意而做的，便不是人的行爲。所以，縱然人有一些動作與獸類相同，如飲食、睡眠、走動等，但如人明知故意而做，就變成了人的行爲。相反的，雖然思想是獨屬於人所有的，但是如果人不是明知故意的想，而是失於幻想，渾然忘我，做白日夢，這也就不是人的行爲，而是人的動作了。人的行爲是合於人之所以爲人的動作；在人的行爲裏，人是行爲的主人，一切由人來決定，完全操之於人的手中。人的動作便不如此，人的動作雖出於人，卻不爲人所控制；在人的動作裏，人不是它的主人，因爲人並沒有認識它，也沒有決定它。

人的行爲與人的動作，近來多用有意識的行爲與無意識的行爲來代替。實在的講，這兩個名辭更清楚，更能表明行爲與動作的分別。原來，人的行爲與人的動作是兩個拉丁名辭 Actus humanus 及 Actus hominis 的譯名，僅就字面來看，人的行爲與人的動作的分別，並不那麼顯著；反之，有意識與無意識更能說明行爲的意義，因爲意識二字已經含有理智的認識與意志的同意。不過，人的行爲與人的動作也好，或者有意識的行爲與無意識的行爲也好，我們討論這個問題的主要目的是在了解，不是人的一切舉動都是眞正人的行爲，一個眞正人的行爲是負責的行爲、是人做主的行爲。

第二節　行爲的分類

人的行爲，千變萬化，瞬息之間，姿態百出；雖然如此，而仍不出兩大類，那就是「自發行爲」（Elicited act）與「受命行爲」（Commanded act）。自發行爲是由意志發起，且由意志完成的行爲。在自發行爲裏，意志是惟一的行動者，它是絕對的主人，不受任何人體官能的干預；愛、恨、願意，就其本身來講，都是自發行爲。

我們說在自發行爲裏，意志是絕對的主人，不受任何人體官能的干預；然而這並非說，其他的官能不能干預；干預常可以有，但是接受與否，則完全操之在意志。在意志抉擇要愛或恨一個人時，理智可以開導意志不要愛或不要恨，但是意志是否要愛或恨，仍然由意志自己來決定。

自發行爲都是「內在行爲」（Internal act），因爲都是完成於意志以內，沒有表現於外。但是，不是一切內在行爲都是自發行爲，因爲有些內在行爲，是由意志所決定，而由其他內在官能所執行，譬如意志決定理智思考一件事情，或者決定記憶記住一件事情，這些都是內在行爲，但不是自發行爲。

受命行爲是由意志所決定，而由身體的其他官能或肢體所做的行爲。在受命行爲裏，意志是抉擇者，其他的官能或肢體是執行者，譬如意志決定手舉起，腿走動，眼觀看；手、腿、眼的動作便稱爲受命行爲。

受命行爲又有「內在受命行爲」與「外在受命行爲」的分別；如果受意志指使的是內在官能，便是內在受命行爲；如果受意志指使的是外在官能或肢體，便是外在受命行爲。我們從以上所說的不同的例子裏，不難知道何種行爲是內在受命行爲，何種行爲是外在受命行爲。

第三節　行爲的組成因素

我們前面已經說過，人的行爲是由理智的認識與意志的同意所組成的；理智與意志是組成行爲的兩個基本因素，缺一不可。

理智是認識的官能，不知道的事，它要知道；不瞭解的事，它要瞭解。理智在拉丁文作Intellectus ，這是由 intus 「在內」與 Legere「誦讀」二字所合成的，是指「往內讀」，「往內念」；引伸其義，就是深入探討，洞燭機微；所以用作理智。中國古人常以心字表示理智；名詞雖然不同，所指的事體却是一樣，孟子說：「心之官則思；思則得之，不思則不得也。」（孟子，告子上）朱子註說：「心則能思，而以思爲職。」大學說：「蓋人心之靈，莫不有知。」（五章）荀子也說：「人何以知道？曰心。」（解蔽篇）

理智既是認識的官能，所以它的對象就是眞理。因爲認識的本義就是辨是非、分善惡、明眞假。它不但要觀察事物的外在現象，而且還要瞭解事物的內在本質，因此聖多瑪斯說：「眞理寓於理智。」（註一）但是，眞理不只是指自然界的物理眞理，也是指倫理的眞理。物理界有眞理，倫理界也有眞理；物理界的眞理與倫理界的眞理都可以被理智所認識，佛洛姆（Erich Fromm,1900-1980）說的很對：「人類可以根據自己的理智，分辨是非，判斷價值，正如他可以根據理智，作其他的判斷一樣。」（註二）史懷哲（Albert Schweitzer,1875-1965）更強調：「凡是屬於倫理的，都是屬於眞理的。」（註三）

理智的本質既是認識事物、探求眞理，因此，人不論做什麼、說什麼、想什麼，只要是站人的立場所做、所說、所想，沒有不經過理智的。關係重大的事，如決定終身大事、選擇重要職業，固然要經過理智；卽便是微不足道的小事，如一舉手，一投足，也莫不經過理智的。沒有經過理智的行爲，便不能算作眞正人的行爲。

理智的對象是眞理，意志的對象是善。「理智發掘眞，意志追求善。」（註四）原來，意志就是「理智的慾望」；人在感覺方面有感覺的慾望，在理智方面也有理智的慾望。感覺的慾望發自感官，理智的慾望發自理智。在感官遇到本有的對象時，自然就產生本能的傾向，譬如眼睛看到美麗的顏色時，耳朵聽到悅耳的聲音時，自然就去看，就去聽。同樣，在理智發現一個善時，自然也就發出嚮往之情，這就是意志的慾望。

我們說，意志的對象是善，此善是泛指一切的善；不限於倫理道德的善，只要意志認爲對於自己適合，或者能滿足自己慾望的事都是善。意志不能追求惡，因爲那是自取滅亡，相反意志的本性。意志可以追求假善，假善就是實際是惡而却被意志誤認爲善。但是，意志絕對不能追求惡，就是因爲那是惡。縱然意志偏要做惡，那仍然是在善的觀點之下所做，因爲至少是滿足它的慾望。人的一切行爲，只要是有意識的，無不是出於善的動機，也許那個善是微乎其微，但是仍是一個善。

意志在積極方面追求善，在消極方面自然就是躲避惡；然而意志既不認識善，也不認識惡；它的本質是做什麼，而不是認識什麼，意志是一個盲目的能力。因此，意志不論是追求善，或是躲避惡，必須依賴理智的指導；沒有理智的指導，意志便不會採取任何行動，所以士林哲學有句成語說：「除非先認識，無物被貪求」（Nihil volitum, nisi Prae-cognitum）。然而這也就說明了，在組成一個行爲上，理智與意志是兩個基本的因素，不能缺少任何一個，因爲一方面理智需要認識行爲的意義，二方面意志還需要同意理智的指導；理智與意志相輔相成，才能組成一個行爲。不過，理智與意志並不是兩個獨立的官能，而是一個官能，兩個作用，所以康德（Immanuel Kant, 1724-1804）又稱意志爲實踐理性（Practical reason）。雖然如此，然而在我們分別討論理智與意志時，爲了語言的關係，又不能不稱它們都是官能。

到此，我們可以簡單的說，爲組成一個人的行爲，必須有兩個條件：那就是「明知」與「故意」，因爲「明知」就是理智的認識，「故意」就是意志的同意。但是，也有的倫理學作者，在「明知」與「故意」之外，還加上第三個條件：「自由」。其實，這是沒有必要的，因爲「故意」自然就含有「自由」，如果說我們故意做一件事，自然也就是自由的做那件事。只有在兩種情形之下，我們既願意做，却又沒有自由不做，那就是：第一，我們必須追求「普遍的善」（General good）；所謂「普遍的善」，就是一切善的總稱，因爲一如我們所說，不論我們做什麼，我們的意志常是尋求善。再有，就是我們遇到一個無限的善時，我們也會失掉自由，而不能不追求它；因爲無限的善含有一切的善，圓滿無缺，我們沒有拒絕它的理由。有時一個人必須追求金錢，或者必須追求權勢，或者必須追求他所愛的人，因爲金錢、權勢、愛人，對他已經變成了無限的善，他已完全失去了抗拒的能力，至少暫時如此。

第四節　行爲組成的心理過程

人的行爲常是以「善」作起點，然而「善」必須先由理智去發現，再由意志去接受；這樣，一個行爲才能得以完成。不過，這要經過幾個不同的步驟。首先，理智要發現一個「善」，並把善指示給意志；當理智把所發現的善指示的意志時，意志便發出一種「意願」（Wish）。之後，如果理智認爲那個「善」有可以獲得的可能，於是便再通知意志，此時意志又發出一種「意向」（Intention）。「意願」與「意向」不同；「意願」是廣泛的願望，「意向」是有心的嚮往。在意志發出「意向」之後，理智再就「善」的價值與獲得它所用的方法，作周詳的考慮；如果認爲一切妥當，隨即作成最後的判斷，並通知意志去做取捨的決定。此時，意志對理智的判斷又給與「同意」，並在方法上作一「選擇」。到此，我們可以看出，爲組成一個行爲，理智與意志都有四個步驟，在理智方面有：善的發現、獲得善的可能性的評判、善的價值與方法的考慮，以及最後的判斷。在意志方面有：向善的「意願」、向善的「意向」、對理智最後判斷的「同意」，以及方法的「選擇」。

以上所說的理智與意志兩方面的四個步驟，還不能使一個行爲完成，因爲理智尚須通知意志，使其將所作的抉擇付諸實行，這是理智的命令。普通，我們都以爲發佈命令是意志的職責，然而根據聖多瑪斯的意見，命令是通知或聲明一件事情的行爲，屬於理性的工作，不能出於意志；（註五）意志可以接受或拒絕命令，但是不能發佈命令。然而如果意志接受理智的命令，就必利用所選擇的方法，去採取行動。當理智看到行動已經實現，目的已經達到，此時，意志也就感到心滿意足而去享受它的成果，到此，一個行爲也就完成。在此，我們又可以看到，理智與意志爲完成一個行爲，又各有兩個步驟，在理智方面有：發佈命令與見到目的的達成；在意志方面有：採取行動與享受成果。

統觀以上所說，爲完成一個行爲，理智與意志都有六個步驟，而且常由理智開始，再由意志響應。在理智的工作裏，最主要的是考慮和判斷；在意志的工作裏，最主要的是同意和抉擇。不過，也許我們感到詫異，因爲在我們許多的行爲裏，我們並未察覺到如此複雜的行爲過程。其實，這也不難明瞭，因爲一方面我們未有細心的分析我們的行爲，二方面又因爲在我們的行爲中，很多都是簡單明瞭，且早已習以爲常，用不到深謀遠慮，譬如我們向朋友打個招呼，或是穿一件衣服，這都是立刻可以決定的行爲，不必經過理智與意志的各種步驟。但是，如果事情關係重大，我們就會小心翼翼的按部就班去考慮和決定了。

第五節　意志對於人體的控制能力

意志是一個行動的官能，控制人體的一切動作。一個行爲的實現，必須經過意志的決定；沒有意志的決定，人便不可能有任何行爲。因此，雖然聖多瑪斯認爲命令是發自理智，但是在普通的談話裏，我們仍稱意志的決定爲命令。

意志對於人的不同的官能和肢體的控制能力，有的是絕對的，有的是相對的。對於外在感官和有移動性的肢體，意志的控制能力是絕對的，亞里斯多德稱之爲「專制控制能力」（Despoticum Principatum）。（註六）在正常情況下，人的外在感官和有移動性的肢體對於意志的命令，沒有抗拒的可能；如果意志命令手要舉起，手必舉起；命令脚要走動，脚必走動；命令眼看，眼就看；命令耳聽，耳就聽；一切唯意志的命令是從。

意志對於人的思想及想像力的控制能力是相對的，亞里斯多德稱之爲「政治控制能力」（Politicum Principatum）。（註七）經驗告訴我們：有時我們定志不再思索某個問題，但是那個問題不知不覺又縈迴心頭，纏綿不離；有時我們願意集中精神，控制我們的想像力；但是我們的想像力一如脫韁之馬，馳騁於萬里九霄之外，不受我們的控制。不過，雖然我們的意志對於思想及想像力的控制力是相對的，但是我們可以用修養或鍛鍊，加強我們的意志控制能力。

顯然的，意志對於人體內在機構的本能，是沒有任何直接的控制能力的；意志不能命令血液不要循環、心臟不要跳動，或者肺臟不要呼吸。但是，意志對於它們有間接的控制能力，意志可以利用藥物，或其他的方法，去實行它的控制能力。

瞭解了意志對於人體的控制能力，我們對於人的行爲的性質，便可以有更進一步的認識；同時，對於人的行爲的負責性，也就可以有一個更正確的判斷。

註一：St. Thomas, Summa Theologiae, I. Q. XVI,a,1.

註二：佛洛姆著，蔡伸章譯，人類之路。協志工業叢書，五九年，四頁。

註三：史懷哲著，鄭泰安譯。文明的哲學，新潮文庫，六五年，一五七頁。

註四：李震著，基本哲學（有與無的探討），學問出版社，六十七年，八一頁。

註五：Summa Theologiae, I-II, Q. XVII,a.1.

註六：Summa Theologiae, I, Q.81, a. 3, ad 2; Aristotle, Politics, BK. I, ch. 4, 1254b,1.

註七：同上。

第三章　論行為的目的

一個眞正人的行為，一定是有目的的，因為它曾經過理智的認識與意志的抉擇。同時，目的也是組成行為道德價值的一個主要因素，目的不同，行為的價值也不同。這一章就是討論目的的意義、分類、以及目的與善、目的與惡等問題。

第一節　目的的意義

目的是人在行為上所追求的對象，也就是意志企圖獲得理智所指出的善。人是有理智的，人不論做什麼事，只要經過理智，縱然一思一念，一顰一笑，沒有不有目的的。沒有目的的行為不可以被瞭解，除非那不是一個眞正人的行為。要想證明人可以做沒有目的的行為，他的行為已經有了目的。老子主張「無為」，而正是有為，所以他說：「我無為而民自化，我好靜而民自正。」（道德經・五十七章）又說：「道常無為，而無不為。」（三十七章）因此聖多瑪斯說：「一切行為者都是為目的而行動。」（註一）

亞里斯多德把目的定義爲：「一事所以完成之故。」（註二）一個行爲在未實現之前，常有一個中立性：它可以實現，也可以不實現；可以這樣實現，也可以那樣實現；惟獨在行爲者有了目的之後，這個中立性便自然而然的就會消失。因此，目的也就是行爲不確定性的確定性，它使一個行爲實際的實現。譬如在我們未有決定是否要到郊外散步之前，這個散步的行爲是處於實現與不實現的兩可之間，但是在我們有了目的之後，譬如爲了舒暢疲憊的身心，或者欣賞明媚的風光，散步的中立性便已不復存在。

目的是人內心的反應，和行爲的價值有極密切的關係；在我們評判一個行爲的善惡時，目的是一個不可缺少的條件；沒有善的目的，不可能有善的行爲。孔子曾說過：「視其所以，觀其所由，察其所安，人焉廋哉，人焉廋哉！」（論語・爲政）

近來，有的哲學家們有把目的（End）與目標（Purpose）分開的趨勢（註三），他們認爲目的是經由理智所認識與意志所抉擇的對象。因此嚴格的來說，只有人才有目的。但是廣義的講，凡是物都有目的，譬如說，花開花謝，草生草長，都有目的。至於目標，則是對工具而言的；工具走向自己的目標，而沒有自己的目的；譬如時鐘報時、車輪轉動、打字機打字等。報時、轉動和打字，是時鐘、車輪和打字機的目標，不是他們的目的。不過，雖然那些哲學家們把目的與目標這樣分開，但是事實上，大家都在混用，認爲沒有什麼分別。

第二節 潛在動機

目的也稱動機，二字是異詞同義。動機是指行爲發生的原因，這與亞里斯多德所說的「目的是一事所以完成之故」，其意義完全相同。根據心理學家們的發現，在我們的日常語言中，代表動機的字，不下數百個；最常見的有：目標、目的、抱負、希望、追逐、渴慕、需求等（註四），這不能不說動機或目的對於人的行爲是如何的重要了。

潛在動機是人在自己的行爲上，不能發現自己的心理過程和情況，這可能是因爲他的動機被壓抑或被遺忘，因而從意識中消失；也可能是因爲他的慾望還未發展到成熟的階段，因此不能明顯的表示出來。但是無論如何，那些被壓抑、被遺忘、或未發展成熟的慾望，有的並未化歸烏有，而是轉入意識的下層，變爲潛意識，人於不知不覺之中，便會受到它們的影響；有時我們無心說錯的話、寫錯的字、或其他別的無心的小動作，往往就是因爲受到潛意識的影響而發生的。莎士比亞（William Shakespeare, 1564-1616）早在他的「威尼斯商人」一篇裏，就有這種事情的描寫，雖然當時還不知潛在動機一辭。「威尼斯商人」的女主角波西亞，癡戀名叫巴珊尼歐的青年，但是由於環境的關係，不能常與巴珊尼歐見面。一次她見得了他，不由的脫口說道：「你的眼睛眞可惡，竟迷惑了我，把我分成了兩半，一半是你的了，還有一半也是你的。不，我的意思是說我自己的。」（註五）這是波西亞對巴珊尼歐癡心的愛，促使她說出了她不好意思所說的眞心話：她願意全屬於他。

潛在動機在意識的下層，猶如埋在炭中的火，表面上銷聲斂跡，實際上仍蠢蠢欲動，只要一經風吹，便又死灰復燃。但是，如果它實在沒有機會得以實現，有時也可能以僞裝的方式發洩出來；譬如一個人，他並沒有道德上的修養，也不是天生的溫順，然而他却非常的謙虛，處處迎逢人意；這很可能是因爲他的恐懼心理所致。再如一個人，他實在沒有超人的長處，也沒有使他可以引以自傲的優點，然而他却目空一切，不可一世，這很可能是他的自卑感作祟。嚴重的潛在慾望，如果壓抑日久，得不到合理的滿足，還可以變成身體的病態，因爲這也是發洩的方法之一，分析心理學早已證實這種事實。有的人沒有任何生理的癥結，但是雙腿癱瘓，不能走動；或者喉嚨沙啞，不能說話；再或者視覺模糊，看物不清。治療這類的病人，主要的方法是分析他們的心理狀態，設法發掘他們的潛在動機，而後作心理方面的開導和治療。

在此，我們很清楚的可以看出潛在動機的重要性來，它與人的行爲有極密切的關係。然而雖然如此，由潛在動機所做的行爲與由正常目的所做的行爲，其間行爲價值的差異不啻天壤之別，不能等量齊觀。人由於潛在動機所做的行爲，並不知道他的動機，因此都不是明知故意所做的行爲。至於說他爲什麼有那個潛在動機，那當是另一個問題。

潛在動機自被發現之後，不但對心理學開創了一個新紀元，對倫理學也是一個極大的貢獻；它可以使我們對於人的行爲有一個更正確的認識和評價。

第三節　目的的分類

我們根據目的與行爲的關係，可以把目的分作以下數種：

㈠主要目的與次要目的：主要目的是在兩個或多個目的中足以使行爲者做出那行爲的目的；行爲的實現就是因爲有主要目的；沒有主要目的，縱或有其他的目的，行爲也不會實現；主要目的是使行爲具體化的有效原因。譬如一個人爲了安居樂業，要建造一座房屋；他在安居樂業之外，也許還有其他的目的，但是他建造房屋的主要目的是安居樂業，沒有其他的目的，他仍要建造房屋。

次要目的是行爲者在追求主要目的時而附帶所有的企圖；企圖可能是一個，也可能是多個，但沒有像主要目的的影響力。因此，如果附帶的企圖不能得到實現，行爲者不免感到失望，但仍不致使他放棄他的主要目的。就如那個爲了安居樂業要建造房屋的人，在安居樂業之外，也許他還希望找一個環境比較更幽美、氣候比較更適宜的地點；但是如果他找不到他的理想地點，爲了安頓家室，爲了生計，他仍需要建造一座房屋。

㈡主觀目的與客觀目的：主觀目的又稱爲「行爲者的目的」，是行爲者在做事時所有的動機。譬如一個人送給另一個人一些禮物；送禮物者的主觀目的可能是願意與受禮者交朋友，也可能是在拜託受禮者替他做些什麼事，這完全要看送禮者當時所有的心意。

客觀目的又稱爲「行爲本身的目的」，是行爲自然所發生的後果。再以那位送禮者爲例，他送禮物的客觀目的應是讓受禮者使用那些禮物；如果那些禮物是食品，就是請受禮者去吃，如果是衣服，就是請受禮者去穿，這都是禮物本身應有的意義。

㈢最近目的、中間目的與最後目的：人做事，可能只有一個目的，在達到目的之後，他便心滿意足，此外，一無所求。但他也可能有兩個或多個目的，在達到第一個目的後，他還有第二、第三、或更多的目的去追求。第一個目的只是達到第二個目的的方法；同樣，第二個目的是達到第三個目的的方法。這樣，他藉着一個目的達到另一個目的，一個一個的接連下去，直到他達到最後目的的爲止。這樣一來，便形成了最近目的、中間目的和最後目的。

最近目的是屬於其他目的的目的，而無其他目的的相屬；是一系列目的與方法中的第一個步驟。譬如一個國中學生立志將來要考取博士學位，他的最近目的應是設法考入一座理想的高中；因爲考取高中固然是他的目的，但他並不到此爲止，這只是爲將來考取博士學位的第一個方法而已。

中間目的是屬於其他目的的目的，同時也有其他目的的相屬。中間目的可能只是一個，也可能是多個，這要以行爲者所有的追求而定。再就以那個有志考取博士學位的國中學生爲例，那個國中學生定志考進高中是他的最近目的；而定志考進大學和研究所應是他的中間目的。因爲考進高中的目的是屬於考進大學和研究所的目的；而考進大學和研究所的目的又是屬於考取博士的目的。

最後目的是不屬於其他目的的目的，而其他目的都屬於它。這是行爲者實在所追求的對象，也是他所以採取一切行動的原因。我們仍然以那個國中學生爲例：那個國中學生所以勤奮讀書、孜孜不倦，考高中、考大學、考研究所，目的都是在考取博士學位；得博士學位是他的最後目的。

㈣本性目的與超性目的：本性目的是行爲者在做事時，僅以現世生活的利益作動機，不爲上帝，也不爲後世作打算，完全站在今天的立場，他的所做所爲，也都是爲今天。譬如一個人工作就是爲賺錢，運動就是爲健康，讀書就是爲得學問。賺錢、健康、學問都是人的本性要求，沒有任何宗教的意向。本性目的不是專指無宗教信仰者的行爲而言，有宗教信仰的人也往往在行事時，只有本性目的。

超性目的是行爲者在行事時，有超越人本性的動機；因爲他相信有天主或上帝的存在，也相信他應按着上帝的旨意去生活。因此他工作、運動或讀書，不僅是爲賺錢、健康和得學問，同時也是爲承行上帝的旨意，並把他的行爲作爲一個奉獻。超性二字就是英文的 Supernatural，其義就是超越本性、超越自然的意思。

目的還可以有其他的分類，然而似乎沒有需要完全把它們列出，因爲我們普通做事，大致都不出以上所說的幾種。

第四節　目的與善

亞里斯多德在他的尼各瑪古倫理學裏（Nicomachean Ethics），開宗明義的就說：「每種藝術，每種研究，同樣，每個行爲，每個企圖，都是指向一個善。」方濟・培根（Francis Bacon, 1561-1626）在他的「善與惡的色彩」（Of the Colours of Good and Evil）中也開始就說：「在一個自由意志的行爲裏，它的目的是問何者是善，何者是惡；在善中又問，何者善更大；在惡中又問，何者惡更小。」這都說明，人不論做什麼事，只要是有意識的行爲，無不是以善作目的。善與目的對於人的行爲來說，也可以說是異詞同義。

善是什麼？在形上學來講，凡是物都是善，因爲凡是物都是「有」；「有」勝於「無」，因此，「有」就必有自己的價值。所以，沒有不善的物，善可以貼合於任何物上；是物的一個超越特性；善與物可以彼此相調換。換言之，善就是物，物也就是善。在這種意義之下，毒藥、毒蛇都是善，而且越毒越是善；因爲它們特別毒，所以我們稱它們爲好毒藥和好毒蛇。原來，善也就是物的性，如果物依據它的性存在，也就是它的善。

善對於人的行爲來說，凡是能滿足人的慾望，或者爲意志所嚮往的物都是善。亞里斯多德這樣定義善：「衆物所嚮往之物之謂善。」（註六）這句話的意思並不是說，一個物爲人人都追求才算是善，而是說凡是人所追求的物，都有善的理由。（註七）我國孟子也說：「可欲之謂善。」（孟子・盡心下）對於善的解釋，東方與西方兩大哲士的意見，可謂不謀而合。士林哲學家們在講論善時，大都隨從這種意見，譬如當代大哲琪爾松（Etienne Gilson, 1884-1978 ）說：「凡可被追求的物就是善。」（註八）

第五節　善的種類

可欲之物就是善，然而物有不同的角度；在我們從不同的角度看一個物時，可以發現不同的善。一位騎士、一位藝術家、一位宗教信徒，對於同一匹的馬，看出的善却不同。騎士看到馬的矯健，藝術家看到馬的英姿，而宗教信徒則在馬身上看到造物主的奇工妙化。這又如不同的人看同一個橘子一樣：有的人喜歡它的美味，有的人喜歡它的維他命，有的人喜歡它的顏色。物的角度不同，它的善也不同。

首先，亞里斯多德把善分作「本身善」（Bonum honestum ）、「娛樂善」（Bonum delectabile ）、和「用途善」（Bonum utile ）三種。（註九）「本身善」在拉丁文是「正直善」的意思，因爲不易爲人所瞭解，所以勉强譯爲「本身善」。它的本意是指，人藉著自己道德的修養去達成自己的人生目的、完成自己人格的善。這也就是說，人應根據倫理的規範去生活：事實求是，該做的做，不該做的不做，成爲一個善人的善。不過，正直善也有廣義的意思，那就是凡爲人性所要求的善，都稱爲「本身善」，譬如正常的理智、健康的身體、美好的性格等都是。

「娛樂善」是對「本身善」的反應；在我們完成了自己的人格之後，自然就感到喜悅；甚至每次做了一件善擧，也必會有一種內心的欣慰，這都是「娛樂善」。「娛樂善」也有廣義的意思，那就是凡能使人心曠神怡的事，也都稱爲「娛樂善」，譬如遊山玩水、讀書窮理、「有朋自遠方來」，都能使人感到一種特別的喜悅。

「娛樂善」在人生裏扮演著一個極重要的角色，人不能完全脫離任何娛樂而生活；他或是在事業上、或是在學術上、或是在宗教上、或是在其他任何一方面，有他的樂趣或安慰；沒有任何樂趣的人生，將是一個不可忍受的人生。但是，除了道德的善是絕對的以外，沒有任何娛樂善是絕對的；有的人熱中名利，追逐權勢，而「舜視棄天下，猶棄敝蹝也。」（孟子・盡心上）有的人貪求富貴榮華、安逸快樂，而顏回則「一簞食，一瓢飮，在陋巷，人不堪其憂，回也不改其樂。」（論語・雍也）權勢、名利、富貴、安逸的娛樂都是相對的，因爲它們本身的價値是相對的。

「用途善」就是方法，方法爲我們有利，因此爲我們所追求，所以也是一種善。但是嚴格的說，方法不是目的，而是爲達到目的所不可缺少的步驟或手段，所以分有目的的重要性，稱爲「類似目的」（Analogous end）。

「用途善」的價値有大有小，那要以它所達到的目的大小，以及它本身用途的多寡而定。

我們為保存生命所用的「用途善」的價值，較為享受所用的「用途善」的價值自然為大；能用於發電、船隻、飛機、以及各種機器的汽油的價值，較只能作燃料的木柴的價值自然為大。不過，這和環境有時也發生關係，在需要木柴而沒有木柴，只有汽油的地方，木柴的價值就高於汽油。普通來說，汽油的價值是高於水的，但是事實上，有些地區，汽油的價值卻低於水。

亞里斯多德主張，在一切善中必有一個「最高善」（Bonum Supremum），它是十全十美、圓滿無缺的善。因為如果每一個善都是為追求另一個善而成為善，換言之，如果每一個善都是「用途善」，用作達到另一個目的的方法，那麼，這就形成一個無限的回溯，（註十）因此，也就沒有一個開始被追求的善，這是無法講通的。

「本身善」、「娛樂善」和「用途善」，雖然各不相同，但同時可以存在於同一個行為上，譬如運動：運動鍛鍊體魄，增進健康，是一種「本身善」；它又能使人獲得樂趣、感到舒適，也是一種「娛樂善」；此外，人因運動有了健康的身體，能增加工作的效率，自然也是一種「用途善」。讀書的行為也是如此；讀書發揮智力，增長學問，是一種「本身善」；讀書還可以使人一卷在手，樂不忍釋，所以也是一種「娛樂善」；至於讀書的用途，那就更是屈指難數了，至少，我們都說：「智識即權力。」

在亞里斯多德對於善的分法之外，倫理學家們普通都把善分作物質善、精神善和倫理善三種。物質善就是我們在衣、食、住、行上所需要的事物，包括對於人生一切有用的物品。

人生離不開物質，只要對人生有用的物都是善。

很明顯的，人不只靠物質而生活，因爲人不是像費爾巴哈（Ludwig Feuerbach, 1804-1872）所說的：「人是吃東西的東西。」（註一一）人於物質的生活之外，還需要精神生活。人需要文學、需要科學、需要藝術、音樂、以及一切有關文化的事項。佛洛姆說的很對：「一個人卽使他的饑餓與性慾完全得到滿足，他也不覺得十分滿足。人類不同於一般動物，食色滿足之後，不是問題的結束，而是問題的開始。塡飽肚皮之後，他便要追求權力，或追求愛情，或甚至自取滅亡。他可以爲了宗教、政治、及人文主義的理想，而拋頭顱灑熱血，而這些也是構成人類的特質之一。不錯，「人類不是單靠麵包過活的。」（註一二）

倫理善就是道德的善，也可以說是人格的善；這是我們爲做一個眞人或完人所需要的德行。人的眞正價值不在於他的財富的多寡，也不在於他的學識的大小；有錢、有學問的人，不見得是個好人。所以孔子說：「君子謀道不謀食。耕也，餒在其中矣！學也，祿在其中矣！君子憂道不憂貧。」（論語・衛靈公）又說：「志士仁人，無求生以害仁，有殺身以成仁。」（同上）孟子也說過類似的話，他說：「生，亦我所欲也；義，亦我所欲也；二者不可得兼，舍生而取義也。」（孟子・告子上）

在倫理善裏，也包括宗教方面的善，雖然二者不盡相同。但是倫理與宗教有極密切的關係，完整的倫理善決不能排除宗教的善，因爲宗教的本質就是促人修德行善。

人的行爲常是有目的的，而目的就是善。善可能是本身善、娛樂善、或用途善；也可能是物質善、精神善、或倫理善。人的行爲必須有一種善作它的動機，沒有善便沒有動機。

第六節　目的與惡

人的意志的對象是善，行爲的目的也是善，但是人爲什麼做惡呢？而且作姦犯科，無惡不做。奇怪的是人不但做惡害別人，還要害自己，自殺便是一個最明顯的例子。爲答覆這個問題，我們應先了解惡的意義。

惡是一種缺乏，是一個物應有的善而沒有。如果一個物本來沒有的善而沒有，那就不能算作惡。譬如一個人沒有觸覺或味覺，那便是惡；但是如果一塊石頭沒有觸覺或味覺，那便不是惡，因爲石頭原來就沒有觸覺或味覺。

惡既然是一種缺乏，自然便不是一個積極的物，因此也就沒有自己的存在。因爲如果惡是一個積極的物，有自己的存在，那麼，它就應是一種善。聖奧斯定（St. Augustine, 354-430）爲惡的問題困惑了近半生，對於研究惡的問題，曾下過極大的工夫，他結論說：「惡不是一種物體，因爲假使它是一種物體，它就應是一個善。」（註一三）所以沒有自立的惡，一個純粹惡的存在是不可能的事。惡，就其本身而言，我們無法了解。惡的存在必先假定善的存在，沒有善，我們就沒有惡的觀念。因此，善便是惡的原因。（註一四）但這並非說惡是直接生於善，而是說惡是靠善而存在；善是惡的主體，因爲惡不能存在於己。善是惡的物質原因，不是惡的形式原因。

倫理的惡是否也是一種缺乏呢？答案是肯定的。倫理的惡是缺乏道德的正直性，或者說缺乏意志與倫理標準的符合性。不過，在倫理的惡與物理的惡之間有一個分別，那就是在倫理的惡內攙有人的意志因素；人做惡常是因爲意志趨向不合理的目的，故意使自己的行爲與倫理標準背道而馳，把相反道德的事作爲自己行爲的目的。

現在我們可以囘答人爲什麼做惡的問題。人做惡的原因不外來自理智與意志兩方面，因爲組成人的行爲的因素就是理智和意志。在理智方面來說，人的理智是有限的，不能明白一切的事理，就如莊子所說：「吾生也有涯，而知也無涯。」（養生主）因此，在判斷事情上不免發生錯誤，以致以惡爲善，以非爲是。但是，如果理智以錯誤的判斷指示給意志，意志自然就作出錯誤的抉擇來。譬如濟貧本是一種美德，但若認爲自己無錢去濟貧，因而便可以打家刼舍，這自然就是搶刼的行爲。同樣，効忠領袖也是國民的職責，但若不問青紅皂白，認爲替暴君効命，也是効忠領袖，那就無異是爲虎作倀、助紂爲虐了。

從意志方面來說，意志的對象是善，不能追求惡。然而我們知道，世間的物，由於它們的有限性，都是善惡相兼，瑕瑜互見的；有好的一面，也有壞的一面。如果意志只注意好的一面，而忽視壞的一面，便會做出錯誤的行爲來。譬如飲酒，飲酒有它的好處，然而也有它的壞處；如果人只注意它的美味和享受，於是便終日杯紅酒綠，暢飲無度，那只有置自己的健康與責任於不顧了。對於別的行爲如吸毒、賭博、走私等，也莫不如此，都是因爲意志只注意到快樂、發財、賺錢，而不看它們惡的一面，所以鋌而走險，做出惡的行爲來。

還有，意志是行動的官能，有抉擇的能力，因此，縱然有時理智把正確的判斷指示給意志，然而意志爲了自己的企圖，可以拒絕理智的指導；它可以不看理智所提示的理由，而專注意自己所喜歡的理由，譬如理智對意志指出，殺人是犯法的行爲，不應當殺人；但是意志可以故意把理智的理由置之不理，而專注意到殺人可以使它報復和洩恨。同樣，理智也可以對意志指出，自殺是不道德的行爲，人不應當自殺；但是意志也可以把理智的指示拋諸九霄雲外，而只想自殺是解脫、是逃避、是痛苦的終點。因此，意志爲了滿足自己的慾望，可以拒絕理智的指導，而做出許多惡來。

註一：Summa Theol, I- II ,Q1a2 ;Summa contra Gentiles, BK . III, ch .2,3,16.

註二：Aristotle, physics, BK . II .ch.3, 194b30 ;Metaphysics, BK. V.ch.2,1013 a 30.

註三：西洋哲學辭典，布魯格編著，項退結編譯，國立編譯館，先知出版社，六五年，一三四頁。

註四：Clifford T. Morgan, Introduction to Psychology, The John Hopkins Univ. MC Graw-Hill Book Co., Inc. New York, 1956, P. 56.

註　五：莎士比亞全集⑼威尼斯商人，梁實秋譯，遠東圖書公司，五六年，七十一頁。

註　六：Aristotle,N.E. BK. I. ch.1, 1094 a1.

註　七：參閱Summa Theol. I. Q6, a.1 ad 2.

註　八：Etienne Gilson, The Christian Philosophy of St. Thomas Aquinas, transl. By L. K. Shook, Random House, New York, 1956, P. 156.

註　九：參閱Summa Theol. I. Q. V a. 6.

註　十：Aristotle, N. E. BK. 1, ch. 7., BK. X ch. VI.

註十一：Eugenio T. Toccofondi, I Valori Spirituali e Il Fattore Economico. La Filosophia del Communisnio, Marieti, Roma, 1949, P. 161.

註十二：佛洛姆著，蔡伸章譯，人類之路・協志工業叢書，五十九年，四三至四十四頁。

註十三：聖奧斯定著，應楓譯，懺悔錄・五十年、光啓出版社，卷七，十二章，一一四頁。

註十四：參閱：Summa Theol. I. Q. 48, a. 3.

第四章　論意志的自由

意志的自由與行爲的負責性緊相連繫，是行爲價值的基礎。人如沒有意志的自由，便談不到行爲的善與惡、功與過。人可以對他身體的天生缺陷不負責任，也可以對他沒有音樂的天才、沒有運動的天才、或者沒有任何其他方面的天才不負責任。但是，人對於他的行爲必定要負責任，因爲那是他自由所做的。自由是倫理學的一個重要課題，我們不能不加以研究。

第一節　意志自由的意義

意志自由有消極與積極兩方面的意義：消極的意義是指意志的先天不固定性，這種不固定性又可從內在與外在兩方面來看。從內在方面來看，意志不是先天就固定於某個對象，而不能改變。從外在方面來看，沒有任何對象可以絕對的強迫意志，使意志非它莫屬。因爲一切的物都是「偶有的」或有限的，沒有絕對吸引意志的能力。意志只是必須追求「普遍的善」；還有，如果意志遇到一個無限的善，也就沒有抵抗的能力。

意志自由的積極意義是指意志的自主自決能力，它可以對任何事物說「要」或「不要」；說「是」或「不是」；它可以接受，也可以拒絕；它是主人，一切操之在它。

在我們看到意志自由的兩種意義之後，我們可以這樣給它下個定義：「意志自由是在一切條件齊備之後，可以做，可以不做，以及可以做這個，或做那個的能力。」所謂「在一切條件齊備之後」，那是說如果意志願意做某件事，它有做那件事的一切條件，不會發生任何阻礙或危險；然而縱然如此，意志仍然可以決定不去做，或者改做別的事。譬如一個人有機會可以貪汚，能發一筆大財，而且保險不出紕漏，但是在這種情形下，意志仍然可以保持臨財不苟、守正不阿的精神，就如蘇格拉底被雅典法庭判決應服毒自殺之後，他本來有機會可以安全的逃走，但他爲了遵守自己良心的信念，寧可仰藥，也不逃避。

意志的自由性一方面固然與物的有限性有極密切的關係，而其最重要的理由則是它的非物質性。因爲意志是精神性的，所以它才能願意、能抉擇；一個物質的物，像一塊石頭，一塊鐵片，決不能願意和抉擇。意志的精神性是意志自由的基礎。

第二節　人的自由意志行爲與動物的動作

人與普通的動物在行爲上有很多相同的地方，但是它們的相同只是表面的，在實質上則是兩個境界。因爲人的行爲是出於自由意志，它的基礎是理智；而普通動物則沒有理智，所以牠們的行爲不是出於自由意志。我們不否認，普通動物也有某種認識能力，但是牠們的認識能力不是來自理智，而是來自本能的意識。在一頭獅子追逐一隻羚羊時，獅子的行動完全被羚羊所左右，這是牠維持生命的本能反應，沒有完全認識牠的行動的整個理由或目的，在沒有阻礙與危險時，牠沒有不追逐那隻羚羊的自由。人的行爲便不同，人對於自己的行爲有整體的認識，不但認識行爲的目的，也認識行爲與方法之間的關係；士林哲學稱人的認識爲「完善的認識」（Cognitio Perfecta），稱動物的認識爲「非完善的認識」（Cognitio imperfecta）。（註一）

人的行爲由開始到完成，就如我們以前所說，在理智與意志兩方面要經過許多心理的過程，所以對於行爲的價值有完全的瞭解。普通動物由於沒有理智，對於牠們的行爲不能作價值的判斷，杜威說：「在動物的動作中，或許具有一些感覺知識，甚或某種曖昧的意象，然而絕不能相信牠對於不同的後果，能作價值的或可欲性的比較。」（註二）

人的行爲出於自由意志，其最明顯的證明可以說是，人爲了自己的理想，可以選擇與自己慾望完全相反的事。人可以爲了自己的國家、宗教、道德、原則或學術，完全奉獻自己的生命；他可以不娶不嫁，不飲不食；他可以赴湯蹈火，冒險犯難；甚至拋頭顱、灑熱血，在所不惜。他這樣做，不是出於衝動，不是不明瞭他的困難，而是清清楚楚，甘心情願去犧牲。並且，對於他的選擇還能堅持不渝，就如孟子所說：「富貴不能淫、貧賤不能移、威武不能屈。」（孟子・滕文公下）不錯，普通動物也可以做一些與牠們的慾望相反的行爲，但是那是由於誘導或懲罰所訓練的結果，不是自動自發的。牠們決不會明白爲什麼這樣做就好，那樣做不好，而只是做機械式的表演。還有，我們也承認，普通動物也能與人建立一種情感，但是，那種情感也是動物自然的本能反應，和牠們彼此之間的情感沒有任何分別，沒有理智的瞭解，也沒有高尚的情操，不是眞正友誼的交流。

人是自己行爲的主人，他不但操縱自己行爲的開始，也操縱自己行爲的一切後果。在科學家們發明原子彈時，他們已經掌握了整個人類的命運：許多的國家、許多的政局，將因他們的發明而改觀。不要說在這種重大的事情上，人可以使自己的行爲作爲一連串新行爲的原因；即使在一個小的行爲上，人也可以操縱許多將要發生的新局面：人可以藉自己的一怒一笑，一言一行，使一個團體分崩離析，彼此仇恨；但是也可以使一個團體，加强合作，彼此互助，這都是普通動物所不能做到的。

第三節 自由的分類

人只有一個自由意志，但是由於人使用自由時，所用的身體部分以及方式的不同，而有不同的名稱，我們可以把自由分爲以下幾種：

一、物理自由（Physical freedom）：物理自由又稱爲身體自由，這是說，人的身體不受外力的控制或束縛，可以行動自如，爲所欲爲；身陷囹圄的人，或者手足被羈絆的人，便失掉了物理自由。

二、心理自由（Psychological freedom）：心理自由是指人在心理方面不受困惑或干擾，可以隨心所欲想自己要想的事，或者不想自己不要想的事，完全由自己作主；患有强迫性心理疾病的人，便沒有心理自由。

三、選擇自由（Freedom of Choice）：選擇自由是人挑選對象和方法的自由，因爲在人面對不同的對象和方法時，他可以取此捨彼，或者取彼捨此；以及這樣做，或者那樣做，完全操之在他。不過，如果選擇自由是指對象而言，這時的自由又稱爲「類選自由」（Freedom of Specification）；如果是指方法而言，這時的自由又稱爲「操作自由」（Freedom of exercise）；再如是指兩個相對的對象，這時的自由便稱爲「衝突自由」（Freedom of Contrariety），譬如人在善惡之間作選擇時所用的自由，就是「衝突自由」。

四、倫理自由（Moral freedom）：倫理自由又稱爲道德自由，這是說，人能擺脫情慾的騷擾，因而擇善固執，從善如流。孔子所說的「從心所欲，不踰矩。」（論語・爲政）便是這種自由。實在，人能隨心所欲的去行善避惡，不受情慾和誘惑的阻礙，的確是一種自由，而且是一種很大的自由，比人能犯罪做惡的自由還大，聖奧斯定說：「人能不犯罪，較之人犯罪，其自由更大。」（註三）徐革爾（F. Von Hugel, 1852-1925）也說：「人能願意犯罪，並且眞能犯罪，並非因爲他自由，而是因爲他不完全自由。」（註四）

第四節　反對意志自由的學說

第一個反對意志自由的學說就是決定論（Determinism）。決定論有不同的派別，但是一般來說，不論任何決定論，它們都認爲凡是事情的發生，包括人的行爲在內，都有它的先決條件，有了先決條件，事情便不能不發生，行爲便不能不實現；事情和行爲是後果，先決條件是原因。譬如下雨必須先有雲，不能晴空萬里，一片雲彩都沒有，便可滂沱大雨。同樣，火山爆發，也必山內有火，不能山內無火，山就自動爆發，熔岩四飛。其他如月晦月明，潮漲潮退，莫不事出有因；沒有原因，便沒有那些現象。至於人的行爲，也莫不如此；如果人感到饑餓，自然就想要吃飯，感到睏倦，自然就想要睡覺。但是，爲了更清晰起見，我們仍需把不同的決定論，分別敍述於下：

一、神學決定論（Theological determinism）：神學決定論主張：人的行爲完全由上帝所操縱，外表看來，人的行動是自由的，其實，人的行動都已被決定。這種學說遠在斯多亞學派（Stoicism）時代，即已出現。斯多亞學派認爲人、宇宙都與宇宙的神相結合，不能與神相分離。在近代哲學家裏，主張神學決定論的，要以斯比諾撒（Baruch, Benedict Spinoza, 1632-1677）爲代表。斯氏認爲宇宙間只有一個必然、永恒、無限的實体，這個實體也就是上帝，它的定義是：「在其自身並藉其自身可以理解之物，即是說，它之觀念不需要另一事物而形成。」（註五）因此，在上帝之外，再無別的實體；而且宇宙間的一切物，不但在上帝之內存在，且是上帝屬性（Attributes）的表現，人的思想和行動也是上帝屬性表現的方式，所以人是絕對沒有自由的。

二、唯物決定論（Material determinism）：唯物決定論主張：人的行爲都受物質條件的控制，沒有行動的自由。這也不是一種新學說，在紀元前第五世紀時，路西布斯（Leucippus of miletus。年代不詳。）及德謨克利都斯（Democritus, 460-370 B.C.）便已有這種主張。他們認爲宇宙間的物，都是由微不可見的原子所組成，因爲原子有不同的排列和運動，因此便組成不同的人和物，這就像同樣的阿拉伯字母組成了不同的喜劇和悲劇一樣；人的靈魂、身體、思想和行爲，也都是原子排列和運動的後果。

代表近代唯物決定論的是霍布士（Thomas Hobbes, 1588-1679），霍氏認爲宇宙間的物都是物質，沒有精神體；事故的發生，就是運動物體與被運動物體在接觸時所發生的作用；一個物體運動時，如果遇到另一個物體，自然就引起另一個物體的運動。因此，凡是事情的發生，都已經被前事所注定，沒有一個物可以由自身變化或移動；人的一切行爲，包括人的思想、觀念、意願，以及所有的心理狀態，也都不能例外，都是物質在腦部運動和變化的作用，所以人是沒有自由的。不過，霍氏也講人的自由，但是他所講的自由，是指物體不受外界阻力的自由，譬如河水暢流無阻，這是河水的自由；人的行爲也是一樣，如果人不受外界的干擾，人也有行爲的自由。

三、心理決定論（Psychological determinism）：心理決定論主張：人在做事時，如果有兩個動機，他必會選擇其中較好的一個，不可能選擇較壞的一個。萊普尼茲（Gottfried Wilhelm Leibniz,1646-1716）就是這樣主張，他的理由是：人不論做什麼事，必有充足的理由，沒有充足的理由，就等於沒有動機或目的，因此便不能產生行爲。然而如果人在不同的動機中選擇較壞的動機，就是沒有充足的理由。所以人在面對不同的動機時，必定要選擇最好的一個，但是，這也就說明人是沒有自由的。與萊氏有相同意見的，還有本恩（Alexander Bain,1818-1903），本恩認爲人做事，如果沒有壓力或阻礙，必會隨從較强的動機，否則，便是一種矛盾。以外，尚有一些別的哲學家們甚至認爲，人既然做事必須要有動機，沒有動機便不能做事，那麼，人就沒有自由。（註六）

四、經濟決定論（Economic determinism）：經濟決定論是馬克斯（Karl Marx,1818-1883）的學說，他認爲人類歷史上每一個階段的制度，都是決定於社會的經濟制度或結構；經濟制度是社會的下層機構，換言之，也就是社會的基礎，其他的制度如政治、宗教、教育、倫理等，都是社會的上層構造，建築於下層機構之上。因此，如果下層機構發生變化，上層機構也必隨之變化，完全不在人的控制之下。

在此，也許我們感到詫異，因爲我們所討論的是人的意志自由不自由的問題，不是社會制度自由不自由的問題，二者似乎不相關連。況且恩格斯（Friedrich Engels,1820-1895）曾明白的說過，社會上一切制度的改變，雖決定於社會的經濟制度，但與人的自由不發生關係。（註七）然而事實不然，因爲如果經濟制度決定社會上的其他一切制度，這無異說，人對於社會的制度沒有任何的影響力，不能做任何的改變。其實，這種主張實在是馬克斯的主張。（註八）至於說恩格斯不認爲經濟決定論與人的自由不發生衝突，那是因爲恩氏所講的自由，不是我們所講的自由。在恩氏的觀念裡，人的自由就是人能依據自然界的必然規律生活和行事的能力，換言之，經濟決定人生是自然的必然規律，而人有能力去依據這種規律去生活，恩氏把人的自由與必然性的規律合而爲一。（註九）

第二個反對意志自由的學說是宿命論（Fatalism）。宿命論與決定論很相似，但不盡相同；決定論認爲凡是一件事情的發生，必有它的先決條件；有了先決條件，事情便不能不發生。宿命論則認爲，事情的發生都是在於命運，命運注定一切；在命運的掌握下，該發生的事情，一定要發生，不該發生的事情，永遠不會發生；所謂「生死有命，富貴在天」，或者所謂「是福不是禍，是禍躲不過」，不在人的打算。宿命論者看現在和將來，就如我們看過去一樣。對我們來說，過去的一切都已變作事實，彷彿米已成粥，不能再作改變，因爲已經脫離了我們的掌握。對於宿命論者來說，事情從來就未在過我們的掌握之中。因此，雖然決定論與宿命論並不完全相同，然而終必殊途同歸；而且激進的決定論也不能不陷入宿命論之中。

第三個反對意志自由的學說是「單純非決定論」（Simple Indeterminism），單純非決定論就是絕對非決定論。這種學說認爲：人的行爲是沒有原因的，如果說有原因，那原因就是人的思想、意願和衝動等；然而這些心理狀態也是沒有原因的，它們的來去都是飄忽不定；說來就來，說去就去，不在人的決定。因此人的行為，現在的固然不在人的掌握之中；卽便是過去的，也從未在過人的掌握之中。過去的行為雖然已經發生，但當時也可以不發生，或者另樣發生。所以人的行為並沒有任何先決條件，都是沒有原因而發生的，和人的意志不發生關係。（註一〇）

第五節　對決定論、宿命論及單純非決定論的檢討

一、對於神學決定論的檢討：對於神學決定論我們只提出兩點來討論：第一點是：神學決定論與神的本性相衝突。我們所以提出這一點，是因為神學決定論以神的定義作基礎。斯比諾撒是相信上帝的，也相信上帝有無限的美善、無限的能力和無限的智慧，一切屬於上帝的屬性都是毫無缺陷的。然而他却把上帝與人相合為一，這無異是把圓滿無缺的善相與缺點相連繫，把無所不知的智慧與愚昧相結合，把無所不能的全能與無能相同一。其結果只有摧毀上帝的存在，因為無限的美善有了缺點，無限的智慧有了愚昧，無限的能力有了限制。

對於神學決定論我們要討論的第二點是，這種學說與我們的經驗不符合。我們的良知告訴我們，我們與上帝並非是一體，我們不能相信我們的錯誤和缺點都是上帝屬性的表現；甚至我們也不能相信我們所做的善行是上帝的直接所做所為。在我們思想或做一件事時，我們

很清楚的意識到那是我們自己在思想、在做事；我們可以相信上帝幫助我們去思想、去做事，但決不能相信那是上帝替我們去思想或替我們去做事。神學決定論只有一條道路可走，那就是泛神論（Pantheism）：人人是神，物物是神。

二、對於物質決定論的檢討：物質決定論有許多不可解釋的困難：假使人完全屬於物質界，完全被物質所支配，沒有超越物質的精神能力，我們不但不能解釋人類的道德生活，而且也不能解釋人類的文化生活。我們不能解釋人類的道德生活，因爲道德的生活就是聖和善，這都是超越物質條件的。我們決無法和石頭、和樹木或者和狗、猫談道德。我們在物質決定論裡也不能解釋人類的文化生活，因爲文化生活是建基於普遍觀念上的；然而爲形成普遍觀念，則需要抽象能力，而抽象能力又來自超越物質的理性主體。一個純物質的物，甚或一個具有感覺能力的普通動物，決不能有抽象能力。普通動物可以藉着牠們的感官得到某些知識，但是那些知識只是局部的，因爲感覺感官與外界的接觸是局部的。普通動物決不能有普遍的知識，牠們不會瞭解化學的原理或者物理的原理，也不會瞭解藝術的原則或者經濟的原則。爲了能解釋人類的文化生活，我們不能不承認人有超物質的精神能力。在此，我們也可以明白爲什麼我們提出有關物質決定論的這些困難來，雖然這些困難與人的意志自由不發生直接的關係；因爲如果物質決定論的基礎發生問題，那麼，它的其他的理論也必發生問題。

一如神學決定論，物質決定論也與人的經驗相抵觸。我們都經驗過：在我們做一件事時，尤其是關係重大的事，我們往往感到躊躇、猶豫、徬徨，必須三番五次的考慮，有時甚至請教高明，然後才能決定。我們所以這樣做，因爲我們體驗到我們可以作出不同的決定來，爲了怕作出一個錯誤的決定，所以我們才猶豫、考慮和請教別人。但是，這就證明我們有自由，因爲如果我們沒有自由，我們便不會有那種種的心理過程和現象。譬如放在我們桌子上的書、紙和原子筆，就沒有那些心理過程和現象；我們把它們放在什麼地方，它們就在什麼地方；我們願意怎樣用它們，就怎樣用它們；它們不會猶豫、考慮、決定，因爲它們是物質的。

三、對於心理決定論的檢討：心理決定論的理論，看起來，頗能引人入勝，因爲擇善棄惡，原是人的本性。而且人在善中常是選擇更大的善，在惡中常是避免更大的惡；因此在人面臨不同的動機時，自然便隨從最好的一個。但是，這也不能一概而論，因爲事實上，有的人在做事時確實隨從較壞的動機。其實，這也無可厚非，因爲人的意志有絕對自主的能力，它可以拒絕理智的指導，能獨斷獨行。關於這一點，在我們討論意志與惡的問題時，已經闡明過。

我們認爲心理決定論的錯誤在於它只看到人的「類選自由」與「操作自由」，而未看到人的「衝突自由」。人於善惡是非之間，有選擇惡與非的能力，因此人也能順從較壞的動機。照常理而論，人不應那樣做，那樣做是愚蠢；但是人可以心甘情願做愚蠢，因爲就如梅西哀樞機（Card. D. Mercier, 1851-1926）所說，人有做愚蠢的自由。（註一一）人願做愚蠢的例子，可以說屢見不鮮；性格倔强的人，常有這種表現。

心理決定論還有一個不能解釋的難題，那就是如果人在面對兩個完全相同的對象或動機時，是否還有選擇的能力？譬如一個人汗流浹背，口渴難當，見到兩杯質、量、形式完全相同的水，他是否還能喝水？我們很難說，他在這種情況之下，便無法喝水，只好坐以待斃。我們認爲雖然兩杯水完全相同，但是他仍然可以選擇，他的選擇就是他願意拿起來那一杯。他不必看對象或動機的好壞，他可以隨意拿起一杯來。

心理決定論不是完全不能被接受，如果說在普通情形之下，人都是隨其較好的動機行事，這是沒有錯誤的。但是如果人的意志完全受較善的動機所控制，不能有另樣的做法，這便與理論和事實都不相符合。

至於說人做事必須有動機，因而便說人沒有自由，這實是未有明瞭動機和自由的眞意義。動機是我們心理的企圖、願望或目的，我們能按照我們的企圖、願望或目的去行事，這正是自由的表現，因爲這是隨心所欲。如果我們有動機，而不能按動機而行，那才是不自由。

四、對經濟決定論的檢討：馬克斯的經濟決定論建基於他的歷史辯證唯物論（Historical and dialectical materialism）上，他認爲人的歷史就是物質循着正（Thesis）、反（Antithesis）、合（Synthesis）路線的發展史；這種發展純是一種物質的力量，不爲人力所控制；所以不是人的意志決定生活，而是生活決定人的意志。這種理論看起來，確有它的系統，但是這種理論是無法證實的，而且與人類的歷史相抵觸。因爲人類的社會不是必須非循着正、反、合的直線前進不可，它可以直線前進，也可以停滯，還可以後退，然後再向前進。歷史告訴我們，在蒸汽機發明之後，社會進入一個新的階段，稱爲工業革命時代；然而不久機器便遭到人民的反對和政府的禁止，馬氏亦曾目睹那實際的情況。經濟決定論的一大錯誤，就是混淆了「自然物理的必然性」與「人性應有的必然性」。自然物理的必然性是事物在正常環境中的必然發展，譬如樹木必然生長、必然開花、必然結果；但是人性的必然性便非如此，人類社會的發展必須依賴人的智慧和努力，不用智慧和不努力的社會必定落後，這是大家有目共睹的事實。（註一二）再者，如果人類歷史的發展是依照自然物理的必然性的，那麼，爲什麼馬克斯和恩格斯在一八四八年發表的「共產主義宣言」中大喊「世界的工人聯合起來」呢？爲什麼他又一生策動革命，打倒資本主義的社會呢？

人類的社會是一個整體的社會，包括經濟、政治、法律、宗教以及藝術等；這一切的制度都是彼此牽連，互相影響。可能有時經濟進步較速，政治進步較慢；或者法律進步較速，藝術進步較慢，但決不是一種制度進步，而其他制度停止不動；更不是先有經濟，而後才有其他的制度。否則，我們如何解釋牛頓（Isaak Newton,1642-1727）的萬有引力定律，或者愛因斯坦（Albert Einstein, 1879-1955）的相對論，再或者科學上的任何原理？如果我們把它們都解作經濟制度的產物，那末免太牽强附會了。

馬克斯認爲經濟是社會的下層機構，而政治、法律、宗教及其他的一切文化，都是社會的上層機構；下層機構變化，上層機構也必隨之變化，人類社會的一切都以經濟爲轉移。然而這種理論與人類的歷史實是大相逕庭。歷史告訴我們，政治並沒有常隨經濟的制度而變化。以美國爲例而言，美國由建國以迄於今，曾經過奴隸制度、資本制度、而至於今天的超級資本制度，然而美國的基本立國憲法並沒有改變。再以古希臘及古羅馬帝國爲例，兩國當時都是實行奴隸例度，就經濟系統而言，可謂沒有什麼差別；但兩國的政治制度則是大不相同。

法律也不是完全依據經濟制度而轉移的。根據馬克斯所說，封建時代的法律都是在保護當時的大地主，而現代的法律又是在保護資本主義家。我們不否認經濟與法律之間有密切的關係，但是它們之間的關係絕對不是完全如同馬克斯所說的。在馬克斯時代法律規定工人工作不得超過十二小時，隨後便改爲十一小時；一八四八年五月一日又改爲十小時；十九世紀後半，各國的法律又一再的修改；今天則以八小時爲限；而且，許多國家又規定一星期內只工作五天或六天。此外，還有許多的國家也已注意到社會貧富不均的現象，並設法縮小其間的距離；因而提高所得稅、遺產稅、累進稅等。中華民國在台灣省更實行三七五減租，使耕者有其田。此外，還有其他許多的措施，以增進低收入者的福利，這一切都說明法律並不是專爲保護資本主義家的。

論到宗敎方面，經濟決定論更與事實不相符合。我們都知道佛敎、天主敎、回敎千百年來曾經過不同的經濟制度，但是它們的敎義並未改變；尤其天主敎散佈於世界各國，存在於經濟制度迥然不同的各個角落，事實証明，她的信條絲毫未動。

以上我們是以政治、法律和宗敎爲例，說明這些制度並不是以經濟制度爲轉移。論到人類的文化，也莫不如此，僅以中國爲例，中國以農立國數千年，經濟制度未嘗稍變，然而中國的三大思想：儒、釋、道，竟能並行不悖，並存並立，便是一個證明。如同我們以上所說，人類的社會是整體的，社會的進步也是整體的，決不是先有經濟制度，而後才能建立其他的制度。

五、對於宿命論的檢討：人生有許多的事，尤其是意想不到的天災人禍，很容易使人相信命運，而走入宿命論裡。譬如在颱風季節裡，由於防範不嚴，一座房屋被吹毀，一個人的生命頃刻之間也就可以被奪去。其實，縱或在風光明媚的大好日子裡，一個人爲了享受一刻悠閒的時光，駕車到郊外玩玩，也可能剎那間因車禍而喪生。甚至一個人坐在家中也可以死於橫禍非命，這類的事不能不使我們想到「天有不測風雲，人有旦夕禍福」，或者「閉門家中坐，禍從天上來」的話。人生是否眞的是「禍兮福之所倚，福兮禍之所伏」？（老子・五八章）人生是否眞的被命運所操縱？

對於這個問題，我們應分析來說：一個人因颱風而死，或者因車禍而死，或者因任何其他的災禍而死，這都是自然律，和人的意志自由與否不發生關係。人体受到了嚴重的傷害，生理組織被破壞，失掉了它們的功能，自然就要死亡。問題是如果那些因颱風、車禍或其他災禍死亡的人，預先知道那些災禍將要來臨，是否他們願意而有能力去躲避？這才是意志自由不自由的問題。不錯，那些死於不同災禍的人，只就他們的死亡而論，他們是沒有自由的，因爲他們的死亡都已變爲事實，而事實不能改變。但是，事實只証明一件事已成過去，不能証明在它成爲事實之前，不能有另一種情形發生的可能性。這就如一個人因自殺而死亡一樣，自殺人的死亡雖已成了事實，然而這不能證明他在自殺以前沒有不自殺的能力；事實上，自殺是他的決定，而決定便是自由的實行，因爲沒有自由，便不能決定。關於這一點，我們以下還要談到。

人的壽命有限，人人都有死亡，沒有人可以永恆的活下去，因爲人是有限的物。如果把人的死亡都稱爲命運，這也沒有什麼不可；但是，如果因此便認爲人的意志沒有自由，事事爲命運所掌握，那便是講不通的。因爲現在我們可以感覺到我們意志的自由，譬如現在我們正在思索意志自由的問題，我們也可以不思索；現在我們正在寫字，我們也可以不寫，這都在我們作主。

我們的一生，無不是時時在給自己創造未來，我們自幼稚園開始，而國中、高中，甚至大學和研究所，這都說明我們自己在爲自己開創前途。我們相信我們的努力有助於我們的人生，而不是被命運所注定。如果我們回顧人類的歷史，更可以証明這一個事實。人類由茹毛飲血、巢居穴處，到今天的高度享受生活，無不是處心積慮，慘澹經營的成果；人類的一切發明和進步，也無不是利用自己的智慧和意志力的結晶，整個人類的歷史便是一部奮鬥史；沒有人類的奮鬥，也就沒有今天的社會。人類的社會決不是掌握在命運裡，而是靠自己的努力所建設的。

六、對於單純非決定論的檢討：單純非決定論可以說是唯物論的一派或結論。因爲除非承認人完全是物質，沒有非物質的理智，便不會主張人的行爲，就如飄在空中的樹葉一樣，東飛西揚，沒有秩序、沒有計劃，不能預測、不知落在何處。不過事實上，很少有唯物論者明明的這樣主張。

單純的非決定論與我們的經驗完全相衝突，因爲經驗告訴我們，我們不論做什麼事，只要是有意識的行爲，我們不能不知道那是我們自己所願意、所決定的；決不是像飄在空中的樹葉一樣，隨風飛揚，自己一點都不能作主。而且我們的願意和決定，也不是像單純非決定論所說，也是沒有原因、沒有理由的；說來就來，說去就去。因爲在我們願意和決定一件事時，我們是爲了一個目的去願意、去決定；沒有目的，我們便不能做出一個眞正人的行爲來。

很明顯的，如果我們的行爲、思想和意願，都像無根的浮萍，不知何處來，不知何處去，沒有任何理由；那麼，人類便不可能有家庭、國家、社會、或任何團体的生活，因爲這都需要組織、計劃、和目的。而組織、計劃和目的又要求人對於他的行爲能作主。同樣，人類也不可能有學術上的發展，因爲發展學術需要按部就班的研究，和連續不斷的努力。不但如此，人類甚至也不能活下去，因爲爲了能活下去，人必須能有固定的思想、固定的願望和固定的行爲。但是如果我們的思想、意願和行爲都不爲我們作主，我們不但不能堅守一個原則，或維持一個職業；我們甚至連寫一篇文章，或者吃一頓飯都不能；任何有連續性的行爲我們都不能做；我們可能忽然笑，忽然哭；可能忽然願意活，忽然願意死。假使人類的生活如此，人類豈不早已由地球上面絕跡？

第六節　意志自由的證明

在我們對反對意志自由的學說作了一番檢討之後，不妨再積極的對意志自由作一證明。

我們的証明可以分以下幾點：

一、理論的証明：我們先從理智方面來看：我們都知道，人的行爲是由理智提供動機，再由意志抉擇而成的；而理智提供動機又必以善爲觀點；然而宇宙間的物，沒有十全十美的，它們有它們的善，也有它們的缺點。因此，理智對於一件事的判斷，沒有一個必然的絕對性，不是一成不變的，它常可以從新評估它的判斷，再去發現一個新的動機，作一個新的判斷。所以物的有限性和理智判斷的偶然性是構成意志自由的兩個重要因素。

我們再從意志方面來看：意志的對象是善，但是意志除了不能拒絕無限的善以外，可以拒絕任何個體的善，因爲任何個體的善都有它的缺點，有缺點，就可以被意志所擯棄。因此，本來爲意志所喜歡的物，又可以爲意志所厭惡；本來爲意志所追求的物，又被意志所拒絕。意志的慾望是無限的：沒有的物，它希望有；有的物，它又感到不滿足；喜新厭舊，貪圖無厭，是意志的本性。所以意志無限的慾望與物的有限性是構成意志自由的另兩個重要因素。

二、經驗的証明：我們的經驗，不論是過去的，或是現在的，都可以証明我們的意志是自由的。以過去的經驗而論，我們大概都有過「悔不當初」的經驗。所謂「悔不當初」，不見得是非指什麼滔天大罪不可，凡是我們認爲不應該說的話說了，不應該做的事做了，都可以使我們感到悔不當初，我們所以感到悔不當初，就是因爲我們當時可以不說那句話，可以不做那件事；但是我們說了，我們做了；我們當時有自由。如果我們當時沒有自由，不能不說那句話，不能不做那件事；我們可能因此而感到痛苦、感到遺憾，但是不會感到「悔不當初」。

以現在的經驗而論，我們都體驗到，在我們決定一件事情以前，我們都要經過考慮；事情越嚴重，我們考慮的越周詳。我們不會貿然的接受一項艱巨的任務，也不會輕率的投下一筆大資本，更不會魯莽的決定自己的終身大事，我們必是考慮再三，然後再作決定。然而考慮與決定就說明我們的意志是自由的，因爲如果我們的意志不自由，我們便不會考慮，也不會決定。

在我們考慮一件事時，我們一定是考慮未來的事，不是考慮過去的事。對於過去的事，我們只能檢討，不能考慮。考慮一件事的目的是看它好不好，或者應當做不應當做，這是在做事以前心理上所有的過程。對於做過的事，考慮便沒有意義。

我們也不考慮已經決定的事，因爲決定是考慮的結束；如果再要考慮，這表明事情還未決定。因此，我們考慮一件事，常是証明我們的意志是自由的。在此，也許決定論者提出反駁說，考慮的目的不是在知道事情的好不好，或者應當做不應當做，而是在知道它的先決條件，知道了事情的先決條件，便可以知道事情的發生和終結。然而這種說法，顯然的又未能盡合邏輯，因爲想知道一件不知道的事，不是考慮，而是推測或預料。不知道一件事是「無知」，在無知狀態中，對於未來的事不能考慮，譬如一個軍人知道自己要開往前線去做戰，但他不知道地點和時間，在此情況之下，他只有等待命令的到達，他可以推測，但他不能考慮。所以考慮就是表示，我們對於一件事能有不同的抉擇。換言之，我們有自由。

同樣，決定一件事也証明我們的意志是自由的。決定的意思是說：這事由我們作主，我們有能力支配它，我們願意怎樣做就怎樣做，一切操之在我們。如果我們不自由，我們就不能決定一件事，只有等待事情的發生了。被囚在監獄的人就不能決定他要出離監獄的日子；他可以上訴，可以委託律師辦理，希望某日出離監獄，但他不能決定。

三、良心的証明：良心有三種功用，第一種功用是在行爲以前：如果我們所要做的行爲是好的，我們的良心就鼓勵我們；如果我們的行爲是不好的，我們的良心便警告我們。第二種功用是在行爲的當時，當我們在做一件善事時，我們的良心便會督促我們去完成；當我們做一件惡事時，我們的良心便命令我們去停止。第三種功用是在行爲完成之後：在我們做了一件善事之後，我們的良心就會稱讚我們；在我們做了一件惡事之後，我們的良心就會譴責我們。從良心的第一及第二種功用來看，我們可以知道我們的意志是自由的。因爲由於我們良心的鼓勵和督促、警告和禁止，我們對於一個行爲，可以做也可以不做；或者在開始做它之後，我們也可以繼續也可以停止，但是，如果我們的意志不自由，顯然的，我們便沒有這種能力。從良心的第三種功用來看，我們也可以知道我們的意志是自由的。因爲在我們做了一件惡事之後，縱然沒有人知道，我們也會感到良心的不安；如果有朝一日，東窗事發，因而受到法律的制裁，我們也會自認罪有應得，不會認爲不公。但是，如果我們的意志沒有自由，在我們做了一件事之後，雖然外表看來是惡事，我們便不會感到良心不安；倘若再被法律所懲罰，更會感到寃屈。譬如我們在一個人潮洶湧的場合裡，受到後面人潮的推擠，因爲我們無法抗拒後面人群的力量，我們不得不推擠走在我們前面的人。我們對我們這樣的行爲感到抱歉和遺憾，但是我們不會感到良心的不安，也不會受到良心的譴責，因爲我們並不願意做那種行爲；我們是不得已，我們沒有自由。

我們的意志有自由，應是沒有問題的。因爲如果我們的意志沒有自由，就如聖多瑪斯所說：「建議、警告、命令、禁止、獎勵、懲罰，便都毫無意義了。」（註一三）在此，反對意志的自由論者也許要提出一切統計數字來，作爲他們理論的根據，譬如嬰兒的出生率、婚姻率、死亡率等。但是這些統計數字並不能代表人的意志不自由，因爲這都是根據某個地區的風俗、習慣、環境以及教育等因素，由經驗所得來的大概數字，和人的意志自由或不自由不發生關係。

一個人在理論上儘管否認意志的自由，然而在實際上幾乎無時無刻不在利用他的自由。我們相信，他不但在重大的事上要斟酌、要考慮；而且在小事上也莫不如此：他寫一篇文章要修改，買一件東西要挑選，甚至穿什麼衣服，喫什麼菜，有時還要大費周章，這都是利用自由的証明，如果沒有自由，他便不會有這種表現了。

註一：Summa Th. I - II, Q. 6, a. 2

註二：杜威及杜夫特斯著，余家菊譯，道德學，上海中華書局出版，民國二十四年，二百十一頁。

註三：De Civitate Dei xxII 30

註四：F. Von Hügel, Letters to a Niece, xxvII, 見Alice Von Hildebrand 著，韓安城譯，宗教哲學，安道社會學社，民國六十二年，一百二十五頁。

註五：Benedict Spinoza, Ethica. Pars. 1, def. 3, P. 45, 民國五九年，合興彩色印刷公司重印。

註六：參閱：P. H. Nowell-Smith, Ethics, Philosophical Library, New York, 1957 P. 180.

註七：F. Eengels, Anti-Dühring, New York, 1935, P. 130-131 引於 Charles J. McFadden, The Philosophy of Communism, Benziger, New York, 1939. P. 241.

註八：Karl Marx, Contribution to Critique of political Economy, trans. by N. I. Stone, P.p 11-12, 引於 Charles J. MC-Fadden, The Philosophy of Communism P. 94-95.

註九：如註七

註一〇：參閱 Richard Taylor, Metaphysics. Prentice-Hall, Inc. Englewood Cliffs. New York, 1974, P.P. 50-51.

註一一：參閱 Card, D. Mercier, Determinist Theories, Readings in Ethics, Compiled and edited by. J. F. Leibell. loyla Univ. Press, Chicago. Illinois. 1926. P. 108

註一二：參閱袁廷棟，馬克斯哲學簡介與評價，光啓出版社，民國六十四年，九十八至九十九頁。

註一三：Summa Th. I. Q. 83. a。1.

第五章　論同意行爲及其負責性

同意行爲與行爲的負責性有密不可分的關係，因爲同意一個行爲就是願意對它負責任。但是，同意有不同的程度，因此負責性也就有大小的分別。所以，如果我們若願意對我們的行爲有正確的評價，我們應先把同意行爲作詳細的分析。當然，什麼是負責？負責性的形上基礎在那裡？我們都應加以研究。這一章所主要討論的就是這些問題。

第一節　同意行爲的意義

我們以前在討論人的行爲時，曾多次强調，一個眞正人的行爲是由理智的認識與意志的抉擇而成的，那也就是明知故意而做的。明知與同意是構成行爲的兩個基本因素，缺一不可。不過，我們也可以簡稱這種明知故意而做的行爲爲同意行爲，因爲所謂同意，自然是指理智的判斷與意志的同意。我們都知道，意志不是認識的官能；它不能分析事理，不能辨別善惡，而只能採取行動。因此，在意志作一個抉擇以前，必須先由理智提供動機。所以，在同意行爲裡，也常包括理智的認識。

明顯的，意志對於理智所提供的動機，不只是給予同意或贊成，它也可以拒絕或反對。然而，不論意志對於理智的動機作何種決定，由它決定所做的行爲，都稱爲同意行爲。因爲在理智對意志提出一個動機時，常涵蓋善惡兩方面。譬如：理智發現一個貪污的機會，通知意志，可以發一筆大財；但同時理智也明瞭那是一個犯法與不道德的行爲，通知意志不應當做。因此，在這種情況之下，意志對於理智任何一方面的建議，不論同意或拒絕，都構成對另一方面的拒絕或同意，其結果常是同意行爲。因爲如果意志決定去貪污，那當然是同意行爲；如果意志決定不貪污，仍然是同意行爲，那是同意理智所建議不要犯法或不要做不道德的事。

第二節　同意行爲的分類

同意行爲可分爲以下數種：

一、完全同意行爲與不完全同意行爲：完全同意行爲是理智對於行爲的性質完全了解，意志對於它也完全同意。不完全同意行爲是理智對於行爲的性質不完全了解，或者意志對它不完全同意，再或者理智對於行爲的性質既不完全了解，意志對於它也不完全同意。這兩種不同行爲的負責性有極大的分別，這可從謀殺及過失殺人看出來。

二、直接同意行爲與間接同意行爲：直接同意行爲是意志直接所追求的對象。換言之，就是意志直接所要達到的目的。間接同意行爲是意志同意「直接同意行爲」所發生的後果。我們可以用一個例子來說明這兩種行爲的分別。譬如張三蓄意殺害李四，殺害李四便是張三的直接同意行爲；然而李四死後，李四家庭所遭受的一些困難和打擊，便是張三的間接同意行爲，因爲張三既願意李四的死，也必願意李四死後所發生的後果。間接同意行爲又稱爲「原因同意行爲」，因爲如果一個人願意原因，也必願意後果。

三、明示同意行爲與暗示同意行爲：明示同意行爲是用言語、文字或標記所表示願意做的行爲。暗示同意行爲是不用言語、文字或標記，而是由環境、情況所表明願意做的行爲。前者如在開會時用舉手、投票或說「贊成」，表示自己的同意。後者如飲食店或製酒廠爲招徠顧客所設的品嚐部，經過的人可以隨意品嚐，雖然沒有人加以說明，也沒有文字加以解釋；但是顧客根據情形可以推知店主或廠方的同意。有時緘默也代表同意，就如西諺所說：「緘默就是同意」（Qui tacet, consentit.）。譬如一位同學上課時沒帶原子筆，看見鄰座同學有兩枝，於是便順便自動借一枝；如果那位同學看見而一語不發，便可認爲同意。但是，也不是凡緘默皆代表同意，相反的，有時正是代表不同意。譬如當一位銀行職員在搶劫者的手鎗威脅之下，不發一言，而把鈔票交出時，決不代表職員的同意。

四、積極同意行爲與消極同意行爲：積極同意行爲是意志決定要做的行爲。消極同意行爲是意志決定不要做的行爲。這兩種行爲的分別不是在意志，因爲意志不論決定做或決定不做，意志的決定常是積極的；如果意志是消極的，意志便什麼都不決定。行爲所以稱爲積極同意行爲與消極同意行爲，是根據行爲的本身而分的。決定要做的行爲就是積極同意行爲，決定不要做的行爲就是消極同意行爲。譬如一個人決定要幫助他的鄰居，便是積極同意行爲；如果決定不幫助他的鄰居，便是消極同意行爲。不過，積極同意行爲不一定就是善的行爲，同樣，消極同意行爲也不一定都是惡的行爲；積極同意行爲有善有惡，消極同意行爲也有善有惡。一個人決定吸毒和賭博，便是積極同意的惡行爲，反之，如果他決定戒毒或不賭博，便是消極同意的善行爲。

五、單純同意行爲與混合同意行爲：單純同意行爲是一個人不感任何顧慮或困惑所願意做的行爲；混合同意行爲是一個人在旣願意又不願意的情況下所做的行爲。前者如一個人正在失業時，有人請他担任一種工作，而且正是他夢寐以求的理想工作，這時他自然便毫無猶豫的接受那份工作。後者如亞里斯多德所舉的那個著名的例子：船長在驚濤駭浪中不得已把貨物抛入海中（註一），船長本來不願意抛棄船上的貨物，但又恐招致覆舟之禍，他又不得不那樣做。

六、現實同意行爲（Voluntarium Actuale），有效同意行爲（Voluntarium Virtuale），習慣同意行爲（Voluntarium Habituable），及解釋同意行爲（Voluntarium Inter-pretativum）：這四種同意行爲是由四種相對的意向所做的行爲，因此，我們若明瞭了那四種意向，自然也會明瞭這四種同意行爲。

現實意向（Intentio Actualis）是一個人「此時此地」正在做一件事情時所有的意向，因此他可以實際的意識到那個意向。譬如他有意給朋友寫封信，於是他就拿起筆來寫；或者他願意給朋友打個電話，於是他就拿起聽筒撥電話號碼，他確實的知道他是在給朋友寫信或是在打電話。

有效意向（Intentio Virtualis）是一個人不久以前所有的意向，雖然在他做那件事時，那個意向已不復爲他所意識，然而仍然繼續有效。譬如早晨我們要到學校來上課，出得家門後，順便到店舖去買些東西，以後又在巴士上遇見幾位同學，於是就天南地北地聊起來。在這種情形下，到學校的意向已被我們所忘掉，但是它仍然繼續存在，並且促使我們到學校裡來。

習慣意向（Intentio Habitualis）是一個人以往所有過的意向，然而已不爲他所記憶，而且對他所做的行爲，也無實際的影響，而只是一種巧合。我們所以仍然稱它爲意向，就是因爲從前有過，從來未有打消而已。譬如甲乙二人有讎，甲想報復，但是沒有機會。以後事隔多年，人事滄桑，各自流落一方，甲對報復乙的事早已忘掉，但是甲從未說不再對乙報復。不料一日甲與人發生打鬥，將對方打傷，事後經他發現，他打傷的人正是他想報復的乙。在這種情形下，甲打傷乙的意向就稱爲習慣意向。

習慣意向不是一個行爲實現的原因，因此也不影響那行爲的價值。但是根據一般倫理學家的意見，在某種情況之下，習慣習向可以滿全一個人的債務（註二）。譬如甲欠乙一百元，而甲把欠錢的事完全忘掉，但是如果甲在某個機會中送了乙一百元的禮物，這個禮物便已代替了甲還債的義務。因爲甲本來有意還他的債，只是忘掉了；如果沒忘掉，他一定先要還債，而後才送禮物。

解釋意向（Intentio Interpretativa）是我們推測別人所有的意向，雖然他從未有過那個意向，但是如果他了解情況，他必會有那個意向。譬如一個人偷竊了別人的東西，而後良心感到不安；他願意把那些東西歸還原主，但是不知道物主是誰，在此情況下，他可以推測受害人會同意他把偷來的東西交給警察局，請警察局代爲處理。

第三節　行爲負責性的意義

人的行爲表現了人的尊嚴，因爲那是出於人的理智和意志。然而人的行爲也奠定了人負責的基礎，因爲人是行爲的主人。

行爲的負責性涵蘊兩個觀念：一個是歸屬性（Imputabilitas），一個是負責性（Responsabilitas）。其實，這兩個觀念實是一體兩面，不能分離。歸屬性是說，一個行爲應該屬於行爲者，因爲行爲出於行爲者，行爲者是主人；這就如工廠的產品屬於工廠一樣，因爲產品出於工廠，工廠有主權。

負責性是指行爲的善惡應由行爲者去承擔，因爲行爲者是原因，行爲是後果；行爲既是屬於行爲者，自然就應由行爲者來負責。負責一詞在西文裡，其原意是「回答」或「作覆」的意思，那是說一個人對於他的所作所爲，應有一個解釋或交代，後來迭經引申，便又當作責任的意思講。因此，行爲的負責性不但指對於惡的行爲而言，也是對於善的行爲所說的。對於惡的行爲負責是接受它的「過」，對於善的行爲負責是接受它的「功」。一個人做善事由於謙虛沖懷，不願邀功圖賞，但是「功」常是屬於他的。同樣，一個人做惡事，由於怕受懲罰，東逃西躲，不爲法律所制裁，但是「過」也常是屬於他的。不過，在我們普通談話時，負責多是指對於惡的行爲而言。

人的行爲既屬於人，又由人來負責，因此與人之間便形成一個不可分離性；不因時間的久遠，便與人脫離關係。在戰場上浴血抗敵，捍衞國土的戰士，往往在戰爭完結後，才獲得國家的獎譽；作奸犯科的人，每每逃亡多時，在被逮捕歸案後，才受到法律的制裁。人的行爲出自人的理智與意志，常常帶有靈魂的印記。

論到行爲的負責性，我們應注意在法律與倫理兩方面的分別，法律的負責性由立法機構所規定，以社會公共福利爲目的；倫理的負責性由人性所賦予，以人的良心做基礎。法律爲了公平起見，常以年齡作爲行爲負責的標準，認爲不夠年齡的人便沒有負責的能力，或僅有部份負責的能力。因此而有「無行爲能力人」與「有限制行爲能力人」之說。譬如中華民國法律民法第十三條規定：未滿七歲之未成年人，無行爲能力；滿七歲以上之未成年人，有限制行爲能力；未成年已結婚，有行爲能力。民法第十二條又規定：滿二十歲爲成年人。所謂「無行爲能力人」就是一個人被法律認爲沒有能力做一個眞正人的行爲，所以對於他的行爲不負責任。又所謂「有限制行爲能力人」就是一個人被法律認爲有某種程度的行爲自主能力，因此也負某種程度的責任。所以中華民國刑法第十八條規定：未滿十四歲人之行爲不罰，十四歲以上未滿十八歲之行爲，得減輕其刑；滿八十歲之行爲，得減其刑。然而對於少年之歲數，中華民國少年事件處理法第二條又修正爲十二歲以上，到十八歲未滿。因此少年的年齡卽是十二歲起至十八歲止，十八歲以上爲成年人，應對其行爲負完全責任。

在倫理方面，行爲的負責性便不是這樣。倫理的負責性沒有年齡的限制，它的標準是人的理智，只要人有足夠的理智，能分別善惡，就應對他的行爲負責，因爲這是人性的要求。因此，縱然一個兒童不滿七歲，只要他對自己的行爲了解和同意，在他的良心上就應負起責任來。至於負責的大小，那要依他了解及同意的程度而定。

第四節　間接行爲的負責性

我們的行爲有許多是單純的：一個行爲只有一個後果。但是也有許多是複雜的：一個行爲有兩個或多個後果。我們的行爲不論是單純的或是複雜的，如果都是善的，在倫理學上便沒有什麼問題，因爲我們常可以，而且應該行善。如果我們的行爲是惡的，問題也比較容易解決，因爲我們不應該做惡。然而如果我們的行爲是善惡相兼，有善也有惡，在倫理學上便會發生很大的問題，因爲倫理學的最高原則是行善避惡。因此我們不免要問：我們是否可以做一個後果善惡相兼的行爲？

我們認爲這個問題有研究的必要，雖然這是倫理學上的一個老問題，但是久已爲人們所忽略的問題。我們對此問題不能避而不談，因爲我們有許多行爲的後果都是善惡相兼的，我們不可能完全避免這類的行爲。然而我們是否可以做這類行爲呢？譬如我們是否可以爲救一個溺水的人而甘願自冒滅頂的危險？我們是否可以在海裡爲救自己的生命而搶奪別人的救生圈？是否可以爲救一個人而同時又害另一個人？我們不能不承認，在我們面臨這類許多的事情時，常會感到進退維谷，左右爲難。

爲解決以上的問題，士林哲學提供了一個原則，稱爲「間接同意行爲原則」（Principle of Indirect Voluntary）或「雙重後果原則」（Principle of Double Effect）。這個原則是說，在我們做一個行爲時，它的後果有善有惡，但是我們的目的不是在做惡，而是在行善；惡的發生只是不可避免的副作用，如果惡的後果能夠避免，我們一定會避免。所以我們同意惡果的發生，實在是不得已的事情。在此，我們可以看出，爲使用「雙重後果原則」，絕對不可有惡的目的。否則，我們的意志已經趨向於惡，根本不必談什麼原則。不過，爲使用「雙重後果原則」，應當滿全四個條件，惟有在滿全四個條件之後，我們才可使用這個原則。這是有它的道理的，我們現在把四條件敍述如下：

一、行爲的對象必須是善的，或者至少應是不善不惡中立性的，而決不可以是惡的。因爲如果行爲的對象是惡的，換言之，如果行爲本身是惡，這無異說，我們所追求的就是惡。在此情況下，我們對惡的同意便不能稱爲間接的同意，而是直接的同意。況且，我們永遠無法把一個本身爲惡的行爲，變成一個善的行爲，譬如我們無法把姦淫變成貞操，把忤逆變成孝敬。

二、善的後果應由行爲直接所產生，或者至少與惡的後果同時產生，但是絕不可產生於惡的後果之後。因爲我們不能以惡作爲獲得善的方法。不然，那就是爲達到目的而不擇手段，或「方法善化目的」，這是倫理學家們所共同反對的。否則，人類便沒有不可以做的行爲，因而也就沒有任何道德之可言。在我們利用惡的手段去達到善的目的時，縱然我們有善的目的，然而我們必須先做一個惡的行爲，這個惡的行爲不會因善的目的而變爲善。所以，做一個惡的行爲，爲達到善的目的，常是不道德的。孟子曾說：「行一不義，殺一不辜，而得天下，皆不爲也。」（孟子．公孫丑上）荀子也說：「行一不義，殺一無罪，而得天下，仁者不爲也。」（荀子．霸王篇）。我們不妨擧一個例子，試對這條的意義加以說明。譬如一個人知道自己嗜酒如命的叔父患有嚴重的肝病，不能繼續飲酒。同時他也知道，他的叔父因爲沒有子嗣，已經寫好遺囑，把全部家產遺留給他。然而他爲了早日得到家產，於是便不斷地給他的叔父送酒，結果他的叔父終因飲酒過度而逝世。這是一個不道德的行爲，因爲只就送酒的行爲本身而言，固然不是一個惡的行爲，因而不與第一個條件相衝突；而且願意得到應得的家產，也不是一個惡的目的。但是得到家產的這個後果，却是出於害死叔父的惡後果之後，這是爲達到目的而不擇手段。

三、惡的後果不應作爲行爲的目的，它的發生只是因爲不可避免，不得不容忍而已。因爲一如前面所說，如果我們行爲的目的是惡，那就是我們的意志所直接追求的對象是惡。換言之，我們的意志已經變爲惡。在這種情形之下，也就不必談什麼「雙重後果原則」。因爲「雙重後果原則」的用意就是在解決我們的困難：「在我們爲一個好的後果做一件事時，如果不幸也有一個惡的後果發生，我們應如何做才算不違反倫理道德？」因此，在做一個善惡後果相兼的行爲時，我們決不可以惡的後果作爲目的。否則，就是不道德的行爲。譬如在大選時期，一群惡勢力爲了鞏固自己的地盤，好能魚肉百姓，因而替他們的首領競選。爲了能達到目的，所以便救濟貧困，修橋補路，其後果是使他們的首領順利當選。這便是一個不道德行爲。因爲這雖然與以上所說的第一個條件不相抵觸，因爲救濟貧困，修橋補路都是善行；而且也與第二條件不相衝突，因爲善的後果：貧民得益和桑梓受惠，不是出於惡的後果：惡徒當選。但是它的目的却是惡：鞏固地盤，魚肉百姓。

四、爲容忍一個惡後果的發生，在善惡後果之間必須有適當的比例和充足的理由。我們不能爲了一個微不足道的小善，許可發生重大的惡。這個理由是顯而易見的，因爲惡的後果本來是一種副作用，不是主要的目的；但是，如果一個行爲產生的惡果遠勝於它的善果，那麼，惡的後果便不是副作用，而變爲主要目的了。所以我們不能爲了打撈掉在海裡的一條小手帕，而甘願冒生命的危險；也不能爲了保護一隻小鷄，而殺死偸鷄的人。

「雙重後果原則」不是士林哲學家們所規定的原則，而是士林哲學家們根據人的理智，爲解決善惡後果相兼的問題，所研究而得到的結論。其中沒有詭辯，沒有似是而非的謬理，完全是合乎理智的，實在是一個指導我們行爲的實際標準。沒有這個標準，我們便會發現有許多善惡相兼的複雜行爲，便無法分辨它們的可行性。人類有許多職業或任務，雖然它們的後果有善有惡，彼此揉雜，然而所以仍然被人稱讚與尊重，就是因爲它們與雙重後果原則相符合，警察與救火人員的職責便是如此，醫生與法官的職責也是如此。不過，我們也必須承認，雖然我們有雙重後果原則，但是有時仍不免遇到一些後果善惡相雜的複雜行爲，對它們的何去何從，仍然難以得到解決。這不是因爲雙重後果原則有問題，而是因爲我們不瞭解那些行爲的性質；如果我們瞭解那些行爲的性質，便不難迎刃而解。

第五節　人的認同與行爲的負責性

人的存在，在哲學上似乎不是一個嚴重的問題，除了極端的懷疑論者外，哲學家們沒有不承認人的存在的。其實，懷疑論者，也只能在理論上懷疑，在實際生活上便無法懷疑。因爲懷疑論者患病時也必求醫，飢餓時也必飲食。但是人如何向自己認同？換言之，人是什麼？這個問題在哲學上便引起了軒然大波，至今仍爲哲學家們爭論不已。由於哲學家們對人的解釋不同，因此人對自己行爲如何負責，連帶的也發生了問題。

人是什麼？或者說「我」是誰？當我說這是「我」時，「我」是指何物而言？是指我的身體呢？抑或於我的身體之外尚另有所指？如果我就是指我的身體，那麼，我就是我的身體，我的身體也就是我。唯物論者就是這樣主張，因爲唯物論只承認物質，不承認精神。但是，這種主張在哲學上卻能引起不少的困難來。譬如一個人說：「我願意做一位哲學家。」或者說：「我相信民主政治。」我們很難說，那是他的身體願意做一位哲學家，或者他的身體相信民主政治。如果我們再從認識論方面去看唯物論的這個「我」時，它的困難更加明顯。因爲我們都不免會發生心理的錯誤，譬如我們有時把星期六當作星期日，或者把五點鐘當作六點鐘，但是如果我就是我的身體，我如何能發生這種心理的錯誤？物質的東西是不會發生錯誤的，更不會發生心理的錯誤；一切的事，對於物質性的物來說，都是對，沒有錯。

物質的「我」不但不能解釋人的心理與認識方面的問題，更不能解釋倫理上有關責任的問題。一個人應當對自己的行爲負責任，因爲他是行爲的主人；而他之所以是自己行爲的主人，是因爲他認識自己的行爲，且對自己的行爲握有做與不做的抉擇之權。但是，認識與抉擇這兩種能力，完全超越物質「我」的範圍。物質的東西既不能認識，也不能抉擇。因此，物質的「我」也就不能解釋爲何要對自己的行爲負責任，行爲的負責性對於一個完全物質的人是毫無意義的。

對於人認同的解釋，與唯物論正相反的是唯心論。唯心論認爲一切的物都是人心靈的創造，或觀念的化身，所謂「存有就是被知道」（Esse est Percipi）。所以，觀念建立一切，實現一切，「我」就是我的心靈或我的意識。

唯心論對於人認同的解釋，倒是奠定了人精神方面的基礎，彌補了唯物論的缺點。然而對於行爲的負責性所造成的困難，絲毫不減於唯物論，而且只有過之，而無不及。因爲唯心論既然認爲一切的物都是出於認識主體的心靈，那麼，人的身體便不是一個實在體；人的行爲也只能屬於心靈，而不能屬於身體。尤其極端的唯心論更以認識主體爲唯一可知的實在體，其餘物體都是虛幻或非實在體。這樣，便不能不陷入懷疑論或「唯我獨存主義」（Solipsism）之內了。因此，天下只有一個「我」，其餘的人都不存在。但是，如果如此，要談人行爲的負責問題，實在是無法談起。

除了唯物論與唯心論之外，討論人認同問題的還有心物二元論，或簡稱二元論。二元論認爲人是心靈與身體的合成體。最早的二元論應是柏拉圖的二元論。柏氏認爲人的心靈與身體的結合是偶然的，靈魂在身體內，猶如囚犯禁錮於囹圄，迨靈魂的禁期屆滿之後，便可脫離身體，重獲自由，逍遙天際。然而人在這種解釋之下，便沒有一個實在的合一性，不是一個眞正的個體，這就如人與房屋的關係一樣，人雖居住於房屋之內，但人與房屋是兩個不同的東西，因此，人便不能向自己認同，不知道自己究竟是自己的靈魂？還是自己的身體？既然人連自己是誰都發生了問題，更遑論對自己的行爲負責了。

在二元論裡，除了柏拉圖的二元論之外，還有心身相制論（Interactionism），附屬現象論（Epiphenomenism），平行論（Parallelism）和機緣論（Occasionalism）。心身相制論認爲人的心靈與身體互相牽制，心靈影響身體，身體影響心靈，二者互爲因果；心靈有了某種活動，身體也就發生某種行爲。同樣，身體有了某種行爲，心靈也就興起某種活動。一如在木偶戲裡，牽綫人與木偶的動作彼此劃一，合作無間。不過，在心身相制論裡，牽綫人既是心靈，亦是身體；而同時，木偶仍然是心靈和身體。

人的心靈和身體互相影響，是不可爭論的事實。我們都知道恐懼使人顫慄，羞愧使人面赤，今天的心理學和醫學更証明了人有許多疾病，它們的原因都是心理的因素，而與生理因素無關。人因了信心，往往能人之所不能，因了失望，卽使能做的事，亦變爲不可能。長年爲疾病所纏身的人，常常無精打采，精神萎靡；相反的，身體健康的人，多是容光煥發，朝氣蓬勃。身體影響心靈最顯明的例子，莫過於大腦神經受到傷害或腐蝕，所導致人心理的異常或疾病，病態心理學稱之爲機體心理疾病（Organic psychoses）或身體心理疾病（Somatopsychic Disorders）。這是說，人的這些心理疾病，不是來自心理的因素，而是來自身體的因素。我們平常也說：「健康的頭腦寓於健康的身體。」

人的心靈和身體彼此互相牽制，雖然是事實，但是，心身互制論並不能把人的行爲解釋成一個眞正人的行爲，因爲心身互制論既然以人的心靈和身體爲兩個獨立體，其間便不能有一個實在的合一性。對於這一點，我們不妨再用一個例子來說明。譬如一個人乘高空纜車遊玩，他本來一路心曠神怡，悠閒自得，但是他卻忽然想到自己身懸萬仞，萬一電纜發生故障，其後果便不堪設想；於是他便於不知不覺之間，心情緊張，手心出汗。根據生理學我們知道，手心出汗是一種生理作用，那是由於密佈於手掌的汗腺所造成；汗腺受到肌肉的壓力，使汗液滲透皮膚，而表露於外。控制汗腺神經的是交感神經(Sympathetic Nerves)當交感神經受到刺激時，汗腺便開始分泌汗液，但是輸送汗液的交感神經纖維是交感神經的胆鹼纖維（Sympathetic Cholinergic Fibre），而且汗腺主要是由下視丘（Hypothalamus）中的副交感神經中樞來控制，因此，出汗可以說是副交感神經性的功能。

人體出汗，關係許多生理因素，包含千頭萬緒的神經過程；一直到今天，生理學家們還有許多沒有研究明白的問題。然而我們對於那些未有研究明白的問題，並不太感困惑，因爲我們相信，生理學家們遲早都會得到解決的。我們現在所要問的是：那個乘纜車的人手心出汗是如何引起的？如果說那是因爲恐懼的思想推動腦神經，而後腦神經又推動其他一切有關的神經所造成的。我們認爲這種解釋並未答覆我們的問題。我們不否認思想能推動腦神經，但是它如何推動？則是我們的問題。我們都知道，腦神經是物質體，它所能接受的變化和活動也只應來自物質体；但是，一個沒有重量、不佔空間、沒有物理能力的思想，如何能推動物質的腦神經？且使它開始一連串的活動？我們認爲心身互制論是無法給一個圓滿的解答的。

心身互制論在基本思想上，仍未跳出柏拉圖二元論的圈子，因此，雖然心身互制論把人的心靈與身體的合作講得盡善盡美，天衣無縫，但是，始終無法把人講成一個眞正的個體，人的行爲也因此不能有一個合一的主體。所以，人應如何對自己的行爲負責？心身互制論所面臨的問題，一如柏拉圖二元論所面臨的問題一樣，永遠無法解答。

附屬現象論也認爲人是心靈與身體的合成體，不過，它這樣解釋：人的心靈所有的狀態，如思想、觀念和意識，都是身體活動的後果；沒有身體的活動，便沒有心靈的狀態；然而身體的活動則是獨立的，與心靈無關；身體只影響心靈，心靈不影響身體。

附屬現象論所說的人的身體，是指的人的腦部與神經系統，不是指的人的整個身體，與我們普通所懂的身體不同。根據附屬現象論所說，雖然人的腦部及神經的活動引起心靈的活動，但這也並非說，每凡腦部及神經有所活動，必定引起心靈的活動；心靈的狀態只是腦部及神經活動的副產品，可以有，也可以沒有。但是如果腦部及神經發生活動，人的身體也必發生動作。人的一切行爲，不論是自由的，或非自由的，完全決定於腦部與神經系統，與人的心靈無關；然而心靈的思想、觀念和意識，則必導源於腦部及神經的活動。

很明顯的，附屬現象論雖然也承認心靈的存在，但把心靈的活動都看成物質活動的反射，這與唯物論的主張實是如出一轍，就如列寧（Nikolai Lenin,1870-1924）所說，思想只是物質的摹本、反射和照像（註三）。然而我們很難相信，人的思想和觀念，只是身體活動的後果，而對於人的行爲卻毫無影響。假使如此，我們便無法解釋人類歷史中一切政治制度的變遷、戰爭的緣起、主義的對壘、以及所有的文化發展。當然，也無法解釋我們行爲中的動機或目的了。

附屬現象論否認了心靈的獨立能力，雖然稱爲二元論，實則已名存實亡。因此，不論附屬現象論如何去解釋人，人的定義仍逃不出唯物論的「我就是我的身體」的意義。唯物論既不能解釋人對自己行爲的負責性，附屬現象論當然也就不能。

平行論對於人以及人的行爲的解釋，與其他二元論的解釋，可謂大同小異。只是平行論認爲人的心靈與身體的行動，常常並駕齊驅，同行不悖；然而彼此並不互相影響，沒有因果的關係。因此，平行論把人的心靈與身體的關係，拉得越來越遠，人的認同也就更無法實現，人的行爲也就更沒有一個負責的主體了。

機緣論較爲特殊，它認爲人的思想與身體的行動同起同止、相輔相成；有思想就有行爲，有行爲也就有思想；但是二者的連繫，不是出於天然的本能，而是出於上帝的安置；當人的心靈有所活動時，上帝便給身體製造機會，使身體發生與心靈狀態有相同性質的行爲；同樣，在身體做出一個行爲時，上帝也便給心靈製造機會，使心靈也發生與行爲有相同性質的思想。所以，人的思想與行爲常常協調一致，整齊劃一。

凡是二元論都有一個共同的難題：那就是人無法向自己認同，人的行爲也找不到一個眞正負責的主體。這個困難在機緣論裡更是明顯，因爲機緣論在人的心靈與身體之外，又給人加上了一個上帝的因素；其他的二元論已經把人化分爲二，機緣論把人弄得更是支離破碎。因此，人對自己行爲的負責性到此已完全瓦解，蕩然無存（註四）。

人是一個有理智的動物，人的靈魂與身體共同組成一個整體的人；人有一個存在和一個人性。人的靈魂和身體是兩個實體，但不是兩個自立體；二者相合，便組成一個人，二者相分，便不成爲一個人。人的存在不像杯中的水，杯與水相合，是杯與水；相分，仍然是杯與水。

人既是靈魂與身體的合成體，因此人有位格，位格按博愛修斯（Boethius,480-525）所下的那個著名的定義，就是「理性的自立個體。」（註五）因爲每個人有每個人的位格，因此人有我、你、他的分別；而我、你、他也就代表人的行爲的整個主體。譬如說「我說話」、「我思想」，這就是說我這個主體說話，我這個主體思想；同樣，如果說「你寫作」或「他寫作」，這就代表你這個主體，或者他這個主體寫作。

位格是行爲的主體，也是行爲的主宰，因爲人的行爲是出於理智的認識和意志的抉擇；人的行爲不是單屬於心靈，也不是單屬於身體，而是屬於整個的人。因此，如果我們要想使人能對自己認同，並使人能對於自己的行爲負責，只有把人看作由靈魂與身體所組成有位格的主體，或者一個整體的人。

註一：Aristotle, N.E. BK. Ⅲ. Ch.1, 1110 a

註二：Austin Fagothey, Right and Reason, Ethics in Practice and Theory, The C. V. Mosby Co. 1959. St. Louis P. 100.

註三：I. M. Bochenski, Contemposary European Philosophy. 波亨斯基著，郭博文譯，當代歐洲哲學，協志工業叢書出版，民國五十八年，五十一頁。

註四：以上參考：Richard Taylor, Metaphysics, Practice-Hall, Englewood Cliffs, New Jersey, 1974, Chapter 2.

註五：Boethius, De Duabus Personis, Seu Contra Eutychen et Nestorium, Ⅲ, P. L. 64, 1344, Trans. by H.F Stewart and E.K. Rand, Loeb Classical Library, Cambridge, Mass. Harvard Univ. Press, 1936.

第六章　論行爲的阻礙

人的行爲是由理智的認識與意志的抉擇所組成的，因此，不論是理智也好，或是意志也好，任何一方面受到阻礙，人對自己行爲的負責性便會相對的減少，甚至完全消失。行爲的阻礙有暫時性的和長久性的分別，暫時性的阻礙有無知、情慾、恐懼和暴力；長久性的阻礙有習慣、心理疾病、心智缺陷和洗腦等，我們對這些阻礙都將一一作個別的討論。又因爲情慾的壓抑與心理異常有極密切的關係，所以我們把這一個問題特設一節，作更詳細的探討。

第一節　行爲暫時性的阻礙

行爲暫時性的阻礙是指在某種情形之下對某個特殊行爲所構成的阻礙，所以只影響某一個固定行爲的負責性。現在我們就把它們的性質和對行爲的影響分別陳述於下。

㈠無知：無知是理智方面的阻礙，它的最廣泛的意義就是說缺少知識；然而這也不是說缺少任何知識，而是說主體缺少應有的知識。因爲如果主體缺少不是他應有的知識，這在他的行爲上並不構成阻礙，譬如醫生不明瞭建築，並不阻礙他去行醫；但若醫生不明瞭醫學，就這便是他的無知，因此也就構成他的行爲的阻礙。所以，無知在行爲的負責性方面而言，就是指主體缺少應有的知識。

無知不是錯誤，二者不可混爲一談：錯誤是我們所肯定或否定的事與客觀的事實不相符合；無知可以沒有錯誤，而錯誤常包含無知。倘若我們把金當作銅，那是因爲我們旣不認識金，也不認識銅。無知有不同的性質，可以分作以下數種：

第一、無知在主體方面可以分作「可克服的無知」與「不可克服的無知」。「可克服的無知」是一個人在正常情形之下，能夠得到他所需要的知識，譬如一個人欠別人一筆錢，然而忘掉了欠多少，但是有賬本可查，所以只要一翻賬本，便可以消除他的無知。「可克服的無知」又有不同的等級，這要以事情的大小、責任的輕重，以及一個人爲獲得他所應有的知識所努力的程度而定。如果一個人只是敷衍塞責、潦草行事，不眞正的去設法獲得他應有的知識，這樣的無知稱爲「單純可克服的無知」（Ignorantia simpliciter vincibilis）。如果他自知處於無知之中，而且也知道可以利用方法去消除自己的無知，但是他却毫不關心，置之不理，這樣的無知稱爲「嚴重可克服的無知」（Ignorantia crassa）。再如他故意不知道他應當知道的事，好以無知作託辭，去做他要做的事，這種無知稱爲「蓄意無知」（Ignorantia affectata）。

「不可克服的無知」是一個人沒有方法可以得到他所需要的知識，這又分爲兩種：一種是「絕對不可克服的無知」，一種是「普通不可克服的無知」。「絕對不可克服的無知」是一個人絕對沒有方法得到他所應有的知識，這又可能發生於兩種情形之下，一是當事人不知道自己處於無知之中，譬如甲受乙之託，從國外帶一本書囘來，然而甲因爲行程匆匆，把帶書的事完全忘掉，已不記得受託的事，因此也就無法給乙帶書囘來。二是當事人雖然自知處於無知之中，然而以常情而論，他絕對沒有方法可以獲得所需要的知識。再譬如甲受人之託，從國外帶給乙一封信，甲囘國後，却發現乙的信在旅途中遺失，但却不知道遺失在何處，甲不能再返囘國外去找那封信，卽使去找，那亦不啻海底撈針，可以說是絕對不可能的。

「普通不可克服的無知」是一個明智而又謹愼的人，用他認爲應當用的方法而仍然不能獲得他所需要的知識。實在的講，這種無知不是絕對不能克服的；但是那樣做，將是超過一般人的要求。譬如在戰爭時期，烽火連天，我們不能爲了一件無關緊要的小事，去穿越槍林彈雨，以求證事實的眞相；在這種情形之下，一個人只要在可能範圍之內，盡力而爲便可，如果仍然不能查出事情的眞相來，這就是「普通不可克服的無知」。

第二、無知在對象方面可以分作「法律的無知」（Ignorantia juris）與「事實的無知」（Ignorantia facti）。「法律的無知」是一個人對於法律的存在或內涵缺少應有的知識，譬如開設藥房的人不知道沒有醫生的證明法律禁售痲醉劑，或者知道，但却不知道是否安眠藥也包括在內。「事實的無知」是一個人對於法律的存在和內涵都很明瞭，但是在實際情形上不知道如何去解釋。譬如那位開設藥房的人，知道一切有關出售痲醉劑的法律，但是因爲他的藥房設在一個偏僻地區，當地沒有醫生，一位病人緊急的需要麻醉劑，他不知道於此情形之下是否可以出售麻醉劑。

第三、無知在行爲方面，可以分作「事先無知」（Ignorantia antecedens）與「相隨無知」（Ignorantia concomitans）。「事先無知」是在行爲實現以前的無知；一個行爲所以實現，就是因爲無知；如果沒有無知，便不會有那個行爲的發生。譬如甲乙兩派在夜間打鬪，甲派的一個人誤以自己的同夥爲敵，而將同夥打傷；他之所以將自己的同夥打傷，就是因爲無知，如果他知道他所打傷的人是他的同夥，他決不會出此毒手。「相隨無知」是指一個行爲僅僅發生在無知之中，然而並不是因爲無知的關係；因此，縱然行爲者沒有無知，仍然會做出那個行爲來。譬如一個人打獵，誤將自己的仇人當作野獸打死；他本來不知道打死的是他的仇人，但是，縱然他知道，他仍照會把仇人打死。

在我們述說了無知的不同種類之後，我們可以看出，它們的性質截然不同。那麼，它們對於行爲負責性的影響，也必大有分別。大致來說，我們可以歸納爲以下四點：

一、「不可克服的無知」可以完全取消人的自由意志，因此，在這種無知中所做的行爲，便是不負責的行爲。因爲行爲者沒有方法可以得到他所需要的知識，對於他的一切所做所爲，完全沒有認識，不是明知故做。譬如一個人不知道眞假鈔票的分別，因而使用別人給他的假鈔票；這在他的良心上不是一個負責的行爲，雖然在法庭上他應證明他的無辜，並對因他而受害的人賠償。

二、「可克服的無知」不取消人的自由意志，因爲行爲者有方法得到他需要的知識，但他却因自己的忽略或過失，而不去克服。因此，在這種無知中所做的行爲，是負責的行爲；至於負責的大小，應視他忽略或過失的程度而定。譬如一位醫生知道自己對於病人的病況不明瞭，但他却貿然替病人施行手術，他應當對病人接受手術的後果，負完全的責任，因爲他在手術以前有機會研究病人的病況，但他却毫不關心。

三、「可克服的無知」可以減少人的自由意志，因爲縱然無知是可克服的，然而仍然是無知，而不能不影響理智。但是，如果理智受到影響，也不能不影響到意志。再就以上所說的那位醫生爲例，雖然那位醫生故意的沒有設法得到他爲行手術所需要的知識，但他也許認爲病人的情況，不致因接受手術而惡化，或者至少不會發生嚴重的後果；然而事出意料之外，病人在接受手術後，竟一病不起。在此情況之下，醫生對於病人的死亡負責是沒有問題的，但是他的負責性，並不如他如果一定知道病人接受手術後一定死亡那樣嚴重。

四、「蓄意無知」既減少人的自由意志，也增强人的自由意志。所謂減少人的自由意志，因爲蓄意無知，雖然是蓄意的，而仍不失爲無知，一如我們以上所說，凡無知就會影響人的自由意志。所謂增强人的自由意志，因爲蓄意無知的目的就是行爲者存心要做他所要做的事；他之所以不去得到他應有的知識，就是怕有了知識後，在做他不應做的事時，心中感到不安或譴責。不過，對於行爲的負責性來說，蓄意無知與其說減少人的自由意志，無寧說是增加人的自由意志。

㈡情慾：我們在這裡所討論的情慾，是指拉丁文的passio，或英文的passion。有的作者把它譯作激情，是指與情感不同，較情感爲烈。很早的倫理學作家們在討論情慾時，多用concupiscentia一字，但此字在今天已用作肉慾或肉情之意，與我們所討論的情慾的意義，不盡相同。情慾是人的感覺感官對其本有的對象所發生的自然傾向，因爲在感官受到本有對象的刺激時，自然就發生適當的反應。譬如目之於色，耳之於聲，口之於味；沒有目不爲色所動，耳不爲聲所引，口不爲味所誘的。所以，士林哲學家把情慾定義爲：「感覺慾望的活動」。

聖多瑪斯把情慾分作兩大類及十一種（註一）：兩大類是「欲望情慾」（passio concupiscibilis）及「激憤情慾」（passio irascibilis）；在「慾望情慾」裏包括愛、恨、喜、悲、希求和厭惡六種；在「激憤情慾」裏包括希望、失望、勇敢、恐懼和忿怒五種，共計十一種。在中國哲學裏，中庸把情慾分作喜、怒、哀、樂四種，（中庸一章）荀子分爲好、惡、喜、怒、哀、樂六種（正名篇），禮記分爲喜、怒、哀、懼、愛、惡、慾七種。（禮記・禮運篇）中西哲學家對於情慾的分法，雖然不完全相同，但是對於情慾的基本看法則是一致的。

情慾對於人行爲的負責性影響極大，强烈的情慾可以混亂人的理智，使理智對事情的判斷不清；甚至可以完全剝奪理智，使理智沒有判斷的機會。在情慾影響理智方面來說，我們可以把情慾分作「先發情慾」（passio antecedens），及「後發情慾」（passio consequens）。「先發情慾」是在理智對事情尚未發覺、意志尚未抉擇以前所有的情慾，這是感覺感官受到對象的强烈刺激而立刻所做的反應；因此，理智沒有機會去考慮，意志也沒有機會去決定，而是突然來的情慾。這種情慾不在我們的控制之下，我們普通所說的「情不自禁」，便是這個意思。譬如一位母親看到自己的嬰兒陷在失火的房屋裏，她會奮不顧身的衝進房屋的裏面去營救她的嬰兒，在她衝進房屋以前，她沒有考慮到自己所面臨的危險。

「後發情慾」是一個人明知故意所激起的情慾，也就是經過理智的認識與意志的抉擇而願意有的情慾。這種情慾可以發生於兩種情形之下：一是情慾不知不覺的發起，但是經過理智的察覺之後，不但不加以疏導或制止，反而故意保留或加强。二是一個人本來心平如鏡，沒有一點情慾的漣漪，但是他却故意挑起自己的情慾。前者如張三無意間想起自己曾受過李四的揶揄，因此，不覺忿恨在心；在他發覺自己的這種恨心之後，本可以平息自己的怒氣，抱息事寧人的心懷，但他却不這樣做，反而故意反覆思慮，以增加自己的恨心，以致決定採取報復的手段。後者如李四見人從銀行裏取出一大筆現款來，他原沒有貪財的心，但此時他却故意的想，如果自己能有一大筆不費力而來的錢該多好！可以爲所欲爲，盡情的享受一番，於是便決定要找機會去搶刼。

在我們瞭解了「先發情慾」與「後發情慾」的意義之後，我們現在把它們對於行爲負責性的影響，分述於下：

一、「先發情慾」可以完全取消人的自由意志，因爲有時情慾的發生極其突然，且又極其强烈，以致理智對於行爲的性質沒有考慮的機會，意志對於它也沒有抉擇的餘地。

二、在普通情形之下，「先發情慾」只是減少人的自由意志，而不完全取消。因爲情慾不論如何突然和强烈，但是人總是有理智的，多少必會察覺到它的性質。不過，情慾旣然是突然而又强烈，必會影響人的理智和意志，使理智對於行爲的性質不能作周詳的斟酌，意志不能作從容的抉擇。因此，在這種情形之下所做的行爲，與在心平氣和時所做的行爲，在負責性方面來說，顯然是有很大的分別的。

三、「後發情慾」不減少人的自由意志，因爲那是人明知故意所願意有的情慾。因此，由「後發情慾」所做的行爲，不是直接同意行爲，便是間接同意行爲。譬如一個人爲了報復，故意激起自己的仇恨之心，而後傷害他人，這是直接同意行爲。又如一個人明知與有夫之婦交往，能導致人家的不睦與仳離，雖然他並不願有此結局，但如他不停止自己的行爲，仍繼續與該婦來往，就應該對他行爲的後果負完全責任，因爲那是間接同意行爲。

(丙)恐懼：恐懼是人由於要來臨的惡而發生的心理畏縮狀態。所謂惡，就是災禍的意思；災禍可能是眞的，也可能是假的，但都可能對人造成恐懼。

我們此處所講的恐懼，是指理性的恐懼，而不是指情慾的恐懼。理性的恐懼是說，一個人瞭解災禍的性質，因爲害怕受到損失和傷害，因此便設法應付或逃避。譬如一個人爲了怕被受勒索而殺害對方，或者爲了怕服兵役而逃亡。情慾的恐懼是極度不安的情緒，那是由於重大的驚恐而造成的精神失常；所以常有倉皇失措，甚或神智不清的情況發生，因此也失去應付恐懼的能力。在這種情形下所做的行爲，更好說是受情慾的支配，所以，應按情慾的原則去判斷它的價値。

恐懼也不是指的恐懼病，恐懼病是人對於某種事物或環境所產生的病態心理。我們說病態心理，因爲一個人所恐懼的對象，並沒有事實的根據，而是風聲鶴唳，杯弓蛇影。但是，雖然他知道自己的恐懼不合理，然而仍然不能擺脫恐懼的心理。一般來說，恐懼病患者的恐懼都是嚴重的，對於環境或事物的輕微恐懼不能稱爲恐懼病，因爲大多數的人，對於一種特殊的環境或事物，譬如高空和毒蛇，都有一點恐懼。然而如果一個人登上高空，或見到毒蛇，便變得全身戰慄，或者毛骨悚然，甚至癱瘓昏厥，這便是恐懼病。恐懼病的種類很多：有昆蟲恐懼病、獨處恐懼病、高空恐懼病、黑暗恐懼病以及涉水恐懼病等等，可以說不一而足。

恐懼有重大的恐懼與輕微的恐懼的分別，重大的恐懼就是要來的災禍很嚴重，同時也不容易逃避。輕微的恐懼是要來的災禍雖然很嚴重，但是却容易逃避；或者不容易逃避，但是災禍不嚴重；如果災禍既不嚴重，又容易逃避，那就更是輕微的恐懼了。

重大的恐懼又有絕對與相對的分別，絕對重大的恐懼是指要來的災禍確實十分嚴重，而且也極不容易逃避，譬如一個士兵戰爭期間被殘暴的敵人所俘虜。相對重大的恐懼是指要來的災禍，基本上並沒有絕對的嚴重性，然而對於某些人來說，便形成了重大的恐懼。再如在戰爭期間，有的人只要一聽到槍炮聲，便嚇得癱作一團，魂不附體。相對重大的恐懼都是主觀的重大恐懼。

恐懼對於人的理智及意志都能有很大的影響，可以分作三點來說：

一、在特殊情況之下，重大的恐懼可以使人完全喪失理智，一切所做所爲，完全出於不知不覺。但是這種恐懼已如我們以上所說，無寧是一種强烈的情慾，不是眞正理性的恐懼，因此，由這種恐懼所做的行爲，也應當依照情慾的原則去判斷。

二、在普通情形之下，恐懼不使人完全喪失理智，而只是減少人的理智。因爲恐懼不論如何重大，但如人仍然知道設法應付或逃避，便有某種程度的理智去分辨行爲的性質。不過，在人旣然面臨危險，尤其是重大的危險時，精神必然受到威脅，因而理智不能集中，意志不能平靜，所做的行爲也必不是一個完全同意的行爲。然而也不能是完全沒有任何同意的行爲，而應是一個混合同意的行爲；那就是說，旣不願意做，又必須做；或者旣必須做，又不甘心做的行爲。譬如一個人因受敵人的威脅或勒索，而替敵人做間諜的行爲。但是有一個例外，那就是國家爲了保護國民的公共的福利，普通都有法律規定，凡是受威脅或逼迫所簽訂的合同，都是無效的合同。至於這類的合同是否在良心上也屬無效，那要看簽訂合同的人所遭受威脅的大小，以及他能運用自已自由意志的程度而定。

(丁)、暴力：暴力是加與人身體上的外界物質力量，迫使人做與自已意志相反的行爲。在這個定義裏，暴力含有三個因素：第一個因素是，暴力必須是來自外界的物質力量，因爲如果不是外界的物質力量，而是外界的精神力量，或心理力量，譬如催眠和洗腦，雖然這也侵犯人的自由，但是不能稱爲暴力。第二個因素是，外界的物質力量必須要加在人的身體上，才可稱爲暴力；不然，雖然有外界的物質力量，但如未有加在人的身體上，也不能稱爲暴力。譬如一個店員看到歹徒持槍械來搶刼，還未等到歹徒來到身邊，便趕緊把錢櫃裏的錢交給歹徒，那不是暴力，而是恐懼。第三個因素是，外在的物質力量必須是迫使人做與自己意志相反的行爲，因爲如果一個人甘心情願做被迫所做的行爲，那已經不是暴力，而是一個機會。譬如一個人被另一個人强迫夥同去搶刼，如果被迫的人正願意搶刼，那是正中下懷，便無暴力之可言。

在這裡，我們有一個問題：在一個人受到暴力迫使他做與自己意志相反的行爲時，是否有責任去抵抗？這要看他被迫所要做的行爲的性質而定。如果他被迫所要做的行爲不是違法或罪惡，爲了保護自己的利益或生命，自然可以不抵抗。但是，如果他被迫所要做的行爲是罪惡或違法，便應根據自己所處的情形，作明智的判斷，或是做直接的抵抗，或是作間接的抵抗，以求化險爲夷。因爲我們不論在什麼情況之下，都沒有權利去做惡，我們不能因爲有人逼迫我們，所以就賣國；也不能因爲有人勒索我們，所以就做傷天害理的事。

在這裡，我們還有另一個問題：如果一個人被暴力逼迫做一個不道德的行爲時，而無法與施暴者虛與委蛇，只有抵抗一途，那麼，他應抵抗到何種程度呢？首先，他應有內在的抵抗。所謂內在的抵抗，就是意志不同意。我們都知道，意志有絕對的能力，沒有任何暴力可以屈服意志；如果一個人不愛另一個人，不論用怎樣大的暴力，也不會使他愛他。其次，在內在的抵抗之外，他還應有外在的抵抗。所謂外在的抵抗，不是消極的不合作，任憑施暴者隨意擺佈，那無異是間接的同意；外在的抵抗是用自己的力量設法遏阻施暴者所要達到的目的。但是，如果施暴者與抵抗者之間的力量相差懸殊，抵抗不但無用，反而遭受更大的傷害，這時便可以放棄外在的抵抗。

暴力直接相反人的意志，對於人的行爲有以下的影響：

一、爲暴力所迫去做一個犯法或不道德的行爲時，能抵抗而不抵抗，因而使施暴者達成目的，便是一個間接同意行爲，因爲不抵抗是行爲實現的原因。

二、不同意，又經抵抗，但仍爲暴力所屈服，此時所做的行爲不是自由意志的行爲，因此也不是負責的行爲。

三、爲暴力所迫而做的行爲，如有某種程度的同意，就應負相同程度的責任；如果完全同意，那便是一個完全同意的行爲，應負完全的責任，因爲暴力已不再是暴力。

第二節　行爲長久性的阻礙

行爲長久性的阻礙是長久的阻止人的自由意志。其中也有不同的性質，有的可以消除，有的不可以消除，而是永久存在的，不過，我們都稱它們爲長久性的阻礙。以下就是它們的性質和對行爲的影響：

㈠習慣：習慣不是個性，二者不可混淆。個性是人天生的自然傾向；傾向做一件事，不是習慣做一件事；傾向做；實際上不一定去做。有的人生性暴躁，但是待人很溫和；有的人生性傲慢，但是擧止很謙虛；偏於安逸的人，可能很勤勞；傾向浮華的人，可能很樸實。個性

是一件事，習慣又是件事，習慣可以改變個性，所以，孔子說：「性相近也，習相遠也。」（論語・陽貨）

習慣是由於常做同一樣的行爲，所產生做那行爲的容易性。因此，爲養成一個習慣，需要一段時間的練習。然而由於行爲的性質不同，所以爲養成一個習慣所需要的時間也不同。但是不論一個行爲有何種性質，只要養成了習慣，便很容易的做出那個行爲來，甚至有時不知不覺的便會做出來。因此，亞里斯多德稱習慣爲第二天性，（註二）我們也說，「習慣成自然」。

人的習慣可能是無心學來的，也可能是故意養成的。飲酒、賭博、吸煙都是故意養成的；兒童的口語、姿態，又多是無心學來的。人在人生的任何階段都可以養成一個習慣，而在兒童時期最容易，因爲兒童的心靈最純潔，也最容易模仿。所以西方人稱兒童的心靈爲「光板」（Tabula rasa），寫上什麼，就有什麼。我國諺語也說「染蒼則蒼，染黃則黃」，或者「近朱者赤，近墨者黑」，這都是說，兒童最容易養成一個習慣。

沒有懷疑的，習慣對於我們的行爲有極大的影響，因爲我們的意志力往往被習慣所減少，甚至有時可以完全被消除。至於我們對於所習慣的行爲，要負何種的責任，可以根據以下的幾個原則來判斷：

一、故意養成的習慣，其本身是一個自由意志的行爲；由此習慣所做的行爲，如是明知故意而做，便是直接同意行爲；如非明知故意而做，便是間接同意行爲。譬如一個人故意養成了一個賭博的習慣，以後在他每次賭博時，如果是明知故意去賭博，便是直接同意行爲；如果是不知不覺去賭博，便是間接同意行爲，因爲在他故意養成賭博的習慣時，他已經看到了賭博的後果。

二、非故意養成的習慣，其本身是一個非自由意志的行爲；由此習慣所做的行爲，如非明知故意而做，也是一個非自由意志的行爲；但如明知故意而做，便是一個自由意志的行爲。譬如一個兒童由於環境的關係，無意中學會了說穢言的習慣，如果他不知不覺的說穢言，便不是自由意志的行爲；但如他明知故意的說穢言，便是一個自由意志的行爲。

三、常常明知故意做一個可以養成習慣的行爲，在每次明知故意做那行爲時，便是一個直接同意行爲；由於常常做那個行爲，雖然無意養成習慣，而所養成的習慣是一個間接同意行爲。譬如一個人常常明知故意飲酒，每次飲酒便是一個直接同意行爲；由於常常飲酒所養成的習慣，便是一個間接的行爲。因爲雖然飲酒的人不願意養成習慣，但是他知道，常常飲酒，必會養成習慣。

四、一個習慣旣經養成，縱然不是有意，但於發覺之後，如果仍願保留，則此習慣便變成一個自由意志的行爲；由此習慣所做的行爲，如是明知故意，便是直接同意行爲；如非明知故意，便是間接同意行爲。但是，如果於發現習慣之後，雖然習慣是明知故意所養成，如果不願保留，並盡力改正，此時該習慣便變成非自由意志的行爲，由該習慣所做的行爲，如非明知故意而做，亦非自由意志的行爲。譬如一個人無意中養成說謊的習慣，如果在他發覺該習慣後，仍願意繼續說謊，則說謊的習慣便成爲自由意志的行爲；以後每次說謊，如果是明知故意，便是直接同意行爲；如果不是明知故意，便是間接行爲。相反的，如果一個人說謊的習慣，縱然是故意學來的，但於他發覺之後，已深惡痛絕，並且要決心革新。這時他說謊的習慣便不再是自由意志的行爲。以後每次說謊，如果出於無心，也不是自由意志的行爲。

養成一個惡習易，革除一個惡習難，因爲習慣成自然，已變成人的第二天性。但這也並不是說，人一有一個惡習慣，便永遠不能改正；惡習慣常可以改正。但是有一個條件，那就是爲改正一個惡習慣，必須恒心到底，不容一次例外。因爲有一次爲自己找個理由做習慣所做的事，也必有第二次，而後第三、第四次。這樣，便常常有借辭，永遠無法改正。不過，如果萬一一次失敗，也不可灰心喪氣，必須再接再厲，從頭開始。

(乙)心理疾病：心理疾病是一個概括的名詞，英文稱（mental disorders），包括一切心理和行爲的異常。異常又稱爲變態，變態是說心理或行爲與人的常態有別；因爲異常和常態有時很難分界，所以心理疾病的範圍也就不易劃定。大致來說，如果一個人的心理或行爲和一般常人有顯著的分別時，我們就認爲他有心理疾病。

心理學家對於心理疾病的分類都不太相同，其實，如果要想把所有的心理疾病完全分門別類，也是一件不可能的事。我們這裏對於心理疾病所做的分類，以及所用的名詞，完全根據一九五二年「美國精神醫學會」（American Psychiatric Association ）所作的規定。（註三）

心理疾病分「機體性神經系統疾病」和「機能性心理疾病」。「機體性神經系統疾病」是神經系統本身發生的疾病，這是由於大腦受到損傷、腐蝕或老年硬化所致；梅毒、病菌、藥物、酒精、腦膜炎、腦炎、腦血管障礙等，也都是主要的原因。人的大腦神經所受到的傷害可能是永久性的，因此永無復原的機會；也可能不是永久性的，還有機會可以復原。但是，不論有無復原的機會，凡患有這種心理疾病的人，都有相同的症狀，那就是思想不能連貫、注意力不能集中、行動不能協調，而後判斷力喪失、記憶力減退，以及語無倫次，而最顯著的特徵便是行爲的突變，譬如無故的暴怒、談話時答非所問、時常陷入幻想或幻覺之中，因此神智不清。

「機能性心理疾病」是由於神經功能的衰退所致，到今天心理學家仍未發現它的原因；在患有這類心理疾病者的腦部，看不到像患有「機體心理疾病」者的腦部所有的傷害，如果有，也是微不可見。心理學家認爲機能性心理疾病都是發自心理的因素，如長期嚴重的心理衝突或憂鬱，以及不能適應環境等。此外，遺傳也是一個重要的原因。

「機能性心理疾病」又包括「精神病」（Psychoses）、「精神神經病」（Psychoneuroses or neuroses）、「心身反應性疾病」（Psychophysiologic disorder）和「人格病態」（Personality disorder or character disorder）四種。「精神病」又有「精神分裂」（Schizophrenia）、「更年期精神病」（Climacteric psychoses）、「情感性精神病」（Affective psychoses）和「

妄想精神病」（Paranoid reaction）四種。「精神分裂」就是普通所說的精神錯亂，是心理疾病中最複雜，而且患者最多的一種。它的主要症狀是患者的心理與現實脫離、思想沒有連繫，常把彼此無關的觀念連結在一起，根據自己的想像編織一個幻想的世界。因此，情感與現實也完全隔離，譬如在報導一個極悲哀的事件時，可能談笑風生、神態自如；但又可能忽然悲從中來，慟哭失聲。「更年期精神病」的主要症狀是激動不安，和極度的憂鬱與妄想；患者只是發生在更年期，過去並未有心理疾病的歷史。「情感性精神病」的主要症狀是極度强烈的情緒反應，不是極端的暴躁，便是極端的憂鬱，或者是兩種情緒互相交替；患者的思想與言語也隨其情緒而變化。「妄想性精神病」的主要症狀是患者的思想或觀念缺乏客觀事實的根據，而且牢不可破。但是患者所妄想的內容却是組織嚴密，有條有理，乍看起來，甚合邏輯；然而大前提沒有依據，一切都是妄想。「妄想精神病」也有不同的種類，有「被害妄想」、「誇大妄想」和「關聯妄想」等。「被害妄想」患者常認爲別人對自己有陰謀、惡意或不利的企圖。「誇大妄想」患者把自己的能力、財勢、地位，看得遠遠超過事實，一點不著邊際。「關聯妄想」患者常認爲別人的言語、表情、行爲都影射他自己。

「精神神經病」的種類更多，名詞也更複雜，極不易分清界限，所以「精神神經病」一詞也爲人們隨便所使用；凡思想或行爲有異常的，便被稱爲「精神神經病」。其實，這是不適當的。「精神神經病」是指輕微機能性的異常，這類的患者未有完全脫離現實，和實際生活仍然保持聯繫，在日常起居飲食上與常人沒有顯著的分別，語言的應用能力也沒有特殊的減退。「精神神經病」包括㈠「焦慮反應」，患者極度憂悒或愁悶。㈡「分離症反應」，患者常神遊健忘。㈢「多重人格」，患者喜怒無常。㈣「轉換性反應」，患者身體某方面的功能，沒有生理的原因，突然減退或消失。㈤「恐懼性反應」，患者常有極强烈的恐懼，但毫無根據。㈥「强迫性反應」，這又分「强迫性觀念反應」及「强迫性行爲反應」，前者的患者常有某種不合理的觀念，雖然患者亦自知其不合理，但縈迴腦中，無法排除。後者的患者常有不能克制做某種行爲的傾向，雖也自知奇怪可笑，但仍然常常做出，不能自抑。

「心身反應性疾病」是由於長期情緒的衝突、緊張、以及心理上的重大負擔，不能循正常的途徑去發洩或解除，而所引起身體官能或機能的失常，如呼吸系統病、腸胃病、心臟病、以及一些皮膚病等。

「人格病態」是由於不健全的人格發展而產生的異常情形，如「消極性攻擊型人格」，患者的行爲表現得特殊固執、拖延、不合作；又如「社會病態人格」，患者不能適應社會上的風俗人情，因而特別怪僻奇異；再如「暫時性人格失常」，這是因爲特殊惡劣的環境所造成的暫時行爲失常，譬如一個人突然受到意想不到的重大打擊，變得特別消極或孤僻。

由以上所述種種心理疾病，我們可以知道，有些心理疾病的患者已經完全喪失理智，不可能做出負責任的行爲來；但是也有許多的患者，他們的理智或意志只是受到某種程度的阻礙，沒有完全喪失它們的功能，所以應對他們的行爲負某種程度的責任；至於所負責任的大小，應以他們所有的理智與意志的能力而定。

犯罪人類學創始者隆布洛索（C. Lombroso, 1835-1909）主張有「天生性」的「犯罪人種」；他認爲這是一種特殊的人型，具有與普通人不同的身體和性格。其實，在隆氏以前，佛克特（Karl Vogt, 1817-1895）也有類似的主張。但是，這是一個不可證實的主張。如果說有一些人因爲他們的身體或神經構造不同，因而天生就是犯罪人，這不是「犯罪人種」，那是因爲他們的神經系統有缺陷，是一種精神或心理疾病患者。人類中沒有「犯罪人種」，就如有黃種人、白種人、黑種人一樣。

㈢智能不足：智能不足又稱心智缺陷，造成這種病症的原因很多：有先天性遺傳引起的，有胎兒在母體時因中毒、受傷、傳染所致的，還有在兒童期因患傳染病所形成的。心理學家們普通把他們分爲三等或四等，我們爲了方便起見，則把他們分爲三等：第一等是屬於養護性的，在這一等中的人，卽使在成人以後，他們的智力仍和嬰兒一樣，都在三歲兒童的智力以下，事事都需要別人的照顧，經過長時期的教導，可以使他們撿拾紙片、堆聚木柴，以及穿衣、脫衣，但很少能學會說幾句話的。第二等是屬於可訓練性的，他們的成人智力約等於四歲到七歲的兒童，可以學會穿衣、盥洗、用飯，有的還可以學習一些簡單的工作，如拔草、掘土、擦地板等，但常需要人的守護和指導。另有一些還能學會普通常用的簡單話語，然而很少能寫幾個字。第三等是屬於可教育性的，他們的智力可與八歲到十一歲的兒童相比，但終生不會超過這個界限。他們可以學習簡單的木工、農工和洗衣；智力較高的還可以學習養飯、縫紉、編織，但是必須常常有人監督。這類的人只適於鄉間的簡樸生活，在大都市裏很容易爲別人所利用。

在今天，心理學家與生理學家尙未發現可教育性人的腦部有何缺陷，他們的腦波與常人無異；他們所以低能，可能是因爲腦部停止發展所致，屬於養護性和訓練性的人，他們的腦部及神經組織都有明顯的缺陷；因此，很多智力低能的人，除因在胎兒期或嬰兒期腦部受到傷害以外，多是與遺傳有關，心理學上著名的「卡利卡克家譜」（Kallikak Family）便是一個極好的證明，在這一個家族內，由於母方是低能，於四百八十個後代中，只有四十六人的智力屬於正常，其餘的人不是智力低能，便是行爲怪異。（註四）又哥達特（H. H. Goddard）研究一百四十四對智力低能的父母，在他們所生的四百八十二個兒童中，只有六個智力正常。（註五）

毫無疑問的，屬於養護性級的人不可能做出任何負責性的行爲來；在可訓練性級的人中，智力較高的可能對某些行爲的善惡有一點觀念，但絕不會完全了解。屬於可教育性級的人，尤其是智力接近十一歲兒童的人，對於行爲的性質自然了解較多，但也不可能完全了解。因此，各國的法律大都有規定智力低能者爲「無行爲能力」的條例。然而在倫理學方面，只要一個人瞭解自己行爲的意義，就應對自己的行爲負責；瞭解的多，負責也多；瞭解的少，負責也少。

(丁)洗腦：洗腦是以人爲的方法改變他人的思想、主義和信仰。洗腦一詞是亨特爾（E. Hunter）於一九五一年把中共所說的「思想改造」或者「再學習」譯作英文Brain

Washing ），而後再由英文譯成中文的名詞。在這以前，蘇聯亦曾有「洗罪審訊」，那也是使囚犯認罪的一種方法，與洗腦極相接近。（註六）

洗腦有三個階段，第一階段是「解凍」，是說被洗腦的人開始自我檢討、自我批評，承認自己的錯誤。第二階段是「變化」，這是說受洗腦的人放棄以前的立場或生活，接受一種新的觀念或制度。第三階段是「凍結」，這是說經過洗腦的人堅定於所接受的新思想、新主義，並以之作爲生活的新標準。（註七）

接受洗腦的人，如果是自動自發的去學習，以清醒的理智，心甘情願的接受一種新的思想，他的所作所爲當然都是負責的行爲。但是，如果接受洗腦的人不是出於自願，而是被迫去學習，以致他的理智受到阻礙或喪失，他的一切行爲也就不是負責的行爲。不過，洗腦是一種心理方法，究竟對於一個人的理智有多大的影響，那要看被洗腦人的意志力强弱與洗腦者所用的方法而定。倫理的原則是：人應對自己的行爲負責，如果他的理智受到阻礙，那又自當別論；但是，只要人對於自己的行爲有一分的瞭解和一分的同意，也就應對自己的行爲負一分的責任。

第三節　情慾的壓抑與心理異常

一、情慾的意義：我們在前面已經說過，情慾是人的感官對它的本有對象所發生的自然傾向，是「感覺慾望的活動」。現代的心理學家們在討論情慾的問題時，不用情慾一詞，而用情緒。情緒在英文稱Emotion，心理學家把它解作人體有機官能的狀態，不像情慾那樣激烈。情緒的發生，包括心理與生理兩方面的反應，在心理方面是人對於喜怒哀樂等情的經驗；在生理方面是身體有機官能的變化和運動的表現。因此，情緒就是由外在的刺激和內在的反應所引起的意識狀態，在這種意識表現於外時，便稱爲表情。大多數的心理學家都認爲情緒的意識發生於前，人的表情發生於後，但是詹姆士（William James，1842-1910）和蘭格（Karl G. Lange，1834-1900）則認爲情緒是直接由感覺刺激所引起的有機官能的變化，人哭泣不是因爲悲傷而哭泣，人戰慄也不是因爲恐懼而戰慄；哭泣與戰慄是直接由有機官能的反應而發生；先有官能的變化，後有內心的感觸。心理學稱這種主張爲「詹姆士與蘭格理論」。不過，心理學家們儘管對於情緒的發生，在意識與表情的先後上主張有所不同，然而却都相信，情緒是由人的感官受到刺激所引起，沒有感官的刺激，便沒有情緒的發生。

我們在這裡所討論的情慾，不是單指的情緒，因爲情緒較輕，而是指的所謂「激情」。不過，「激情」也包括情緒，因爲「激情」與情緒雖然解釋有異，然而實則同出一源，相關相連，都是人的情感的基本因素。所以，不論情慾也好，或者情緒也好，心理學家們都認爲，如果疏導不當，都能導致心理異常。柏拉圖曾把情慾比作驃悍的馬，在老練的騎士指揮之下，可以馳騁四方；但如駕馭不良，便可闖出大禍。

二、情慾的倫理意義：情慾是人性的一部分，因爲人有身體；而身體又有感覺，所以必有情慾。如果人沒有情慾，不但不能保持個人的生命，也不能維持人類的生命。人之所以能生存，人類之所以能延續，就是因爲人有食色的情慾，所以告子說：「食色，人性也。」（孟子・告子上）禮記，禮運篇也說：「飲食男女，人之大欲存焉；死亡貧苦，人之大惡存焉。」

情慾屬於人性，中國哲學論及的地方很多，孟子說：「口之於味也，目之於色也，耳之於聲也，鼻之於臭也，四肢於安佚也，性也。」（孟子・盡心下）荀子也說：「夫人之情，目欲綦色，耳欲綦聲，口欲綦味，鼻欲綦臭，心欲綦佚，此五綦者，人情之所不免也。」（王霸篇）禮記，樂記篇也說：「人生而靜，天之性也，感於物而動，性之欲也。」中國兩宋元明的哲學家們論情論性的言論，更是多的不勝枚擧，而其中以朱熹所論最精。朱熹說：「性是體，情是用。」（語錄卷五）又說：「情者，性之所發。」（卷五十九）至於西方的哲學家們，更是主張情慾是人性的一部分，亞里斯多德早在他的「論靈魂」一書中，便有極深刻的理論。而後，教父哲學家們如戴爾都良（Tertullian,C. 160-230）、奧里眞（Origen, 185/6-254/5）、聖亞達那修（St. Athanasius, 295-373）、聖巴西留（St. Basilius, C. 330-379）、聖盎博羅修（St. Ambrosius, 340-397）及聖奧斯定等，莫不都是如此主張。當然，士林哲學家們，早期的如聖安瑟莫（St. Anselm, 1033-1109）和聖維克多的許果（Hugo of St. Victor, 1096-1141）

以及以後的方濟會士學派（Franciscan School）、道明會士學派（Dominican School）以及聖多瑪斯，對於這個問題，發揮的更是淋漓盡致。論到近代哲學家們以及現代哲學家們，也都是沒有異議的，都認爲情慾是人性的一部分。

情慾既是人性的一部分，所以就其本身而言，不能稱爲善或爲惡；沒有一個物的性可以稱爲惡的。但是，人的情慾可以變爲善，也可以變爲惡，那要看人如何利用它們，用的得當，便是善，用的不得當，便是惡。中國儒家對於這一點講的非常精確，中庸說：「喜怒哀樂之未發，謂之中；發而皆中節，謂之和。」（第一章）朱子註說：「喜怒哀樂，情也，其未發則性也。無所偏倚，故謂之中；發皆中節，情之正也；無所乖戾，故謂之和。」陳立夫先生對於中庸的這幾句話，這樣解釋說：「人爲感情動物，不能無喜怒哀樂之情，其未發也謂之中，旣發而恰到好處（中節）謂之合。」（註八）寥寥數語，言簡意賅，十分清楚。

人的情慾在沒有經過人的自由意志以前，是不屬於道德範圍的，沒有所謂善惡；它之進入道德領域，完全看它是否發的恰到好處。然而情慾如何才算是發的恰到好處呢？這要靠理智的指導和辨別，因爲理智的功能就是認識和判斷，它的對象是眞理。所以亞里斯多德說：「情慾是衝動，德行與過失是有目的的衝動。」（註九）在實際生活上來說，譬如「應怒而不怒是愚蠢，同樣，怒的不當，怒的不是時候，或者不應怒而怒，也都是愚蠢。」（註十）聖多瑪斯也指出，情慾的本身，本無所謂善惡，惟有經過理智與意志的運用之後，才有善惡的分別。（註一一）這與我國儒家所論，實在是不謀而合。孟子告子上篇說：「公都子問曰：

鈞是人也，或為大人，或為小人，何也？孟子曰：從其大體為大人，從其小體為小人。曰：鈞是人也，或從其大體，或從其小體，何也？曰：耳目之官不思，而蔽於物，物交物，則引之而已矣。心之官則思，思則得之，不思則不得也。此天之所與我者，先立乎其大者，則其小者弗能奪也，此為大人而已矣。」這雖是孟子講大人與小人，大體與小體的差別，但是實際上也說明了理智應指導耳目等感官的重要性，所以他又說：「權，然後知輕重；度，然後知長短。物皆然，心為甚。」（孟子．梁惠王上）論到理智應指導情慾，朱熹講的最透澈，他說：「心宰則情得其正，率乎性之常，而不可以欲言矣。心不宰則情流而陷溺其性，專為人欲矣。」（答何倅書）

人生而有情慾，原是人性的要求；設有情慾的人，是殘障的人，而且較之身體的殘障猶為不幸。聖奧斯定認為沒有情慾的人，不可能度一個正常的生活，（註一二）所以他說那些主張聖賢應該沒有情慾的哲學家們，可以銷聲匿跡。（註一三）聖多瑪斯也認為，完美的道德不是完全消滅情慾，而是應該使情慾都遵守它們的次序，貪所應貪才是。（註一四）主張滅絕情慾的哲學家們，像我國的老子、希臘犬儒學派的創始人安底斯提尼斯、斯多亞學派的創始人芝諾，以及該學派的哲學家們，雖然也不無他們的道理，但實在是未有完全瞭解情慾的真意義，把情慾看作順從自然的抵觸或障礙；認為要順從自然，返樸歸真，必須消滅情慾。然而情慾是人性的一部分，豈能消滅？縱然願意消滅，也是不可能的事。其實，以理智指導情慾，才是真正的順從自然。

三、情慾發生的原因：心理分析學家佛洛伊德（Sigmund Freud，1856-1939）把人分作「本我」（Id）、「自我」（Ego）和「超我」（Superego）。「本我」是生物的我，或者原始動物的我，因此，「本我」完全爲「性慾力」（Libido）所驅使，潛意識的只要求滿足性慾的滿足。「自我」和「超我」都從「本我」分化而來。原來，「本我」由於環境、民俗和規律等限制，不能常常滿足自己的慾望，必須配合適當的情況才可，「自我」就是揆情度理，伺機行事，設法滿足「本我」的要求的我。「超我」是道德規範和社會上的一切倫理觀念內在化的我，與「本我」正相對立。所以，「超我」代表理想和道德，常常壓制「本我」的慾望，與「本我」常起衝突。

有了以上的理論，所以佛氏便認爲人體就是一個複雜的化學有機體，儲有許多能量；能量的活動，便產生飲食、男女、睡眠等慾望，而其中尤以性慾爲最强。然而這些慾望則常爲「超我」所壓抑，壓抑使它們的能量化爲無能；但是無能並不是消滅，而是轉入潛意識，以求以不正常的方式去發洩；這便是造成心理異常的主要原因，因此，人不應壓抑個人的慾望。

佛氏對於心理分析學的貢獻，功績昭著，有口皆碑，無庸贅言。但是佛氏以爲人的情慾，都是化學能力活動的作用，不應受到壓抑的理論，却爲許多心理學家所反對。因爲人的情慾不都是來自生理的作用，心理學證實，習慣也是一個重要的原因。譬如缺少某種維生素的人，自然便會產生需要那種維生素的傾向；然而事實上有一些人並不缺少糖分，但仍偏重糖食，以致忽略蛋白質或其他的營養成分，因而造成身體的疾病。

心理學家們對於性的慾望，也作過類似的證明，認爲生理作用不是性慾的惟一因素，因爲性慾來自性荷爾蒙，然而在一個人的性感消失時，多量的注射性荷爾蒙，並不發生作用。有的心理學家認爲同性戀者，是由於具有錯誤的性荷爾蒙所致，然而在給他們注射適當的性荷爾蒙之後，並不能改變他們的行爲；有時反而加强他們的同性戀。對於低級的動物如鼠類，性荷爾蒙對於牠們的性行爲極其重要；然而對於高級的動物如猩猩，性荷爾蒙對於牠們的性行爲，便不那麼十分重要。至於對於人類，有些人在性分泌腺割除之後，他們的性慾的確會消失，但是也有相同數目的人，在他們的性分泌腺割除之後，他們的性慾却絲毫未有受到影響。事實上，有些性無能的人，都有很正常的性荷爾蒙機能。心理學家們多次實驗證明，習慣也是性行爲的一個重要因素，有的人雖然缺少性荷爾蒙，但是由於他們的習慣，仍然能維持他們正常的性生活。（註一五）

心理學家們還發現另一個形成情慾的因素，那就是心理的因素。有的人常認爲自己無厭的食慾或性慾，是因爲自己特殊生理的關係，然而經過心理分析之後，往往發現事實不然，而是由於非理性的心理所造成。有些人常常感覺飢餓，縱然剛才用過晚餐，仍然感覺需要零食；這種現象在生理上，絕無任何理由，他們所以常常感覺飢餓，而是因爲焦慮、沮喪，和精神緊張等所致。這和嗜酒的人常常需要飲酒，不是因爲口渴，而是因爲心理的需要一樣。同樣，對於性慾也是如此。不是一切的性慾，甚至極强烈的性慾，都是來自生理的因素；有的人由於缺少愛情或安全感，或者由於極度的緊張和煩惱，都能激起他們性慾的活動。在這食色兩大情慾之外，人的其他情慾的表現如疲勞、瞌睡、頭暈等，也不都只是出於生理的需要或原因。常常的疲倦、常常的瞌睡、常常的頭昏腦脹，很多是焦慮、不安、失望的反應。不正常的心理需要，往往比正常的心理需要還要强烈。生理上的需要一旦滿足，一直到這種需要再度出現爲止，便不再去尋求；因爲它是週期性的。非理性需要的特徵是貪多無厭，永遠不能滿足。（註一六）

由以上所說，我們可以知道，人的情慾不只是化學物質的活動，還有心理的因素。關於這一點，以佛氏在心理學上的成就，當然不能不知道，但是由於他所持的唯物觀點，而使他忽視了人的心理因素，正如他以「性慾力」涵蓋了人的其他一切情慾一樣。

四、情慾的壓抑與精神失常：在心理分析學上，首先發明壓抑學說的也是佛洛伊德，他把人的意識分作意識（Consciousness）、前意識（Preconsciousness）和潛意識（Subconsciousness）三部分。意識是人此時此地所體驗到的思想、情緒和行爲，這種意識只有當事人自己才能完全知道，別的人只能根據他的表情去推測。一個人的意識在他心靈上所佔的範圍，遠較我們所想像的爲小。

前意識是人所貯藏起來的意識，那是人把自己過去的經驗和記憶，保存於心靈的相近之處，暫時與意識相隔離，以便隨時喚起它們的存在。所以，前意識也就是暫短的潛意識，有時我們忽然忘掉一個很熟的人名或地名，經過片刻的思索後而又想起，那便是前意識的喚起。

潛意識是被壓抑的一切觀念、企圖和思想，使它們不出現在意識裏。根據佛氏所說，潛意識所佔據人心靈的部分最大。在此，佛氏又把壓抑分作「抑制」（Suppression）和「壓抑」（Repression）。「抑制」是撤消人的能量，使「性慾力」變爲無能；「壓抑」是禁止某些思想、企圖或慾望進入意識之內。

人大概都有壓抑的經驗，一個兒童得不到所想要的玩具，一個學生達不到他所要達到的分數，一個成年人得不到他希望的職業或地位；總之，凡是令人望洋興嘆，可望而不可即，不得不放棄的欲望和企圖，都可被稱爲壓抑。壓抑的範圍極廣，包括一切不能實現的心願，以及故意所遺忘的不愉快的經驗。

在一般人的心目中，被壓抑的慾望或企圖，已經化爲烏有，消失淨盡。然而事實不然，它們只是暫時銷聲匿跡，實際上則轉入意識的下層，變成潛意識。所以，被壓抑的慾望或希求，不是完全消滅，而是一時的隱藏，無時不在蠢蠢欲動，就像灰燼中的火，外面看來，已經熄滅，然而一經風吹，便又熊熊的燃燒起來，但是，如果它們長期的不能得到發洩，便往往以僞裝的方式出現，以求得到滿足，情況嚴重的，便會變成心理疾病。因此，被壓抑慾望的力量，決不小於正常發洩的力量，只是前者是不知不覺的發洩，後者則是有意識的發洩而已。心理分析的目的就是在找出患者所壓抑的慾望或動機，好能對症下藥，作適當的治療。

大致來說，佛氏把被壓抑的慾望或動機，都歸諸於「性慾力」，或至少與性慾有關。不過，絕大多數的心理分析學家們都不贊成他的這種意見。首創自卑感理論的心理分析學家阿德勒（Alfred. Adler，1870-1937），原是佛氏的學生與同事，但是因爲佛氏過於强調「性慾力」，而終於與佛氏分手。阿氏認為人的基本慾望不是性慾，而是優越感；如果人的優越感受到阻礙，便會產生自卑感，而自卑感又會產生憂鬱、憤恨、失望等情緒，久而久之，便能引起焦慮反應、多重人格反應，甚至精神分裂等精神疾病。

與佛氏齊名的心理分析學家榮格（Carl G. Jung, 1875-1961），也曾為佛氏的同事，同時也是因為不贊成佛氏過於强調「性慾力」，因此也與佛氏分離。榮格認為佛氏把「性慾力」作為精神疾病的主要根源，是以偏概全；Lidido不只應代表人的性慾，而應代表人的一切慾望；因為人不只是有性慾而已，也有別的慾望。所以，把人的慾望都劃歸於性慾，是一個極大的錯誤，這就如高洛尼大教堂建築於石頭上，因而就把高洛尼大教堂列入礦物學中一樣。（註一七）

心理分析學家郝爾妮（Karen Horney, 1885-　）對於佛氏的「性慾力」的主張也不贊同。郝氏認為人的精神異常，不是導源於生理的因素，而是由於不能適應社會文化的關係，因為我們社會的文化常有衝突的現象，譬如社會要求我們不自私自利，而要為大衆服務；但同時又要求我們淬勵奮發，不落人後；社會的文化有衝突，因此也造成了人心理上的衝突；心理的衝突於是再產生憂慮、恐懼、敵視等情緒，而終於造成人的精神疾病。根據郝氏的臨床實驗，有許多精神疾病患者，雖然他們的祖先來自不同的國籍，但因他們生活在同一的社會裏，因而有基本相同的精神疾病。

荷蘭籍的心理分析學家戴露薇（A.A.A. Terruwe）主張人的精神疾病是導源於她所說

的「純快樂情慾」（Simple pleasure appetite ）與「用途情慾」（Utility appetite）的衝突，她認爲人的最大情慾就是這兩種。所謂「純快樂情慾」，就是人求快樂和避痛苦的自然情慾。但是人爲了求快樂和避痛苦，還必須利用方法，因此利用方法也是人的自然情慾；然而這裡便造成了人精神上的衝突，因爲人爲了達到享受快樂而無痛苦的目的，有時不得不利用痛苦的方法，而這痛苦的方法便爲「純快樂情慾」所抵制。同時，在「純快樂情慾」尋求快樂時，因爲「用途情慾」又看到所追求的快樂，將來必會帶來痛苦，因此「純快樂情慾」又被「用途情慾」所阻止。這樣，人的兩種最大的情慾常常互相衝突，如果衝突不能獲得合理的解決，其中一方必會受到壓抑，被壓抑的情慾便會變作潛意識，而潛意識再以僞裝出現，這就造成心理的異常，有趣的是，戴氏把「用途情慾」解作爲士林哲學的「激憤情慾」，把「純快樂情慾」又解作士林哲學的「慾望情慾」。（註一八）

人是精神和物質的合成體，有生長、感覺和理智三層面，因此也有不同的情感和慾望。正常人格的發展，是全面人格的發展；人性的任何一面受到挫折，都可影響整個的人生。因此，人的性慾力也好，自卑感也好，或是社會文化的衝突也好，凡是心理學家所提出的心理疾病的原因，都可導致人的精神異常；但是，人的精神異常，決不限制於某個單獨的原因，所以，也決不會只限制於「性慾力」。

五、情慾的疏導與發展：自從弗洛伊德提出了壓抑的理論之後，心理分析學確實開始了一個新的里程碑，然而也毫無懷疑的，他的學說也給許多人造成了一個極大的錯誤觀念。由於他過於强調被壓抑慾望的不良後果，使許多人相信：我們的慾望必須要得到滿足，不應故意壓抑，否則，便會造成精神疾病。

的確，被壓抑的慾望、企圖或思想，有時並不善罷甘休，很可能以僞裝的方式出現，造成人的心理甚或生理的疾病。但是，這並不是一成不變的原則，因爲人是有理智的，理智可以疏導我們的慾望和情慾，使我們瞭解它們的得失和利弊，因此該滿足的滿足，該壓抑的壓抑；只要理智解釋的合情合理，使我們心悅誠服的去放棄自己的慾望和企圖，這樣的壓抑並不會導致不良的後果。否則，世界上的人應該都是精神病人才對，因爲世界上沒有一個人可以常使自己的慾望或企圖得到滿足的。所以，合情合理的壓抑自己的情慾和慾望是很正常的行爲，情慾和慾望得到合理的壓抑也是一種滿足。戴露薇說的很對，情慾求發洩是人的天性，然而情慾應受理智的指導，也是人的天性；就整個人的天性來說，理智應該指導情慾，因爲惟有如此，才是一個眞正的人。因此縱然人有時壓抑自己的情慾，只要壓抑的合理，受到壓抑的情慾便會很快的恢復平靜與安寧，因爲它已經獲得了它所要求的目的。（註一九）

所以，人用自己的理智來指導自己的情慾，完全是合乎人性的事，也是應當做的事。人與普通動物的分別就在於此，一個饑餓的野獸不能不吃牠尋覓到的食物；然而人就不同了，一個饑餓的人可以自動的餓死，而不爲身旁的食物所動，伯夷叔齊讓位而逃，周武王伐殷，恥食周粟，餓死於首陽山，便是一個很好的例子。人有做人之道，而做人之道就是有所爲，亦有所不爲；不是凡是慾望都必得到滿足不可，不合理的慾望就不應得到滿足。況且，人也不可能使自己所有的慾望都得到滿足。其實，人越設法使自己的慾望得到滿足，越是得不到滿足。關於這一點，卽使快樂主義者如亞里斯底布斯和伊比鳩魯也都知道得很淸楚，因此雖然他們主張人生以求快樂爲目的，但同時也主張人於快樂之中，應該有所選擇與節制，佛洛姆說的很對：「貪婪是一個無底的坑，如果想以貪婪來獲得心安，則無異是海市蜃樓。」（註二〇）

佛洛伊德的壓抑理論，對於心理學實是一個極大的貢獻，然而佛氏也有他的忽略之處，因爲他只注意到人性軟弱的一面，而未注意到人性的堅强的一面。人固然可以因壓抑自己的情慾，而導致精神異常，但是人也有能力使自己不受到被壓抑情慾的打擊。批評佛洛伊德的學說最公平、最恰當的是佛洛姆，他認爲佛洛伊德及其門下，對於精神的分析極其深刻精邃，可謂鞭辟入裏，但是，「至於正常、成熟、健康的人格研究，他們幾乎完全沒有考慮到。」（註二一）

人對於被壓抑情慾的疏導，不只是對自己作有效的解釋，而是要發展情慾的善的一面；如果情慾的善的一面得到發展，情慾的不合理的衝動，自然也就得到發洩和消失。佛洛姆稱這種方法爲「破壞衝動的反動」，（註二二）這就是說，我們對於破壞性的衝動，不僅應作壓抑和解釋，更重要的是要作積極性的反擊，譬如一個有虐待狂的人，在他疏導他那虐待的衝動之外，還要發展他那僅存的仁愛心，常常練習做仁愛的工作，使仁愛漸漸成爲他的性格的一部份。這樣，他那虐待狂的衝動越來會越減少，他甚至還可以變成一個仁愛的人。

世界上沒有一個人完全好，也沒有一個人完全惡，就如我們常說，沒有兩滴雨點完全同，沒有兩片樹葉完全像，更沒有兩個人一模一樣。所以，每個人都有他特殊的優點，沒有另一個人可以完全代替他；只要一個人肯發展他獨有的天賦或優點，他便可以獲得滿足和安慰，中國詩仙李白說：「天生我材必有用」。（將進酒）一個人越去運用、發展他的天賦和潛能，他的信心、力量和快樂也就越增加，這是「善性的循環」。正如一個人越去依從他的破壞的情慾行事，他的破壞性也越增強，因而造成「惡性循環」一樣。（註二三）

人是有理智的，在一條道路走不通的時候，或者不應走的時候，他常可以發現另一條新的道路；也許新的道路坎坷難行，但是，慢慢的便會被他所剷平。

註一：St. Thomas, Summa Theol. I-II, Q. 22-48.

註二：Aristotle, N.E. BK. VII, Ch.10, 1152 a 30.

註三：參閱雲五社會科學大辭典，第九冊，心理學。商務印書館出版，民國六十五年。

註四：Henry H. Goddard, Kallikak Family. 引述於 S. Stanfeld Sargent, The Basic Teachings of the Great Psychologists. The New Home Library, The Blakiston Co., Philadelphia, 1947. P. 64.

註五：K. Lowell, Educational Psychology and Children. Philosophical library, Great Britain, 1959, P. 148 引於孫沛德作，智能不足兒童教育，九頁，文景出版社，民國六十四年。

註六：參閱雲五社會科學大辭典，第九冊，洗腦條。

註七：同上。

註八：陳立夫，四書道貫，民國五十五年，中臺印刷廠出版，上冊，二六三頁。

註九：Aristotle, N.E. BK. II, Ch. 4, 1105 b. 30.

註一〇：同上，1106 a.5.

註一一：St. Thomas, Summa Theol. I. Q. 95, a. 2, 3.

註一二：St. Augustine, The City of God, Ch. XIV, 9.

註一三：St. Augustine, In Joannis Evangelium, tract. 60. 3. P. 135.

註一四：St. Thomas, Summa Theol. I - II, Q. 24. a. 1 Sed Contra; II-II, Q. 35. a. 1, ad I.

註一五：參閱 Clifford T. Morgan, Introduction to psychology, New York, Mc Graw Hill Book. Co., PP. 65-68.

註一六：佛洛姆，人類之路，蔡伸章譯，協志工業叢書，民國五十九年，一七四至一七五頁。

註一七：參閱 C.G. Jung, Psychology of Unconsciousness, 引於 Raymond Hostie, Religion and Psychology of Jung, Sheed & Ward, New York, 1957. P. 31.

註一八：A.A.A. Terruwe, Psychopathic Personality and Neurosis, transl. by Conrad W. Baars and Jordan Aumann, Kenndy & Sons, New York, 1958, P.P. 95-96.

註一九：同上，P. 94.

註二〇：佛洛姆，OP. Cit. 一七八頁。

註二一：同上，七七頁。

註二二：同上，二一〇頁。

註二三：同上，二一二頁。

第七章　論倫理行爲

我們在第二章裏曾討論過構成「人的行爲」的因素問題，在這一章裏我們要討論的是構成「倫理行爲」的因素問題，兩個問題顯然不同。構成「人的行爲」的因素問題是問：什麼條件使一個行爲成爲一個眞正人的行爲？我們知道，那是理智的認識與意志的抉擇。構成「倫理行爲」的因素問題是問：什麼條件使一個行爲成爲一個善的行爲？我們認爲有三個條件：那就是對象，目的和環境。以下我們就討論這三個條件。在這以外，和「倫理行爲」的問題有關係的，還有行爲中立性的問題以及行爲善惡實質分別的問題，這兩個問題也都在本章討論範圍之內。

第一節　倫理行爲的組成因素

一、行爲的對象：行爲的對象就是我們的意志決定所要做的事。一個行爲必有一個事實，否則，便沒有行爲的出現，而事實就是行爲的對象。再直截了當的說，行爲的對象就是行爲的本身。

行爲的對象與行爲價值有極密切的關係，因爲行爲的對象既是意志直接所追求的事物，那麼，事物的善惡也必變成行爲的善惡。事實上，行爲的名稱無不是來自它的對象，我們所以稱一個行爲爲忠、爲孝、爲仁、爲愛，或者稱一個行爲爲姦、爲殺、爲搶、爲盜，就是因爲行爲的本身是那樣；如果行爲的對象稍一改變，行爲的名稱也必隨之改變。譬如不法竊取他人的動產稱竊盜，但如以詐術取得他人的財物便稱詐欺，再如以暴力獲取他人的財物便稱搶劫；（註一）行爲的名稱完全取決於行爲的對象，對象是決定行爲價值的第一個因素。

行爲的對象可以分作形式對象與物質對象兩種，爲完成一個行爲的眞實意義，必須具備這兩種對象才可。因爲一個行爲可能只有形式對象，也可能只有物質對象，但是，只有形式對象的行爲與只有物質對象的行爲，外表看來雖然無異，而它們的價值則實有天壤之別。物質對象是一個人實際做出來的一個行爲，但他並未了解那個行爲的意義，譬如一個人由於無心之錯，把別人的皮包當作自己的皮包拿走，外表上他雖然觸犯了竊盜的法律，但他的良心却是無辜的。形式對象與物質對象正相反，形式對象是只有形式，而無事實。譬如一個人存心要竊取別人的皮包，但是由於沒有看清，匆忙之中又把自己的皮包當作別人的皮包拿回來。他這樣的行爲雖然沒有觸犯法律的明文，然而在他的良心上，他却犯了一個形式竊盜罪。一個行爲爲完成對象原有的意義，應包括物質對象與形式對象兩種。惟有在一個人願意竊取他人的皮包，而且也實在竊取了他人的皮包時，才犯了一個眞正的竊盜罪。

二、行爲的目的：我們這裡所說的目的，是指「行爲者的目的」，而不是指「行爲本身的目的」。這兩種目的有時可能相合，但有時也可能風馬牛不相及，各不相干。譬如一個人修橋補路，如果他的目的是使來往的人通行方便，造福桑梓，這時「行爲者的目的」便與「行爲本身的目的」相合。因爲修橋補路的本身，就是這樣的目的。但如他修橋補路，目的是沽名釣譽，邀功圖賞，這時「行爲者的目的」與「行爲本身的目的」便是南轅北轍，毫無關係。我們現在所討論的目的，是指行爲者的動機對於行爲價值的影響，所以，是指的「行爲者的目的」。

目的是行爲具體化的原因，沒有目的，就沒有行爲；因爲沒有目的，意志便不會作任何決定。由此，我們可以看出：在構成一個行爲的倫理價值上，目的也實在具有決定性的影響，孔子也曾說：「視其所以，觀其所由，察其所安，人焉廋哉！人焉廋哉！」（論語・爲政）大致來說，目的對於行爲價值的影響有三種情形。

甲、中立性行爲的倫理價值完全決定於目的。因爲中立性行爲的本身既不是善，亦不是惡；它之所以爲善，或爲惡，完全是因爲「行爲者的目的」的關係。譬如靜默，就其本身而言，我們不能說它是善，也不能說它是惡；但是它可以變成善，也可以變成惡，那要看保持靜默的人的目的如何。如果一個人保持靜默，是爲鬧彆扭、耍脾氣，使所關懷他的人都感到很痛苦，這種靜默便不是一個好的行爲。相反的，如果一個人在圖書館或醫院保持靜默，目的是怕擾亂讀者或病人的安靜，那麼，這種靜默便是一個好的行爲。

乙、客觀善的行爲可以因目的增加其善，也可以減少其善，甚至可以完全變成一個惡的行爲。譬如賙濟人的行爲，它的本身就是一個善的行爲，但是如果一個人慷慨解囊，不但是盡一己之力去幫助別人度過難關，而且還是在拋磚引玉，願意起帶頭作用，使更多的人響應他的舉動，顯然的，他的善行便是善上加善。但是如果他賙濟別人目的並不純正：一方面是爲幫助別人，而另一方面也是爲得到自己的榮耀，使別人向他歌功頌德，那麼，他的行爲的善便會因此而減少。再如果他賙濟別人，目的不是在救助，而是藉此好能以後控制別人，或者有其它不良的企圖，這時，他那本來的善行便完全變成一個惡的行爲，因爲他賙濟別人只是做他惡的一個方法而已。

丙、客觀惡的行爲不因善的目的而變爲善。所謂客觀惡的行爲就是說它的本質是惡；一個行爲的本質是惡也就是內在的惡、不加條件的惡，這和惡而却不是內在惡的行爲不同。內在不是惡的行爲，在普通情形下是不許可的，但在特殊的情形下，却是許可的。譬如殺人，在普通的情形下沒有人可以殺人；然而在特殊的情形下，譬如爲了合理的戰爭，便可以殺害來侵襲的敵人。同樣，剝奪別人的自由在普通情形下也是不許可的，但是政府爲了維護社會的治安，使無辜的老百姓不致遭到傷害，便可以把歹徒關在監獄裏。但是，對於內在惡的行爲我們便不能如此說，因爲沒有任何一個目的可以使一個內在惡的行爲變成一個善的行爲，譬如沒有一個目的可以使姦淫、僞證、不公義，可以成爲善的行爲。這個理由很簡單，因爲客觀惡行爲的惡是獨立的，和善的目的沒有必須的連繫；在一個人做一個客觀惡的行爲時，雖然他有善的目的，但是在達成他的目的之前，他已經做了那個惡的行爲；這個惡已經成立，不因善的目的而改變。

三、行爲的環境：人是具體的人，生在具體的環境裏，人的一舉一動，無不與環境有關。因此，環境影響人行爲的價值也是自然的。

研究環境與行爲的關係最精闢、最深刻的，要算是士林哲學。士林哲學認爲環境可以分爲「誰」、「何時」、「何處」、「用何方法」、「爲何」、「如何」以及「何物」七種。人的行爲所涉及的環境，大致不會超出這些範圍。「誰」是指人與人相接觸而發生的關係；一個人與不同的人相接觸，他的行爲的性質自然也就不同。中國儒家的五倫：君臣、父子、夫婦、兄弟、朋友，可以說是「誰」的最好注解。「何時」是指人的行爲因爲發生在不同的時間，因而有不同的性質，譬如幫助人，有的是在別人的急難中雪中送炭，有的是在別人不需要時錦上添花。這兩個行爲雖然都是善行，但是他們的價值却不相同。「何處」是指人的行爲因爲發生的地方不同，行爲的價值也因此有別，譬如說謊，在法庭上說謊與在自己家裏說謊，它們的性質便完全不同。

環境中的「誰」、「何時」和「何處」，它們的意義都很明顯，不會使人發生疑問。但是「用何方法」和「如何」似乎便沒有顯著的分別。其實不然，「用何方法」是指行爲者所用的工具或手段，「如何」是指他的態度。譬如一個人傷害了人，我們可以問他用什麼工具傷害了人？是用手？還是用刀？是很殘酷？還是不殘酷？這些問題都是屬於「用何方法」。

但是，如果我們要問那個人傷害別人是有預謀呢？還是臨時起意？是主謀？還是從犯？這些問題便又都屬於「如何」。

在七種環境中還使我們發生疑問的是「何物」及「爲何」，因爲「何物」應是指「行爲的對象」，這個問題，我們已經討論過，不應再把它當作環境來討論。同樣，「爲何」應是指「行爲的目的」，我們也已經討論過，也不應再把它看成一種環境。但是，環境中所說的「何物」與「爲何」和以前所討論的「行爲的對象」與「行爲的目的」完全是不同的兩件事。「行爲的對象」是指明行爲者所做的行爲屬於那一類；環境中的「何物」不但指明行爲者所做的行爲的種類，而且還指明行爲的「質」和「量」。譬如以竊盜爲例，如果在「行爲的對象」中談竊盜，那是不法攫取他人的動產，但是如果在環境的「何物」的觀點下談竊盜，那不但是指不法攫取他人的動產，而且還指攫取的是何種動產，而且有多少。譬如問攫取的是衣服？還是珠寶？如果是衣服，衣服有多少？如果是珠寶，珠寶有多少？衣服和珠寶的分別，以及量的多寡，都是行爲的一種環境。

至於爲什麼我們已經把目的當做組成倫理行爲的因素討論過，現在又把「爲何」當作環境來討論？那是因爲「行爲的目的」是指行爲者的動機，深藏於內，而未表現於外；而環境中的「爲何」則是指表示於行爲外表上的動機。換言之，如果我們把動機只看作行爲者的內在企圖時，那便是組成行爲倫理價值的三因素之一的「行爲目的」，然而如果我們單看動機表現於行爲上的情況，那便是行爲的一種環境。譬如一個人詐騙別人的財物，詐財是詐騙者的動機，也就是我們所說的「行爲的目的」；詐財者得到了財物之後，他的動機可以完全表露無遺，我們從他的行爲上可以看出他的「爲何」來，這時的「爲何」便是一種環境。

人的行爲受環境的影響應是一個不可爭辯的事實，但是也不是凡環境都影響人的行爲，譬如一個人在雨天時賭博，或在晴天時賭博，氣候的情況不會改變賭博的性質。又如一個人以左手行竊，或以右手行竊，手的不同也不會改變竊盜的性質。但是，沒有懷疑的，有許多環境是會改變行爲的價值的，我們可以看以下的四種情形：

甲、環境可以決定中立性行爲的價值，使它成爲善或成爲惡。我們都知道唱歌是一個中立性的行爲，它的本身不能說是善，也不能說是惡。但是如果一個人在宿舍裏，正值夜闌人靜，興致所至，便引吭高歌，擾亂別人的清夢，那便是一個惡的行爲。反之，如果一個人在郊遊或開遊園會時，爲給大家助興而唱歌，那便是一個善的行爲。

乙、環境可以改變行爲的倫理類別。一個人毆打另一個人，使人家的身體受到傷害，這是犯傷害罪；但是如果他毆打自己的父母，傷害自己的父母，這是犯不孝罪。我們都知道，搶劫別人的財物犯強盜罪，但若在海上搶劫便犯海盜罪；誘姦未婚的女子犯妨害風化罪，誘姦有配偶者的婦女便犯妨害婚姻及家庭罪。（註二）這些行爲所以改變類別，都是因爲人的不同和地方的不同的關係，換言之，都是受環境的影響。

丙、環境可以改變行爲善惡的等級，使善的行爲更善，使惡的行爲更惡。譬如和顏悅色的幫助別人與頤指氣使指的幫助人，都是幫助人；但是前者不傷人的自尊心，後者則使人發生自卑感；因此前者的行爲更善，後者的行爲便不太善。又如當大庭廣衆毀謗人與私下毀謗人，都是毀謗人；但是前者毀謗人的影響之所及，遠較私下毀謗人的影響大的多，所以前者行爲更惡，後者的行爲便不那麼惡。

丁、環境可以使善的行爲變成惡的行爲，因爲善的行爲雖然是善，但是也不是凡是善的行爲，便可以時時處處，在任何環境都可以做的。譬如慰問病人本是一個善的行爲，但是如果病人極須靜養，不願接見訪客，而病房門口上又明明有醫生的禁令，這時，就不應進去探望病人。不然，探望便變成打擾，成爲一個惡的行爲。人有許多善的行爲，但是不是公開做的行爲；公開做，便不再是善的行爲。

環境可以使善的行爲變爲惡，但是不能使惡的行爲變爲善。因爲善的本質排出任何的惡，因此，如果善有任何一點惡，便已不是善。但是惡的行爲既然已經是惡，即便有善的環境，仍然不能改變它的惡，惡只要有一面是惡便是惡。

第二節　對象、目的和環境在構成行爲倫理價值上的關係

爲使一個行爲成爲一個道德的行爲，行爲的對象、行爲的目的和行爲的環境必須都是善的才可，如果其中有一個因素不善，便不是一個善的行爲。因爲在理論上一個行爲固然可以分做對象、目的和環境三方面來討論，然而在一個具體的行爲上，這三個因素完全互相揉合，不

能分開。已如我們所說，善的本質不容有任何的惡，只有完全的善才是善。所以，爲構成一個行爲的道德價值，行爲的對象、目的和環境必須都應是善。

現在我們先從「行爲的對象」與「行爲的目的」之間的關係來看：對象與目的在構成行爲的價值上是不可分離的，必須二者都善，才能構成一個善的行爲。因爲行爲必須有一個目的，沒有目的，便沒有行爲；目的是行爲的起點，也是行爲的終點；如果一個行爲的目的被放棄，行爲也就會中斷。目的與行爲就如在自然界裏的運動物體與運動一樣，物體開始的運動也就是到達終點的運動；運動與物體不可分離，分離，物體便會停止。目的與行爲的不可分離性，在人的具體的行爲上也是這樣，如果一個病人願意恢復健康，也必須願意服用藥品；願意恢復健康與願意服用藥品是一個願意。在一個具體的行爲上，目的好像是形式，行爲好像是質料，它們彷彿是一紙兩面，絕對不能分離。因此，如果有一方面不善，便不能成爲一個善的行爲。

我們再從「行爲的對象」與「行爲的環境」之間的關係來看：對象與環境也必須都是善的，才能組成一個善的行爲，因爲二者也緊相連繫，不能分離。我們已經說過，人是具體的人，人的行爲必須發生於具體的環境之內；人的行爲不可能與任何環境無關，完全是一個抽象的東西。因此「行爲的對象」與「行爲的環境」也是一刀雙双，合而共同組成一個行爲，任何一個方面不善，也不能是一個善的行爲。

這樣說來，既然「行爲的對象」與「行爲的目的」不能分開，二者必須都是善的，才能組成一個善的行爲；同時，「行爲的對象」與「行爲的環境」也不能分開，二者也必須都是善的，才能組成一個善的行爲。那麼，很自然的，「行爲的目的」與「行爲的環境」也不能分開，爲組成一個善的行爲，二者也必須都是善的才可。然而這就無異說，「行爲的對象」、「行爲的目的」和「行爲的環境」必須都是善的，才能組成一個善的行爲。所以士林哲學有一個原則說：「善是出於完整的原因，惡是出於任何的缺點」（Bonum ex integra causa est,malum ex quacumque defectu）。（註三）

爲組成一個善的行爲，「行爲的對象」、「行爲的目的」和「行爲的環境」必須都是善，不能有一方面不善；這已是沒有問題的了。但是我們不妨再作進一步的研究，看看是否三者在組成一個善的行爲上所有的影響力相同？抑或有大有小？對於這個問題，我們必須分析來說，不能一概而論。如果「行爲的目的」與「行爲的對象」所趨向的目標相同，那麼行爲的價值便完全取決於「行爲的對象」。譬如還債，還債的對象是維持公義，還債人的目的也是爲維持公義，因此，還債的道德性就是來自還債的本身。但是，如果「行爲的對象」與「行爲的目的」所趨向的目標不同，此時的行爲價值既取決於對象，又取決於目的；然而目的的影響力則勝過於對象的影響力，聖多瑪斯曾引述亞里斯多德的比喻說，如果一個人偷竊別人的錢，目的是在犯姦淫，與其稱他爲竊盜犯，不如稱他爲姦夫。（註四）

環境對於組成行爲的倫理性質上，看起來似乎不如對象和目的那樣重要，其實也不見得，也必分別而論。環境對於人的行爲價值，也有決定性的影響。我們在討論環境時已經看到，不但中立性行為的價值可以完全來自環境，而且環境還可以改變行為的類別和行為善惡的等級，甚至一個善的行為因為環境的關係，可以完全變成一個惡的行為。很明顯的，幫助一個不需要的人與幫助一個無依無靠的人，其間的行為價值大不相同。同樣，殺害值勤的警員與殺害一個普通的人，二者行為的性質也不相同。

在討論行為的對象、目的和環境對於行為倫理價值的影響時，我們不應過於强調某一個因素，因為如果過於强調對象，便很容易陷入法利塞主義（Pharisaism）（註五）；如果過於强調目的，便很容易陷入亞貝拉（Peter Abelard, 1079-1142）的目的唯一，或者康德的（Immanuel Kant, 1724-1804）意志至上主義；再如果過於强調環境，那又很容易陷入「環境倫理」（Situation Ethics）。

第三節　中立性行為的存在問題

人有不善不惡的中立性行為，似是沒有異議的。柏拉圖早就有這種主張（註六），杜威更認為人的行為，由早晨起身，再到晚上休息，其間的行為大都是中立性的。（註七）但是，究竟怎樣的行為才是中立性的呢？對於這個問題，哲學家們的意見並不相同。

人的行為可以從兩方面來觀察：一是從抽象方面來觀察，二是從具體方面來觀察。從抽象來觀察就是單從行為的本身來觀察，不連帶它的目的和環境；從具體方面來觀察，就是觀察行爲的具體事實，連同它的目的和環境在一起。在我們單從抽象方面來觀察人的行爲時，我們不難發現，人有許多行爲都是中立性的，它們不善也不惡，譬如坐、立、行、臥等，這些行爲不像忠、孝、仁、愛，或姦、殺、搶、奪，一看便知是善或是惡。在抽象方面人有中立性的行爲，可以說是哲學家們的公共意見，沒有人否認的。但是在具體方面，人是否有中立性的行爲？哲學家們便分道揚鑣，有的主張有，有的主張沒有。

首先，董思高杜斯（John Duns Scotus, 1266, 1274-1308）持肯定的意見，認爲人在具體方面有中立性的行爲。因爲對董氏來說，人的意志有絕對的自由，它可以在做一個在抽象方面爲中立性的行爲時，不要任何的目的，而以其本身的目的爲目的。因此，中立性行爲的性質便能得以保存。譬如在我們坐或立時，只爲坐而坐，只爲立而立，這樣，雖然坐和立都是具體的行爲，然而仍然都是中立性的行爲。

聖多瑪斯持相反的意見，他認爲人在抽象方面有中立性的行爲，是沒有問題的，但是在具體方面，便不能有中立性的行爲。因爲一個行爲很難不受那些錯綜複雜的環境所影響，縱然一個行爲能擺脫環境的影響，只要它是有意識的行爲，也擺脫不了目的的影響。因爲人是有理智的，如果人的行爲眞是出於理智的，那麼，就應受理智的指導而走向一個合理的目的。所謂合理的目的，不見得是一個什麼大目的，只要合乎人性，就是合理的目的。譬如我們隨便看一下天空，或者伸一伸胳臂，這些本來就是無所謂的中立性行爲。但是如果它們眞正是有意識做的，便不能說一點目的都沒有，至少是爲排遣一下無聊，或者是舒暢一下身體，然而這就是合理的目的，都是好的行爲。所以在具體方面我們不可能有中立性的行爲。

大多數的士林哲學家們，在討論中立性行爲的問題時，都同意聖多瑪斯的意見；當代士林哲學大師琪爾松也不例外，他認爲任何一個物的活動所以是善，就是因爲它的活動與它的形式或「性」相符合：馬的活動是善，因爲根據馬的性去活動；牛的活動是善，因爲根據牛的性去活動；如果馬的活動與馬的性不符合，牛的活動與牛的性不符合，那麼，馬的活動便不是善的活動，牛的活動也不是善的活動。同樣，人的行爲也應當根據人的性去活動，而人的性主要是人的理智，因爲理智是人的形式。因此，一個眞正的人的行爲應當是合乎理智的。換言之，人的行爲在具體方面，不可能保持它的中立性，琪氏還引述狄奧尼修(Dionysius the Areopagite 約紀元前第五世紀）的話說：「人的善就是合於人的理智。」（註八）

董斯高杜斯與聖多瑪斯都是有宗敎信仰的哲學家，二人都信仰天主，也都相信天主給人安排了一個人生的最後目的。那麼，是否人生的最後目的會影響中立性行爲的性質呢？董氏與聖多瑪斯的解釋又不同。董氏認爲人爲天主所造，自然有一個最後的目的；但是，天主並未命令人把每個小的行爲都指向最後的目的，人可以爲唱歌而唱歌，爲散步而散步，這並沒有什麼錯誤。因此，人生雖有一個最後目的，但仍可以在某些中立性行爲上，保持它們的中立性。聖多瑪斯的看法不同，他認爲人既有一個最後目的，那個目的就應是人的最高善，人的一切行爲也就應導向這個最高善，這是自然而然的事。但是，人不必時時處處在任何事情上都惦記著這個最高善，他會不知不覺的走向這個最高善。這就如一個人回家一樣，他不必走每一步路都要想起自己的家，他自然就會往家裡走。「一切的善所以開始成爲一個善，都是因爲走向一個完美的善：那就是最後的目的。」（註九）但是，如果人的一切行爲都是走向人生的最後目的，人的行爲自然也就不能保持它的中立性了。

中立性行爲的問題，看起來似是一個無關緊要的問題，然而站在倫理學的立場，我們就不應等閒視之。因爲倫理學是研究行爲是非善惡的哲學；探討眞理、事實求是，是倫理學的責任。這就是爲什麼中立性行爲的問題，雖然不是一個了不起嚴重的問題，而我們仍然提出來討論的理由。

第四節　行爲善惡內在分別的問題

普通來說，大概人都承認，人的行爲有善惡的分別。但是，是否人的行爲有內在善惡的分別？或者說是否人的行爲在本質上有善惡的分別？哲學家們的意見便見分歧，可謂聚訟紛紜，莫衷一是。很早以前，柏拉圖就曾提出過這個問題來討論，他的主張是肯定的，他自問說：「聖之所以爲聖，是因爲神明嘉許而才爲聖呢？還是因爲聖本來就是聖，所以神明才嘉許？」而後柏氏又自答說：「因爲聖本來就是聖，所以神明才嘉許，不是因爲被神明所嘉許而才是聖。」（註一〇）亞里斯多德對於這個問題的意見與柏拉圖相同，他也認爲行爲有內在善惡的分別，他說：「不是每個行爲，也不是每個情欲都有中庸性的，有些情欲的名字便已表明它們的惡，譬如忿恨、無恥、嫉妒；還有另一些行為如姦淫、竊盜、謀殺等也都是惡，它們是惡，不是因為『過與不及』，它們的名字已經指出，它們的本身便是惡。」（註一一）研究惡的問題的專家聖奧斯定也主張行為的本質有善惡的分別，他說：「愛上帝、愛人，沒有一時、一地，可以變為惡；同樣，姦淫的惡也沒有時間和空間的限制。」（註一二）以後特別注意行為內在善惡分別的問題的是士林哲學，絕大多數的士林哲學家們都認為人的行為有內在善惡的分別。當然，也有一些哲學家們否認人的行為在本質上有善惡的分別。在哲學上，凡否認人的行為有內在善惡分別的哲學主張，都稱為倫理實證論（Moral positivism），而倫理實證論又分為人性倫理實證論（Anthroponomic positivism）及神性倫理實證論（Theonomic positivism）；在這兩種實證裏，哲學家們的意見又各不相同，我們現在一一分述於後：

甲、人性倫理實證論：人性倫理實證論主張人行為的善惡分別，導源於人為的原因。這又分為兩種：一種是以法律或社會公約作為行為善惡分別的基礎，另一種是以風俗或習慣作為行為善惡分別的基礎。

一、以法律或公約作為行為善惡來源的倫理實證論主張，在公約或法律以前，人人為所欲為，沒有所謂行為是善或是惡，也沒有所謂行為是許可或是不許可；只有在法律或公約成立以後，人的行為才有善惡的分別。蒙戴聶（Michael De Montaigne, 1533-1592）就有這樣的主張，他認為人行為的善惡是因人、因時、因地而改變，沒有客觀的標準。葛洛修斯（Hugo Grotius，1583-1645）也有類似的思想，他認爲法律起源於公約，法律的强制性使人對於人的行爲發生善惡的觀念。在這派學說裏主張最有力的要算是霍布士（Thomas Hobbes，1588-1679）及盧梭（Jean Jacques Rousseau，1712-1778）兩位哲學家了。

霍布士認爲人類在國家的組織出現以前，沒有任何法律，完全是一片大混亂狀態。自我主義統制一切，私慾是權利，强力是法規；事情沒有對或不對，也沒有公義或不公義；只要爲自己有利，只要自己能做，便可爲所欲爲；一切的東西沒有「你的」或「我的」的分別，完全由暴力獲得，完全由暴力維持；「人對於人就是一隻狼」，「一切的人向一切的人作戰」。整個的社會是一個戰爭的社會，大家都過著一個孤獨、貧窮、骯髒、獸性和短命的生活。（註一三）

不過，人類畢竟不能永恒的爭奪搶掠、廝殺撻伐下去，要求安全是人的天性。人類爲了能夠和平生存，於是便開始想到訂立公約。公約就是保護自己生命和財產的一種方法：我不侵害你，你也不要侵害我，大家都把自己原來無限的權利放棄一部分，不要爲所欲爲。因此，你願意別人給你做的，你也要給別人去做；你不願意別人給你做的，你也不要給別人做。這樣，大家的生活便可以得到保障。

爲了完全實現公約的理想，必須人人遵守公約。否則，公約便等於紙上談兵，無濟於事。又爲了達成這種目的，於是人類便又有了國家的組織。國家是一個龐大的機構，具有强大的武力，迫使大家履行所訂的公約；如果有人願意返回原始狀態，或者胆敢破壞，便處以嚴刑峻罰，因此使一般圖謀不軌的人，不敢有所嘗試。這樣一來，人人都遵守自己的義務，享受自己的權利。在以往，人類不知公義與不公義爲何物，現在却有了公義與不公義的觀念，人類道德的生活也便由此開始。所以根據霍氏的主張，在公約以前，人類沒有所謂善與惡的觀念，行爲有善有惡，乃是公約以後的事。

霍氏以公約作爲人行爲善惡分別的基礎，但同時他也開闢了極權主義之門，因爲對霍氏來說，權利是維持公約的不二途徑，一如他說：「公約無刀劍，便是一篇空言。」（註一四）

盧梭也主張公約是人行爲善惡分別的來源，但是他對於解釋人類原始的天性，以及公約締結的原因，則與霍布士大異其趣。盧梭不認爲原始的人類，都是盜竊搶掠，爭奪打殺，生活在大混戰的狀態之中。他認爲原始的人類是善良的，因爲「人不是天生就是仇敵」。（註一五）

盧梭極其强調人的天賦自由，他主張自由是人的本質，放棄自由，就是放棄人之所以爲人的條件。但是爲什麼人既是生而爲自由的，却處處有良心的制裁、法律的限制，以及道德的規範呢？就如他說：「人生而爲自由，但處處被鎖鏈所束縛。」盧梭說那是因爲公約的關係，如果沒有公約，便沒有那種種的束縛，公約是人受束縛的惟一理由。因爲根據盧梭所說，强力沒有那種力量，世界上沒有人有那麼大的强力，使他常常高居在上、常常主宰他人。人的武力不論怎麼大，總有沒落的一天。能夠主宰人，加與人種種規律和約束的，只有權利可以做到；因為權力是精神的力量，可以持久的延續下去。但是，權利不是某些人的天生權利，因為沒有人生來就有比別人更大的權利；權利是大衆賦與的權利。換言之，權利是來自公約。所以，公約是權利的基礎，也是一切規則和約束的基礎。

盧梭解釋人的原始天性與公約的訂立，雖與霍布士大相逕庭，但是對於解釋人類道德觀念的開始與行為善惡分別的來源，與霍布士則是殊途同歸。根據盧梭所說，人類所以締結公約，是要大家讓出自己個人的意志，組成一個大衆公共的意志；而大衆公共意志的目的，就是在締造國家、制定法律；法律再賦與人應有的權利，也賦與人應有的義務。因為人人都有應享受的權利，也都有應盡的義務，因此公義與不公義的觀念也便由此開始。盧梭認為人類由天然的自由狀態而進入國家的組織階段，是人類歷史上一個極大的變化，那就是人類以公義代替了原始自由的本能，開始分別行為的善與惡，度一個道德的生活。但是這並不表示人類喪失了天賦的自由，因為人類一切的規則和義務，都是來自國家的法律，而國家的法律又是來自大衆的公共意志，大衆公共的意志又是由個人的意志所組成的。因此，這也就是說，大衆的公共意志就是代表每個人的個人意志。

二、以風俗作為行為善惡分別來源的倫理實證論，可謂源遠流長。古希臘哲學家如普洛大各拉斯（Protagoras, C.480-410 B.C.）、果爾奇亞斯（ Gorgias. C,483-375 B.C.）、皮羅（Pyrrho, C. 362-275 B.C.）、卡爾尼亞得斯（Carneades, C. 215-126 B.C.）、塞克斯都斯·恩比利古斯（Sextus Empiricus, C.150- ?

B.C.)，都有這種思想。在近代哲學家裏有這種主張的，孟德維爾（Bernard Mandeville, 1670-1733）是較早的一位。孟氏認爲人的本性是自私的，但是人爲了自己的利益，便不得不彼此互相利用；聰明的人更往往利用機會，誘使一般無知識的人，接受某些觀念，以企達到個人的目的。社會領導階層的人也常常給人民灌輸一些特殊的思想，使人民先公後私，爲大衆服務，好能促成團體的發展；因爲大家對這些觀念和思想都信守不渝，於是遞嬗相仍，蔚爲風俗，無形中便形成了行爲的道德規範。孟氏之外，實證論的鼻祖孔德（Auguste Comte，1798-1857）也否認了行爲善惡的內在分別，雖然實證論與倫理實證論並不相同，然而孔德也毫無懷疑的是一位倫理實證論者。他認爲人的倫理生活乃社會生活的一部分，社會的風俗習慣改變，倫理的觀念也就隨之而改變。

以風俗做爲行爲善惡分別來源的實證論者，其代表人物要算是塗爾幹（Emile Durkheim, 1858-1917）及雷味·布呂爾（Lucien Lévy-Bruhl，1857-1939）兩位社會學家。他們二位受孔德學說的影響極深，涂氏認爲倫理學不是研究人應做什麼，而是研究人實際做什麼；因爲人並沒有來自人性的道德，人只有風俗和習慣。在社會形成一個風俗和習慣之後，便會在人的心理上造成一種壓力，使人不敢對社會的風俗習慣背道而馳，否則，就會遭到大衆的側目和反對，甚至可能被社會所擯棄。由於大家都根據社會上的風俗習慣去行事處世，風俗習慣也就變成了人做人的規律，行爲善惡的分別也便由此開始。因此，如果社會的風俗習慣改變，人對於行爲善惡的觀念也就改變；原始的人認爲善的行爲，現代的人可能認爲惡；同樣，現代的人認爲惡的行爲，原始的人可能認爲善。

雷味·布呂爾與涂爾幹原是同事，在倫理學方面與塗氏的主張也大同小異。他認爲不同的社會產生不同的倫理觀念，因爲不同的社會有不同的風俗和習慣；人的行爲都是被風俗和習慣所支配，尤其原始的人類做人行事，完全依照風俗和習慣，根本不用思想。

在主張以風俗作爲行爲善惡來源的倫理實證論者中，尚應一提的，是保爾孫(Friedrich Paulsen, 1846-1908)。保氏也認爲人的道德觀念，完全是來自生活的環境；生活的環境不同，道德的觀念也不同。譬如英國人和中國人的環境不同，所以英國人和中國人的道德觀念也不同；藝術家和商人的環境不同，所以藝術家和商人的道德觀念也不同；每一個地區，每一種生活都有不同的道德觀念。

乙、神性倫理實證論：主張神性倫理實證論者多是中世紀的教會哲學家們。他們認爲行爲的本身沒有善或惡，如果有，那便是上帝或天主的規定；被上帝命令所做的行爲便是善，相反的，被上帝禁止所做的行爲便是惡。上帝對於人的行爲能命令，也能禁止。上帝有絕對的權利。所以人行爲的善惡完全是來自上帝的旨意。

首先，董思高杜斯便是這樣主張。他認爲上帝對於萬物的認識是萬物存在的基礎，而上帝的意志則是人行爲的善惡根源。董氏不否認人對於上帝的義務是絕對不可變的自然法則，但是人與人之間的關係，便不是絕對不可變的，雖然人與人之間的關係，也是自然的法則。對於人與人之間的關係，上帝可以自由改變。我們現在以殺人、姦淫爲惡行，以爲那是相反人性的行爲，但是如果上帝當時並未如此禁止，我們就不會認爲它們是惡行的。（註一六）在人的行爲中，只有一個行爲常是善，不能成爲惡，那便是敬愛上帝。也只有一個行爲常是惡，不能成爲善，那便是惱恨上帝。除此之外，沒有任何行爲是不可變的善，也沒有任何行爲是不可變的惡，一切行爲的善惡都可由上帝自由來規定。不過，董氏深深的領悟，上帝的本質是善，他只能命令人行善，不能命令人做惡。（註一七）

董氏雖然主張人行爲的善惡完全在於上帝旨意的規定，但他並不認爲人必須有上帝的啓示，才能知道一切行爲的善或惡。有些行爲的善惡，不必有上帝的啓示，人由自己的人性自然便可以知道；柏拉圖與亞里斯多德所以能夠知道什麼是德行，什麼是罪惡，便是這種緣故。

與董氏的意見相仿，而較董氏的意見更爲激進的是歐坎（William of Ockham, 1280-1349 或 1350 ）。歐氏主張人行爲的善惡，都是來自上帝意旨的規定；因爲人有絕對的義務服從上帝的命令，所以，善的行爲就是服從上帝的命令，惡的行爲就是違背上帝的命令；行爲的本身沒有善與惡，行爲善惡的唯一基礎便是上帝的旨意；人的整個倫理規律都是上帝的明定律，上帝不規定，便沒有任何倫理規律。因此歐坎認爲不但如果上帝命人通姦，通姦便變成善的行爲，而且如果上帝命人恨他，恨他也就變成善的行爲。（註一八）

除了以上兩位神性倫理實證論者外，笛卡爾（René Descartes, 1596-1650）和布風多夫（Samuel Pufendorf, 1632-1694）也都有同樣的主張。笛氏認爲一切的眞理都是來自上帝，即使數學的眞理也不例外，上帝願意一個三角內的三角等於兩個直角，不是因爲它們非如此不可，而是因爲上帝規定它們如此。上帝規定怎樣，那樣就是眞理。（註一九）布氏認爲上帝能隨意創造事物，也能隨意給事物規定一個性律。因此，他既然創造了人，也就給人規定了一個性律，那也就是倫理規律。對現在的人來說，殺害無辜是不道德的，因爲上帝當時規定如此，但如當初上帝沒有這樣規定，殺害無辜便不是不道德的行爲。（註二〇）

第五節　對倫理實證論各種學說的檢討

一、對於以法律或公約作爲行爲善惡來源的倫理實證論，我們認爲有以下幾點值得來考慮。

第一、我們不否認國家可以制定法律，而且也不否認國家的法律可以約束人的良心。譬如國家規定駕駛汽車者要在道路的右邊走，在道路左邊開車的人便是一個不道德的行爲。我們甚至認爲國家爲了人民的公共福利，應當制定法律。但是我們不認爲人類一切行爲的善惡都是來自法律，因爲在國家的法律出現以前，人類也必有某一些基本的道德觀念，至少父慈子孝的觀念一定有，否則，如果人類都像霍布士所說，大家都是厮殺撻伐，搶奪劫掠，生活在大混亂的戰爭之中，人類便不會相傳至今。其實，霍氏也承認人類有某些自然性律，尋求安全的生活就是一個。（註二一）但是，如果人類有某些自然法律，那些自然律自然也就是行爲善惡的標準。

第二、國家制定法律是有標準的，國家不能任意制定法律。譬如國家不能制定法律，命令國民不愛國；國家也不能制定法律，命令國民彼此相殘殺；否則，便沒有一個國家可以成立了。但是，如果國家制定法律有標準，不能任意制定法律，那就無異說明，不是人類一切行爲的善惡都來自法律，在法律以前人類某些行爲必定已經有了它們的善惡。

第三、法律是根據社會情況的需要，爲人民的公共福利而制定的，所以不是人的一切行爲都包括在法律之內。譬如法律沒有明文規定不得惱恨人，也沒有明文規定必須幫助人，但是這並不表示恨人與愛人便沒有善惡的分別。因此，不是人的一切行爲的善惡都是來自法律。

第四、如果說人的一切行爲的善惡都是來自法律，法律定爲善的行爲就是善，法律定爲惡的行爲就是惡。那麼，法律定爲善的行爲，也可以定爲惡；定爲惡的行爲，也可以定爲善。但是，這和人類的公共信念不符合，因爲在人類的歷史上，單單爲反抗暴君的法律而甘心赴湯蹈火，捨生致命的人，不知有多少。卽使在今天，在極權的國家裏，起義抗暴的事件不是天天在重演嗎？

二、對於以風俗作爲行爲善惡來源的倫理實證論，我們僅提出一點來討論：我們也不否認風俗可以使人的某些行爲成爲善或成爲惡。譬如我們中國人在清明節掃墓祭祖，以示愼終追遠；在春節向父母長輩行禮拜年，以表知恩報愛，如果有人故意違反這些風俗，難免為人側目，認為不敬不孝。但是，我們不認為人類一切行為的善惡都是由風俗而來，因為人類有許多行為根本無法變成風俗，譬如任意燒、殺、姦、掠，就無法變成風俗。不錯，這些風俗在人類歷史上、在某些地區不是沒有出現過，但沒有不付出重大的代價而後又不得不停止的。同時，人類也有很多風俗根本無法取消，譬如人類的家庭風俗、孝敬父母的風俗、愛護子女的風俗，便永遠不能取消。在人類的歷史上也不是沒有政權嘗試過，但是也沒有不失敗的。人類有許多行為不能變成風俗，也有許多風俗不能被取消，究其原因，沒有別的，只因為它們本身是善或是惡的緣故。

三、對於以上帝的旨意作為行為善惡來源的倫理實證論，我們認為不論是站在神學立場，或是站在哲學立場，都有可商榷之處。董思高杜斯與歐坎都是天主教的哲學家與神學家，笛卡爾也是天主教的信徒。根據神學而論，上帝必須是無限的美善，不能有任何瑕疵或缺陷，更不能有任何惡的存在；任何缺陷和惡都與他的本質相衝突。因此，上帝或天主不能是不義的，不能是不神聖的，不能是不合理的，任何不善的屬性必須與他相遠離。而且，他不但不能有不善，也不能願意不善；否則，便對他造成內在的矛盾，否定他的存在，因為他的本質就是他的存在。因此，上帝不能命令人做一件不合理的事，更不能命令人做一件不道德的事。如果上帝這樣做，那便等於他自己不合理、自己不道德，這不啻是對上帝的極大褻瀆和不敬。然而這就說明了：上帝命令人做一件事，必是因為那是一件善事；上帝禁止人做一件事，必是因爲那是一件惡事。上帝不是任意命令或禁止人做一件事的，而是根據事的本質去命令或禁止。

神性倫理實證論者實在未有弄清上帝的本性，尤其歐坎把竊盜、姦淫、甚至敬愛上帝都認爲是上帝的明定律，可以由上帝自由規定，這在神學方面實在是一個極大的矛盾。因爲，如果說上帝是萬物的造物主，萬物都屬於他，他可以改變竊盜的規定，使竊盜不再爲竊盜，這還有它的道理。但是，如果說上帝也可以改變人對於敬愛他的規定，使人可以仇恨他，這又如何解釋呢？因爲上帝的本質是愛，不能是恨。（註二二）

歐坎的主張還有另一個不可解釋的難題，那就是如果人類一切行爲的善惡都是上帝旨意的規定，那麼，除非上帝把他的一切規定啓示給人，人便不會知道任何行爲的善惡。這個，對於有宗敎信仰的人也許不會發生問題，因爲他們可以說已經得到了上帝的啓示。然而那沒有宗敎信仰的人，又將如何做人處世呢？是否沒有宗敎信仰的人都不能知道行爲的善惡？因此都不能有高尚人格？這顯然與事實不符，人類的歷史中有許多大聖大賢，他們的行爲與言論，直至今天，仍爲世人所景仰，以爲是立德、立言、立功三不朽，奉爲立身行事的圭臬，但是他們不見得有宗敎的信仰。

第六節　行爲內在善惡分別的積極證明

由以上所說，人的行爲的善惡，旣不都是來自人爲的因素：法律與風俗，也不都是來自神爲的因素：上帝旨意的規定，自然就有一些行爲的善惡，應是來自它們的本質。因爲行爲所以有善惡的分別，其原因只能有這三種，這三種原因以外，再沒有別的原因。

實在，人的信念也證實我們有一些行爲，在它們的本質上就有善惡的分別。我們可以懷疑某個實際的行爲是否是竊盜，是否是不義或者是否是姦淫，但是沒有人懷疑竊盜、不義和姦淫是不道德的行爲的。我們可以懷疑某個實際行爲是否是愛人，是否是廉潔，或者是否是貞操，但是沒有人懷疑愛人、廉潔或貞操是道德的行爲的。我們可以說，我們都相信這些行爲的惡與善是無法改變的。

還有，理論也可以證明我們有一些行爲在本質上有它們善惡的分別：人有不同的自然傾向，有的是屬於生理的，有的是屬於理性的，但是不論是屬於那一方面的，都應得到它們的滿足或實現才對。因爲本性不能愚弄自己，就如亞里斯多德所說：「本性不能使物成爲虛設。」（註二三）所以，如果人有肺，就必有空氣；有胃，就必有食物；有眼，就必有顏色。同樣，人有理智和意志，人要追求眞、善、美、聖，因此，屬於眞、善、美、聖的對象也必應存在。換言之，人必應有一些行爲，它們的本質就是善。但是，如果人有一些行爲，它們的本質就是善，相連的，也必有一些行為，它們的本質就是惡。

人類必須有一些行為，它們的善惡應屬於他們的本質，因為這是道德價值評判的基礎；沒有本質為善為惡的行為，我們便沒有任何評判行為的標準。魯維斯（C.S. Lewis.）說的很對：「假使沒有自明眞理，則不能證明任何事。同樣，假使沒有一件事是為了它本身而應當做的，將沒有任何應當做的事。」（註二四）

第七節 倫理情緒論

倫理情緒論（Emotive theory of Ethics）導源於邏輯實證論（Logical Positivism），是分析倫理學的前驅。邏輯實證論是席里克（Moritz Schlick, 1882-1936）、賴亨巴哈（Hans Reichenbach, 1891-1953）、卡納普（Rudolf Carnap, 1891-1970），以及其他維也納集團（Vienna Circle）所倡導的理論。這些哲學家們大都在科學上也有很高的造詣，他們認為已往的哲學沒有科學做基礎，不能證明它的眞實性，因此沒有意義。根據邏輯實證論所說，人的語言只有兩種語句有意義，一種是先驗語句（A priori propositions），一種是經驗語句（Empirical propositions）。先驗語句都是邏輯和數學的語句，經驗語句都是事實的語句。先驗語句又稱為恒眞語句（Tautology）或異辭同義語句。所謂恒眞語句，就是它的主詞和述詞是指的同一事實和觀念，只把它重複一次而已，譬如說「人是有靈的動物」，或者說「三角形有三邊」。但是，這些語句並未提出任何新的資料，沒有新的發現，不能算作一種新知識，所以沒有任何用處。經驗語句則不然，經驗語句報告一種眞現象，說明一種新事實，而且它的眞實性可以查驗或證實。譬如說「草是綠的」，「花是香的」，只要我們的視覺和嗅覺正常，便可證明這些語句的內容。因此在人的語言裏，只有經驗的語句才是有用的語句。

倫理情緒論對於以上邏輯實證論的主張有同樣的看法。但是，倫理語句屬於何種語句呢？屬於先驗語句呢？抑或屬於經驗語句？倫理情緒論者認爲既不屬於先驗語句，亦不屬於經驗語句，而是自成一類；不過，也毫無意義。因爲，譬如說「偷竊是錯誤的」，「殘酷是惡的」，這類的語句既不是異詞同義，也不能用經驗來證實，不像說「草是綠的」，「花是香的」，我們可以用眼睛看一看，用鼻子聞一聞。經驗語句的眞實性很容易被證實，因爲人對於它都有同樣的判斷，因此在我們說「草是綠的」，或者「花是香的」時，我們可以推知別人也會這樣說。但是，對於倫理語句我們便不能有同樣的判斷，因爲我們不能經驗它們的眞實性。所以在我們說出一句倫理語句時，或者作一個倫理判斷時，這只是表示我們個人說話的態度，實際上沒有什麼意義。倫理的語句如此，其他的價值語句也莫不如此。因此，倫理情緒論又稱爲不知論（non-cognitivism）。

倫理情緒論認爲倫理字如善、惡、是、非，與非倫理字如紅、綠、冷、熱完全不同。非倫理字是自然字，可以分析，可以定義，它們的意義可以很清楚的表現出來，因爲自然字都有它們的固有性質（properties）。但是，倫理字便不是這樣，它們無法分析、無法定義，不能表現出它們的意義來。所以艾葉（A.J. Ayer, 1910- ）認爲倫理字所表現的性質都是「假觀念」（pseudo-concepts）：當我們把「錯誤」、「惡」三字加與「偷竊」和「殘酷」上時，決非像把「綠」、「香」二字加與「草」和「花」上時一樣的有意義。「綠」表示草的色，「香」表示花的味，「綠」與「香」是兩個固有性質的字，在事實上屬於草與花。然而「錯誤」與「惡」並不屬於偷竊與殘酷；把「錯誤」與「惡」加與偷竊與殘酷上，事實上不能代表就是這樣。「錯誤」不是偷竊的固有性質，「惡」不是殘酷的固有性質，因爲有的人認爲偷竊不是錯誤的，殘酷不是惡的。固然，倫理自然論者（Naturalist）主張倫理字都可以用自然字來解釋，倫理的判斷也可以用經驗來證實，因此認爲倫理字都代表自然性質（Natural characteristics），譬如「好」字可以解作「愉快」或「舒服」。然而倫理情緒論者同意摩爾（George Edward Moore, 1873-1958）的意見，認爲那是「自然論詭辯」（Naturalistic Fallacy）（註二五）。因爲雖然自然論者把「好」字定義爲「製造快樂」或「滿足慾望」，但是摩爾認爲我們可以用「開放問題」（Open Question）的方式去問：是否快樂就是好？或者是否滿足慾望就是好？在這個問題以後，問題可以繼續不斷的問下去，因此永遠無法得到一個最後的答案。而且，縱然一件事能夠製造快樂，能夠滿足慾望，也不一定有使我們做它的必要。所以和倫理問題並不發生關係，因爲倫理問題是我們應當做或不應當做的問題。不過，倫理情緒論者也不同意由摩爾的主張所生出的倫理直觀論（Intuitionism）。直觀論認爲有些倫理字如「好」、「對」、「應當」等，都是原始倫理字，沒有自然的固有性質，不能分析，不能定義；然而人可以直接意識到它們的眞實性。倫理情緒論者不贊成這種主張，因爲他們認爲直觀論有許多解釋不了的問題，其中很明顯的一個就是，我們人對於一個同樣的倫理問題，常有完全相反的意見。

但是，爲什麼我們作倫理的判斷呢？倫理的語句究竟有什麼意義？艾葉認爲那只是說話人表示自己的情緒或態度而已。譬如說「你偷錢，那是錯誤的」。在這句話裏，下半句「那是錯誤的」，實在對於上半句「你偷錢」，沒有加與任何意義。因爲倫理字既不代表自然性質，也不代表非自然性質，什麼性質都不代表。所以，當一個人說「你偷錢，那是錯誤的」時候，就等於他用驚嘆的口吻說「你偷了錢」！然而口吻對於語句的眞實意義並不加一個新意義。（註二六）同樣，一個普遍的倫理語句也是沒有意義的，在我們說「偷錢是錯誤」的時候，就等於我們說「偷錢」！因此，在我們用倫理語句說出任何一件事情時，事實上沒有提出任何一個新觀念，因爲它的本身就是一個假觀念。

艾葉認爲倫理語句除表示說話人的情緒或態度之外，還在引起他人的同感共鳴，使別人也響應說話者的情感。譬如說「說實話是你的責任」，說這句話的人一方面表示自己不贊成說謊，另一方面也希望聽話的人能接受他的意見。（註二七）但是，這句話不表示什麼眞理，因爲倫理語句的眞理是無法證明的。不但倫理語句的眞實性無法證明，任何價值語句的眞實性都無法證明。有的人認爲勞工保險是好事，有的人認爲是壞事。認爲是好事的人說，勞工保險不但增加勞工的福利，提高人性的尊嚴，還可以擴大醫院的建設，促進醫藥的發展。認爲是壞事的人說，醫院的服務將趨於形式化，一切因陋就簡，不但不能提高人性的尊嚴，反而使之降低。這兩派不同的意見都有理由，然而他們的理由連問題的中心點恐怕也未觸及。（註二八）因此，倫理的語句沒有什麼實在的性質，不能代表眞假善惡的判斷。對於兩個相反的倫理語句，我們不能證明任何一個是對的，它們都是表明說話者的情緒。

第八節　評倫理情緒論

倫理情緒論認爲倫理字與自然字不同，自然字是固有性質的字，實際上附屬一個物，如綠屬於草，香屬花，可以看見，可以證實。但是倫理字便不是這樣，倫理字不是固有性質的字，實際上不屬於一個物，我們不能把惡加在偷竊上，也不能把善加在慈愛上；而且卽便把惡加在偷竊上，把善加在慈愛上，也不能證實。我們認爲這種對固有性質的解釋太嫌偏差，那是把固有性質僅縮小到自然物上；其實，任何物和任何事情都有它們的固有性質，因爲任何物和任何事情都有所以爲其物和爲其事情的理由。草的綠和花的香固然是它們的固有性質，偷竊的惡和慈愛的善也何嘗不是它們的固有性質？我們誰能說偷竊和公義一樣？殘酷與慈愛一樣？如果說惡不是單屬於偷竊，善不是單屬於慈愛，同樣，綠也不是單屬於草，香也不是單屬於花，因爲樹葉也是綠的，蘋果也是香的。所以，固有性質不但存在於自然界，也存在於倫理界，當然也存在於其他的價值界，因爲既說價值，就含有固有性質的意思。我們想：大概沒有人會認爲一個初學作詩人的詩和杜甫的詩一樣的工；一個初學音樂人的音樂和貝多芬（Ludwig van Beethoven 1770-1827）的音樂一樣的好；一個初學繪畫的人的畫和彌蓋盎基羅（Michelangelo Buonarroti, 1475-1564）的畫一樣的美。

倫理情緒論與實證論有不解之緣，對實證論來說，只有可以用眼看到的、用手摸到的、可以計算的、可以衡量的，才是眞實的；也只有對這些物才能談有眞理或沒有眞理。但是，對於實證論的這種論調，我們從前已經再三的强調過，眞理不只是表現於自然的物上，也表現於人的行爲上。自然物對我們所表現的眞理，是我們的認識與物的本身相符合；行爲對我們所表現的眞理，是行爲與它的標準相符合。然而杜爾明（Stephen Toulmin）却替倫理情緒論作辯護，認爲倫理學只能討論語句的邏輯問題，不能討論道德問題，因爲倫理語句沒有眞或假的分別，譬如「關上窗戶！」這個命令句，就不能說它是眞或是假。（註二九）不錯，在這個命令句無緣無故的說出時，的確不代表是眞或是假，但是如果一位醫生爲了病人的健康命令護士去把窗戶關上，顯然的，這時的這個命令句所含的意義便大不相同了。在這種情形下，「關上窗戶！」這個命令句就含有眞理的性質。

眞理在任何事上都可以表現，在我們的生活上更可以表現，合於人之所以爲人的生活，就是合於眞理的生活，不合於人之所以爲人的生活，便不是合於眞理的生活。同時，人的理智不但在自然界的事物上能作眞假是非的判斷，在人的行爲上也能作同樣的判斷，就如佛洛姆說：「人類可以根據自己的理智分辨是非，判斷價值，正如他可以根據理智作其他許多的判斷一樣。」（註三〇）所以，在我們作一個倫理判斷時，我們不只是在表現我們的情緒或態度，也不只是在引起別人的共鳴同感，而是實在作一種價值的判斷，確信那是善或是惡；是是或是非。譬如在我們譴責那些搶劫、强姦、暴力，尤其消滅種族的行爲是罪惡的、不人道的行爲時，我們不是說，這是我們的情緒，事實上不代表它們眞是罪惡、眞是不人道。相反的，那實在是我們的判斷，我們認爲它們的確是罪惡、是不人道，應當制止的行爲。

倫理情緒論在倫理學上只有一條道路可走，那就是相對論：人類一切的倫理判斷都是表示人的情緒，沒有客觀的意義。因此，在一個人說「搶劫、强姦、暴力、消滅種族的行爲是罪惡的行爲」時，另一個人可以說：「那只是你個人的情緒，我却不認爲如此」。這樣，在倫理學上便沒有一個理論是對的，也沒有一個理論是錯的。換言之，什麼都是對，什麼也都是錯。

註 一：參閱中華民國刑法第三二〇條、三三九條及三二五條。

註 二：參閱中華民國刑法第二三條、三十條及第十七章。

註 三：St. Thomas, Summa Theol. I - II, Q.19, art 7, ad 3.

註 四：參閱 Summa Theol. I-II. Q. 18, art, 6., Aristotle, Nicomachean Ethics. BK. V. ch. 2, 1130. a24.

註 五：「法利塞主義」一詞是由古代猶太人的一個部落名法利塞人來的；這個部落的人只強調法律字面上的意義，不注意法律的精神；只求外表，不看內在，因而演用為偽善主義的意思。

註 六：參閱 Plato, The Dialogues of Plato, Gorgias, New York, Random House 1937, Vol. I. P. 526.

註 七：參閱 J. Dewey and J. H. Tufts. op. cit. 二一二頁。

註 八：Etienne Gilson, The Christian Philosophy of St. Thomas Aquimas, transl. by L. K. Shook. C. S. B. Random House, New York, 1956. P. 260.

註 九：St. Thomas, Summa Theol. I-II Q. 1. a. 6.

註 一〇：Plato, The Collected Dialogues of Plato edited by Edith Hamilton and Huntington Cairns, 1963. Euthyphro, 10.

註 一一：Aristotle, N. E. BK. II. Ch. 6, 1107 a 10.

註 一二：參閱：St. Augustine，懺悔錄、應楓譯，光啓社出版，一九六一年，三九頁至四十頁。

註 一三：T. Hobbes. Leviathan, Oxford, Clarendon Press, 1909, Chapter. XIII.

註 一四：同上 Ch. XVII.

註一五：J. J. Rousseau, The Social Contract, New York, Hafner, 1947. ch. 1.

註一六：Scotus, Commentaria, Oxoniensia, Quaracchi, 1912-1914, III, d. 37. n5-8；IV, d. 50, q. 2. n. 10.

註一七：Alice von Hildebrand 韓山城譯，宗教哲學，安道社會學社出版，民國六十二年，一五九頁至一六一頁。

註一八：W. Ockham, Super IV Libros Sententiarum, I, d. 17, q. 3, II, q. 19, III, q. 13, IV, q.q. 8-9 引於 Austin Fagothey Right and Reason, P. 122. 又參閱 Alice von Hildebrand, op.cit. 一六七頁。

註一九：R. Descartes, Meditations, Objections and Replies, 6 th Set of Replies, in Descartes Selections, edited by Raiph M. Eaton, New York, Scribner's, 1927, P. 264.

註二〇：Pufendorf, Elements of Universal Jurisprudence, 引於 A. Fagothey, op. cit. P. 122.

註二一：參閱 T. Hobbes, De Cive, BK, I, ch. 2-3.

註二二：參閱 Alice Von Hildebrand, op. cit. 一六七頁至一六八頁。

註二三：Aristotle, The Basic Works of Aristotle, edited by Richard Mckeon，馬陵出版社翻印，民國五九年，Politics, BK, 1, ch 2, 1253 a 5.

註二四：C. S. Lewis, The Abolition of Man, 引於 Alice von Hildebrand, 一二六頁，op. cit.

註二五：參考：Ronald Lawler, Philosophical Analysis and Ethics, The Bruce Publishing Co, Milwaukee, 1968. P. P. 12-13.

註二六：A. J. Ayer, Language, Truth and Logic, New York, Dover, 1952. P. 107.

註二七：同上P. 108

註二八：參閱：Ronald Lawler, Op. cit. P. P. 24-25.

註二九：參閱：同上，二十五頁。

註三〇：佛洛姆著人類之路，四頁。

第八章　論倫理價值

凡是一種善，不論是精神的，或是物質的，都有它的價值。倫理的善當然也有它的價值，我們在這一章裏，就是討論一些有關倫理價值方面的問題。

第一節　價值的意義

價值原來是經濟學上的一個名辭，是指物品的用途或交換的數值。然而今天，價值已隨處可用；不但用於經濟學，亦用於社會學、政治學、文學、哲學，以及其他一切的科學上。這不能不說是因爲價值哲學之父洛宰（Hermann Lotze, 1817-1881），以及謝勒（Max Scheler, 1874-1928），布倫達諾（Frenz Brentano, 1838-1917），邁農（Alexius Meinong, 1853-1921），埃倫費斯（Christian Von Ehrenfels, 1859-1932）等人，對於價值廣泛的使用和研究的結果。同時，當代的哲學家們又多注意人生的實際問題，再加上人類經濟的發展，推波助瀾，因此價值一辭，便普遍的被人應用起來。

現代的人把價值往往當作善與目的的代名詞。普通來說，善與價值的確可以相混用：凡是善的物都可以稱爲有價值的物，凡有價值的物亦可以稱爲善的物。但是如果我們加以分析的話，便可以發現二者並不完全相同。價值是善的表現，善是價值的基礎。價值在於人的領會和欣賞，它的觀念較爲具體和確定；善是在於物的本身，能夠脫離人的鑑賞而獨存，所以它的觀念較爲廣泛和抽象。

價值與目的有時亦可以互相來混用，凡有價值的物都可以當作目的來追求，凡當作目的被追求的物亦可以稱爲有價值的物。然而事實上，善與目的雖然對於意志是異詞同義，但是有價值的物不一定被人所追求；目的離不開善，但可以離開具體的價值。

價值是專對人而說的，一個物是否有價值，端視人是否認爲它有用處；被人所希求和欣賞的物有價值，被人所遺棄和不屑一顧的物便沒有價值。連天陰雨，大水成災，雨水就沒有價值；然而在久旱不雨，忽降甘霖的時候，雨水便有了極大的價值。不過，這也不是說，價值完全是主觀的，因爲一個物必須先有它本身的善，而後才能被人所希求。雨水雖然因爲氾濫而失掉它的價值，但它之所以失掉價值不是因爲它本身沒有價值，而是因爲它太多而不被人所需要而已，它的本身仍有它的價值。

價值有正與負的分別，譬如眞、善、美、聖是正價值，僞、惡、醜、罪是負價值。再如健康、快樂是正價值，疾病、痛苦是負價值。其實，只有正價值才是眞價值，因爲負價值不但是價值的缺少，而且還是價值的對立。因此，正價值與負價值又稱爲價值的兩極性。

第二節　價值的等級

價值一詞，顧名思義，就含有等級的意思。價值不但在量上有等級，在質上也有等級。然而嚴格來說，價值在量方面的等級不能算作等級，因爲量是多少的問題，可以分到「近無限」，只有價值在質上的等級才算是眞正的等級。根據價值的性質，我們可以把價值分作以下三等：

一、物質價值：物質是維持人生的必要條件，人的衣、食、住、行，沒有一樣可以離開物質的，因爲人的身體就是物質的。如果人生離開物質，便絕對不能繼續維持。所以物質對於人生是一個極重要的價值。

物質不但爲維持人生是必須的，爲發展人的天賦也是必須的。在人利用物質時，也就是發展他自己；而且人越利用物質，越能完成他自己。物質是人藉以發展自己天賦的階梯。人存在的目的之一就是「治理大地。」（註一）

二、精神價值：人生離不開物質，同時也離不開精神，因爲人生包括物質與精神兩層面。而且對於人來說，精神的生活比物質的生活還重要，因爲人是有理智的動物，人與普通動物的分別，就在於人的理智。一般禽獸只要有了物質的生活，便會感到滿足。然而人卻不是這樣，人於物質生活之外，還要求文化、要求宗教、要求人權、要求人的尊嚴。人甚至爲了這些精神的生活而甘心放棄他的物質生活，有時卽便要捨掉他的生命，也在所不惜。一如我們從前曾引述過佛洛姆的話說：「人類不同於一般動物，食色滿足之後，不是問題的結束，而是問題的開始」。「他可以爲了宗教、政治、及人文主義的理想而拋頭顱，灑熱血」。因爲「人類不是單靠麪包過活的。」（註二）對於這一點，約翰・穆勒（John Stuart Mill, 1806-1873）的驚人名言，說的更是一針見血，他說：「與其做一個滿足的豬，不如做一個不滿足的人；與其做一個滿足的傻瓜，不如做一個不滿足的蘇格拉底」。（註三）

人的精神價值，在主觀方面是人的理智和意志，以及人所有的一切天賦能力；在客觀方面便是人實際在精神生活上的表現，那就是文學、科學、藝術、宗教、和一切的文化。在人的生活上，精神的價值越高，人的生活也越高；越有精神價值的生活，越是人的生活。

三、倫理價值：倫理價值是人精神價值的最高點，因爲這是人的人格價值，人之所以眞正爲人的價值就在於此。在倫理價值裏，人以自己的自主能力把自己的理智和意志發展到最高峯，完成自己的人性和目的，使人與罪惡相隔離。

倫理價值也可以從主觀與客觀兩方面來看：在主觀方面，倫理價值是人在自己的行爲上所表現出來的善；我們實際所度的眞、善、美、聖的生活，就是主觀倫理價值的生活。在客觀方面，倫理價值是行爲本身原有的價值，那也就是眞、善、美、聖本來的價值。

有的倫理學作者，在倫理價值外，還列出宗教價值。其實，這是沒有必要的。因爲倫理價值包括宗教價值，雖然有的人沒有宗教的信仰，但是不能因爲沒有宗教信仰，便反對宗教價值，因爲宗教價值的基本條件不但使人行善避惡，而且還使人追求倫理價值的根源，那就是神，天主或上帝。

第三節　倫理價值的存在

在我們討論行爲善惡內在分別的問題時，我們已經看出：有一些倫理實證論者是不承認倫理價值存在的。在他們以外，還有一些唯物心理學家也不承認倫理價值的存在，譬如佛洛伊德（Sigmund Freud, 1856-1939）就認爲人的行爲都是被化學性質的「性慾力」（Libido）所促成；華特生（John B. Watson, 1878-1958）認爲人的行爲是肌肉和分泌腺對所受到刺激的反應。今天在英、美地區方興未艾的倫理情緒說（Emotive theory of Ethics）同樣也不承認倫理價值的存在。對於這一點，我們在前一章已經討論過。但是我們則認爲倫理價值是實在存在的，我們現在在此僅提出兩點來証明：

第一、從人的公共信念來證明：我們有一些行爲，可以說爲整個人類所公認爲善的，譬如沒有人不認爲公義、仁愛、孝敬是善的。事實上，凡是常講公義的人，常做慈善事業的人，常孝敬父母的人，我們都稱他們爲善人。我們稱他們爲善人，就如我們稱那些學識淵博的人爲有學問的人，稱那些能言善辯的人爲有口才的人，稱那些善於書畫彫刻的人爲藝術家一樣。我們這樣稱呼他們，不是隨便稱呼的，而是以事實作根據。對於被稱爲有學問的人，學問是他們的根據；對於被稱爲有口才的人，辯才是他們的根據；對於被稱爲藝術家，書畫與彫刻的技能是他們的根據；同樣的，被稱爲善人的人，善行是他們的根據。而且，在我們稱一個人爲善人時，我們只看他的善行，而不看其他任何別的理由。譬如在我們聽到有關那些於抱著人飢己飢，人溺己溺，古道熱腸，默默行善人的事蹟時，我們不覺得便對他們油然起敬。我們所以敬佩他們，不是因爲他們有錢有勢，而且他們也不見得有錢有勢；再說，我們也不會因爲一個人有錢有勢，因而就敬佩他。我們敬佩那些默默行善的人，也不是因爲和他他們有什麼交情，或者有什麼關係。因爲往往我們和他們從未有一面之交，根本沒有任何關係。我們所以敬佩他們的惟一理由，就是因爲他們那高尙的行爲，他們行爲的價值提昇了他們的人格。

第二、從我們的經驗來證明：我們常常經驗到在我們做了一件善事之後，尤其是經過一番努力而做的善事，譬如冒險犯難，歷盡辛苦，爲國家、爲社會出了一些力量；或者不爲勢逼，不爲利誘，戰勝了一些惡劣的環境，保持了自己淸白的人格，我們就覺得在做人之道上邁進了一步，也覺得自己的人格彷彿上昇了一級。相反的，如果我們做了一件不道德的事，尤其是一件重大不道德的事，我們就覺得在做人之道上後退了一步，也覺得自己的人格下降了一級，因而自形慚穢。這一切都證明倫理價値的存在。

在我們的經驗中，最能證明倫理價値存在的是後悔的經驗。每當我們後悔做了一件不道德的事時，我們從心裏承認自己的錯誤，決不會掩飾它，我們知道那是一件事實。那件事實是這樣的確定，不因我們的後悔而成爲烏有，彷彿沒有發生過。縱然我們痛心疾首，發奮圖强，我們仍無法將它從我們歷史中除去。

我們對於相反倫理道德的後悔經驗，和對於其他非關倫理道德的經驗不同：如果我們被一位朋友出賣，或被他騙了一筆錢，我們後悔和他打交道，沒有及早認識他，但是我們不會受到良心的譴責。反之，如果我們做了一件相反道德的事，我們不但後悔，而且還感到良心忐忑不安，就如面臨著一位理想的或超然的法官，接受他的審判一樣；而這位理想的或超然的法官並不是虛幻，因爲那就是倫理價值。

人類的公共信念是不會愚弄我們的，人類的共同經驗也不會欺騙我們的，倫理價值必定存在。

第四節　倫理價值與形上價值的分別

人的形上價值就是人的存在，人一出生就有他的形上價值。換言之，人的形上價值就是他的位格。人的倫理價值不是人的存在，那是人依據倫理標準的實際生活或修養的後果；高尚的人格是人的倫理價值。所以，人的形上價值是與生俱來的，人的倫理價值是人得來的；人的形上價值不需要人的爭取，人的倫理價值則需要人的努力。

人的形上價值與人的倫理價值的第二個分別是：人的形上價值沒有等級的分別，而人的倫理價值則有等級的分別。因爲人的位格都相同，沒有一個人的位格比另一個人的位格大或小。我們可以說，人的形上價值比普通動物的形上價值高，而普通動物的形上價值又比植物的形上價值高，但是我們不能說一個人的形上價值比另一個人的形上價值高。人站在人的立場而論，人都是人，沒有一個人比另一個人更是人。人的倫理價值便不如此，因爲人的倫理價值是修練的成果，修練需要努力，努力有大有小，因此人的倫理價值也就有大有小。我們說一個人孝或一個人忠，但是另一個人可能更孝、可能更忠。孝與忠有等級的分別，因爲人的努力有大小的分別。

人的形上價值與人的倫理價值的第三個分別是：人的倫理價值有正有負，人的形上價值便沒有這種分別。在倫理價值裏，有仁愛，就有殘酷；有貞操，就有淫亂；有謙虛，就有傲慢，彼此互相對立。所謂對立，不是說殘酷是較小的仁愛；淫亂是較小的貞操；傲慢是較小的謙虛。也不是說：殘酷是缺少仁愛；淫亂是缺少貞操；傲慢是缺少謙虛；而是說：除了缺少正價值的因素以外，還有與正價值相反的性質。這就如痛苦不是小快樂，也不是僅僅缺少快樂，而是與快樂有正相反的性質。在人的形上價值裏，我們便沒有這種分別，因爲我們或是存在，或是不存在；或是有，或是沒有；我們沒有一個反存在的存在，也沒有一個反有的有。不存在，或者沒有，不是存在或有的對立，而是虛無。

第五節　倫理價值的客觀性

人有許多價值是主觀的，主觀價值的基礎是它對於人的適宜性，那是因爲人認爲它對於自己有用處，或者有需要。在一個人飯飽茶餘之後，飯也不香了，水也不甜了；但是在他飢腸轆轆，口渴如焚時，飯也特別香，水也特別甜，就如孟子所說：「飢者甘食，渴者甘飲。」（孟子・盡心上）在盛夏時，烈日當空，人人躲避太陽；但在嚴冬裏，太陽又是那麼溫暖可愛，人人喜歡它。在這種情況之下，飯、水和太陽的價值都是主觀的。

倫理價值是主觀的呢？還是客觀的？答案是客觀的。倫理價值的存在不在我們喜歡或不喜歡、需要或不需要，或者爲我們有用或沒有用。倫理價值的存在是因爲它本身有價值，與我們的主觀條件無關。我們景仰古聖先賢，欽佩我們社會上的仁人義士，不是因爲我們喜歡他們、需要他們，或者是他們對我們有用；我們景仰欽佩他們，而純是爲他們的善行所感召。甚至有時我們不得不景仰欽佩我們所不喜歡的人，因爲他們有高尚的人格。

主觀價值多是在滿足我們自己的慾望，所以先有慾望，後有價值；慾望是原因，價值是後果。譬如我們覺得很疲乏，坐在沙發上休息一下；或者很口渴，喝一杯白開水；這時，沙發和白開水都爲我們形成了價值。但是我們的疲乏和口渴不是因爲有沙發和白開水而才發生，縱然沒有沙發和白開水，我們仍然疲乏和口渴。倫理價值不是這樣，我們敬佩一個人，因爲他有高尚的人格，這和我們慾望絲毫不發生關係。在倫理價值裏，善行是原因，敬佩是後果；先有善行，後有敬佩。我們必須先看到一個人的高尚的行爲、高尚的人格，然後才能對他起敬起愛。倫理價值不是主觀的，而是客觀的。（註四）

第六節　倫理價值的普遍性

倫理價值的普遍性有兩種意義。第一種意義是指倫理價值爲人人有效，因爲人都是人，有共同的人性。一個人是他自己，但是他的「他」，既代表他個人的「他」，也代表全人類的「他」。這就如我與你既代表我自己的「我」與你自己的「你」，也代表全人類的「我」與全人類的「你」。因此，爲我、爲你、爲他有倫理價值的行爲，爲其他的人也都是有倫理價值的行爲；爲我、爲你、爲他是相反倫理價值的行爲，爲其他的人也都是相反倫理價值的行爲。所以，孝敬父母爲人人都是善的行爲，忤逆不孝爲人人都是壞的行爲；奉公守法爲人人都是善的行爲，貪贓行賄爲人人都是壞的行爲。

倫理價值普遍性的第二個意義是指人人都不可缺少倫理道德的生活，因爲這是人應當有的生活，人之所以爲人的主要生活就在於此。如果一個人沒有音樂的天才，或者沒有科學的天才，或者沒有其他任何一種特殊的天才，我們可能替他感到惋惜，因爲他有那種抱負而不能實現，但是我們不會譴責他。然而如果一個人不公道、不誠實、不愛國，我們就不僅替他惋惜，我們還要譴責他，認爲他不應當如此行事。我們不希望人人都做音樂家，也不希望人人都做科學家，或其他任何一門專家；但是，我們希望人人做一個好人或完人。如果一個人說：「我是學體育的，對於哲學沒有興趣，我幹體育，讓別人幹哲學！」或者說：「我的興趣是藝術，政治嘛，讓別人搞！」我們認爲這些話都是合情合理，無有可以非議之處。但是，如果一個人說：「我學的是科學，對於廉潔不感興趣，我從事我的科學，讓別人遵守廉潔！」或者說：「我的興趣是哲學，貞操不貞操我不在乎，我也不喜歡貞操」。我們就認爲這些話實在毛病太大，不是一個人應當有的態度。人之做人之道，不要求一個人必須做他做不來的某種專家，但是要求他必須做一個好人。一個人沒有某種天才，而硬要求他做某種專家，這不啻如孟子所說的「挾太山以超北海」；他可以說：「我不能。」但是如果要求一個人做一個好人，這種要求就如爲「長者折枝」；這時，如果他說：「我不能，」這是「不爲」也，非不能也。」（孟子・梁惠王上）因爲做好人不是別的，就是按著人性去生活，做一個眞正的人。

第七節　倫理價值的絕對性

倫理價值要求我們去實踐它，這種要求是絕對的，不容我們去忽略，雖然我們有能力去忽略。因爲倫理價值就是做人的價值，我們不能不做人。所謂做人，就是做眞人、完人或善人。我們對於物質價值，甚或精神價值，都有選擇的餘地，譬如我們可以穿中裝而放棄西裝，或者讀文學而放棄科學。但是，我們不能只要誠實而不要貞操或者只要謙虛而不要公道。我們可能沒有機會考驗我們的貞操和公道，但是我們不能放棄貞操和公道。一旦有機會受到考驗，我們必須堅守貞操和公道。

倫理價值還要求我們去重視它，不能把它看作獲得別的價值的工具或方法：譬如一個人盡忠職守，待人和藹，目的是得到上級的青睞，好能步步高陞。這樣的倫理價值已不再成爲價值，因爲它已經失去了它的意義。倫理價值是實實在在做眞善人的價值，不是做假善人的價值；做假善人根本沒有價值。然而這也不是說倫理價值就是我們人生的最後目的，就如斯道亞學派所說的，德行就是目的，我們應當爲德行而修德行；或者如康德所說的，我們應當爲盡義務而盡義務，因爲人生還有更高的價值。雖然如此，德行也不是完全是相對的，不是一個純粹的工具；它有它的本身價值，那個價值值得我們重視和追求。

第八節　倫理價值的優越性

倫理價值在所有的價值之中，可以說是最卓越的價值，因爲物質雖然很重要，但是人之所以爲人，不在於他所擁有物資的多寡；財富多的人，不見得是好人，財富少的人，不見得是壞人。不錯，我們應當利用並發展物質價值，但是我們不能把物質價值當作我們人生的目的，「人生不是爲喫飯，喫飯而是爲人生。」如果人生只是爲飲食，那麼，人生便與禽獸無異了。蘇格拉底在被判決飲鴆自盡之後，立刻請求法官及陪審員們說，假使他的兒子們長大成人之後，先顧金錢，後顧德行，就請務必加以懲罰，他將永遠感激不盡。（註五）我國人哲孔子更說：「富與貴，人之所欲也；不以其道得之，不處也。貧與賤，是人之所惡也；不以其道得之，不去也。」（論語・里仁）他又說：「士志於道，而恥惡衣惡食者，未足與議也。」（同上）物質價值只是我們的身外之物，不能眞的變成我們的一部分；而德行卻是發展主體、歸於主體、完成主體、眞的變成我們自己的一部分。所以，倫理價值是人的最內在的價值，遠比物質價值卓越的多。

倫理價值不但較物質價值爲卓越，較精神價值也卓越。因爲雖然精神價值是發展人的天賦、增長人的知識、因而也變成人的一部分，成爲我們的內在價值。但是精神價值還未觸及我們的人格，沒有塑造我們的德性，不是我們最內在的價值。而且，有知識的人，未必是人格高尚的人；知道什麼是德行，未必實際有德行。惟有倫理價值完成我們的人格，賦給我們人應有的尊嚴，深深的進入我們的生命之內。一個人的最大成功，便是他人格的成功。

再者，精神價值也必以倫理價值爲基礎，如果精神價值與倫理價值互相抵觸，精神價值也便失掉它的價值。譬如一個人終日鑽研學問，置自己的健康與家庭於不顧，這時，他的精神價值不但低於物質價值，而且也不成爲價值，因爲他忽略了自己的健康和自己的家庭，他沒有盡他應盡的責任。

倫理價值是最基本的價值，不論物質價值也好，精神價值也好，都與它緊相連繫。在倫理價值方面錯誤的人，不能是一個眞正的完人或善人。

註一：聖經，創世紀，一章，二八節。

註二：佛洛姆，人類之路，四三頁至四四頁。

註三：John Stuart Mill, Utilitarianism, edited with notes by M. Kohmo, The Hokuseido Press, 2, P. 9.

註四：Dietrich Von Hildebrand, Christian Ethics, David Mckay Co. Inc. New York, 1953, chapters, 3, 7, 8.

註五：Plato, op. cit. Socrates' Denfense (Apology) 41e.

第九章　論倫理標準

有些人在談到倫理標準時，往往想到「明定律」，認爲那是倫理學家們所規定的一套行爲規範，因此也就認爲是行不通的。其實，這是一種誤會。沒有人能給人類制定一部倫理規則，使人人都按着去實行。人只能發現人的行爲標準，不能制定人的行爲標準。我們都知道：植物有植物的生存規則，禽獸也有禽獸的生存規則，植物與禽獸的生存規則也都是人發現的，不是人規定的。因爲人發現了植物的生存規則，所以人不能揠苗助長，也不能倒種白菜；因爲人發現了禽獸的生存規則，所以人不能使禽獸的動作與人的行爲完全相同：必須坐有坐像，立有立像。因爲物都有自己的性，物不同，物的性也不同，物的生存規則就是遵循它的性去活動。論到人，也不能例外，人也有人的性，人也應根據人的性去生活，然而根據人的性去生活，便是做人之道，換言之，就是人的倫理標準。

所以，在此我們可以知道：人的倫理標準不是强制規定的，而是來自人性。人性告知我們，何者行爲適合於人，何者行爲不適合於人；適合於人的行爲就是好，不適合於人的行爲就是不好。但是我們也不能把倫理標準看成刻板式的章程，彷彿軍中的規律：何時起床、何時吃飯、何時練操、何時休息，一絲不能更動。倫理標準是行爲的原則，我們根據原則因時、因地、因環境指導我們的行爲。

但是，究竟什麼是人的倫理標準呢？這是一個很冗長而複雜的問題，因爲倫理學家們的意見極不相同。我們在這一章裡，首先要討論一下標準的意義，而後再介紹一些哲學家們對於倫理標準的意見，最後作一個檢討並說明我們的主張。

第一節 標準的意義

標準是尺度、準繩和規範的意思。有關人生的事，大致都有標準：我們的時間有標準、空間有標準、溫度有標準、重量有標準；我們住的房屋有標準，我們吃的食物有標準，可以說幾乎沒有一件事物沒有標準的。

以上所說，是對於我們身外之物而言，都有標準。對於我們自身而言，屬於我們的事物也莫不有標準：在我們的身體方面，我們的體溫有標準、血壓有標準、循環系統有標準、消化系統有標準，我們的每個官能、每個肢體、每個小組織，都有它們的標準。在我們的精神方面，我們的智力有標準、記憶有標準、學識有標準、做事能力有標準，凡是屬於我們的一切也可以說也是都有標準的。那麼，我們的行爲自然也有它的標準。

標準有兩個目的：一個是指導、一個是批評。這就和路牌與燈塔一樣，它們一方面指示我們應走的道路，另一方面糾正我們的錯誤。普通來說，指導似乎比批評還重要；我們不要把牆壁修好以後，才看它是否垂直，也不要把衣料剪裁以後，才看它是否合尺寸，我們先應按標準去做，這樣才能不致鑄成錯誤，也不致費時費料，而收一勞永逸之效。所以我們說：「不以規矩，不能成方圓」，孟子也說：「權，然後知輕重；度，然後知長短」。但是，標準不但對物質方面的東西如此，對我們的心靈和倫理方面的事物也是如此，所以孟子接著又說：「物皆然，心為甚。」（孟子・梁惠王上）不過，在我們使用倫理標準與使用物理標準時，不能等量齊觀。我們不能拿倫理標準衡量一個人的行為，就如拿一把尺子衡量一塊木板一樣；木板是不變的，而人的行為則是變化莫測。而且，一個行為含有內在和外在許多不同的因素，兩個行為在外表看來可能完全相同，然而它們的價值卻大有分別。譬如一個人和另一個人同是發怒，但是這個人發怒是因為工作緊張，健康不佳，而那一個人發怒則是因為橫行無忌，無理取鬧。所以，在我們批判一個人的行為時，必須對於他的主觀條件與客觀條件兼籌並顧才可。

第二節　標準的特性

一個標準不是隨意建立的，標準有標準的條件；沒有條件，便不能是標準，因為標準的本義就含有條件的意思。歸納起來，標準有四個條件：

一、標準應是合法的：一個標準應由合法的機構來規定，私人不能任意規定標準，私人規定的標準是無效的。所以在我們計算時間時，必須根據國際標準機構所規定的標準去計算，在我們衡量一個工廠的產品時，也必須根據國家標準局所規定的標準去衡量。我們不能用任何私人規定的標準去計算時間，也不能用任何私人規定的標準去衡量產品。倫理標準也是一樣，倫理標準也必須是合法的，不能由任何人隨意去規定。沒有人可以任意規定一個倫理標準，使整個的人類都去遵守它。規定我們所使用事物的標準的是合法的機構，規定我們做人行事標準的是我們的人性。

二、標準應是普遍的：一個標準是爲某一類的物所共同使用的，因此，應可以用於同類中的任何一個物。如果一個標準在同類中只能用於甲物，不能用於乙物，那個標準便有問題。同樣，倫理標準是做人的標準，也應當是普遍的，能用於人人才對。如果一個倫理標準只能用於某個民族，不能用於另一個民族；或者只能用於某一個地區的人，而不能用於另一個地區的人，這便不是一個眞正的倫理標準。再如果一個倫理標準只能用於某個人，不能用於另個人，那更不能稱爲倫理標準了。

三、標準應是不變的：標準有一個固定性，我們不能隨意更改它，否則，我們便沒有標準。我們不能用十寸爲一尺的尺子去衡量甲的東西，而後又把它縮短爲九寸去衡量乙的東西，或者再把它增長爲十一寸去衡量丙的東西。這樣，標準便完全失掉了意義。倫理標準也有同樣的性質，我們不能用一個倫理標準去衡量美國人，而後再把它的意義修改一番，去衡量中國人或日本人。這樣，無異是雙重標準，而同時也就不是標準。

四、標準是常可以使用的：一個標準不能說在今天可以使用，明天便不能使用；或者在這裡可以使用，在那裡就不可以使用。一個標準應當隨時隨地都可以使用，才算是一個眞正的標準。倫理標準更是如此，因爲我們做人是隨時隨地做人，無時無地不在需要標準。如果我們現在需要標準，標準不能用，必須等到明天；或者必須換個地點才能用，顯然的，這個標準的本身必有毛病。

第三節　不同倫理標準的學說

哲學家們對於人的倫理標準所持的意見極爲分歧，然大致不外兩種：一種是以人性的某一部分作根據，一種是以人生的利益作根據。前者稱爲內在倫理標準說，後者稱爲外在倫理標準說。在內在倫理標準說裏，我們僅討論禁慾標準說（Asceticism）、倫理感官說（Theory of Moral Sense）或直觀說（Intuitionism）和康德的形式標準說（Kant's Formalism）。在外在倫理標準說裏我們僅討論快樂主義（Hedonism）、功利主義（Utilitarianism）、進化論（Evolutionism）和尼采的（Friedrich Nietzsche, 1844-1900）超人主義。我們現在把這些不同的倫理標準一一分述於下，並對它們作一檢討。

甲、禁慾標準說：顧名思義，禁慾標準說應是叫人清心寡欲，克己苦身，修心養性才是。但是這裏所講的禁慾標準說，與我們所想像的不盡相同。此處所講的禁慾標準說，一方面主張人應刻苦自處，而另一方面却又主張人應效法自然，放浪形骸。因此，有些倫理學作者又稱禁慾倫理標準說為自由標準說。在禁慾標準說裏又有兩派，那就是犬儒學派（Cynicism）及斯多亞學派（Stoicism）。

一、犬儒學派：此派之所以稱爲犬儒學派，是因爲該派的人士大都是生活簡陋，衣著破爛，不修邊幅。同時，也是因爲該派的創始人安提斯提尼斯（Antisthenes, 445-365 B. C.），把該派的學院設立在白犬園（Kynosarges）的緣故。原來，白犬園是專爲非純雅典血統的人讀書的地方；安氏的父親爲雅典人，他的母親則是特萊斯奴隸（Thrace）（註一）；這也是爲何安氏把它的學說創設在白犬園的理由。犬儒學派也稱爲昔尼克學派，那是希臘文Cynic 的譯音，它的意思就是犬徒。

安氏曾就學於蘇格拉底，極其佩服蘇氏的人格。因爲蘇氏一生淡泊名利，風骨嶙峋；不爲利誘，不爲勢屈。同時，蘇氏又既不貪生，也不怕死；專事追求智慧，一心修練德行。因此，安氏便主張拋開一切名利，丟掉人間福樂；要刻己自制，恬靜絕慾；做一個無牽無掛的人。然而安氏却忽略了蘇氏積極求智慧和修德行的一面，無怪乎他又主張生活要自然，要清靜無爲，並且要拒絕文化的生活。

安氏既有這樣的主張，他的弟子們自然也不能例外，甚至變本加厲。他的高足出生於西諾卑的狄奧格內斯（Diogenes of Sinope，？-C324 B.C.）不但睥睨權勢富貴，而且實在以犬自稱；認爲牲畜的生活便是眞正人的生活。事實上，他的房屋便是一個大木箱，他的財物只有一身衣服、一個行囊、一隻木杖，終日以乞食爲生。一次亞歷山大王去訪問他，問他有否需要，他回答說：「只要不站在我的燈光中便夠了。」（註二）

狄氏極其反對文明的生活，尤其討厭繁文縟節。甚至對於國家的法律、家庭的制度，也都認爲應當摒棄才對。因爲對他來說，人應當做世界的公民和自由自在的人，不應當受國家和家庭的制度所約束。因此，他認爲他的老師安底斯提尼斯的主張還不夠徹底，應當也聽一聽弟子們的意見。所以他說，他的老師「好像是一隻喇叭，只聽見自己，聽不到別的聲音。」（註三）

狄氏的弟子也很多，其中以克拉底斯（Crates of Thebes？）爲最傑出，他的學說也最極端。克氏把自己的家產變賣得一乾二淨，而後把所得的錢完全分施與人。他主張人不應有任何固定的生活，甚至不應與妻子兒女固守一個家庭；人應絕對的自然和自由，即連自己的私生活也應公開。（註四）

二、斯多亞學派：斯多亞是希臘字Stoa的字音，是廳廊的意思。此派所以有此稱呼，是因爲該派的創始人芝諾（Zeno of Citium，C.336-264 B.C.）常於雅典大殿的廳廊下講學的緣故，所以實際上也可以譯作廳廊學派。

芝諾也極其仰慕蘇格拉底的爲人，但是他却從未見過蘇氏。那是在他隨其父經商到雅典後，因爲讀了克賽諾芬的回憶錄（Memorabilia of Xenophon）和柏拉圖的自辯論（Apology），於是便對蘇氏的學說和人格佩服得五體投地，因此也就決心研究蘇氏的學說。他認爲當時犬儒學派中的大哲克拉底斯的學說，與蘇氏的學說極其相近，所以便從學於克氏。以後又因爲讀了很多柏拉圖的著述，受柏氏思想的影響也很深。所以他的學說，實際上是混合不同的學說，而自成的一派。

斯多亞學派的歷史悠久，人才輩出，與當時伊比鳩魯學派（Epicurianism）共負盛名，而斯多亞學派流傳更較久遠，歷五百多年。其中著名的大師，在該派的前期中，除芝諾外，有直接承襲芝諾衣缽的克利安提斯（Cleanthes of Assos, C. 330-232 B. C.）及克利西布斯（Chrysippus of Soloi, C.280-207 B. C.），尤其克利西布斯對發展斯多亞學派貢獻極大，人稱他爲斯多亞學派第二創始人。克利西布斯的高足出生於賽賴伍西亞的狄奧格內斯（Diogenes of Seleucia, ?）約於紀元前一百五十六年曾到羅馬講學，把斯多亞學派的學說傳至羅馬。在該派的中期，其中最負盛名的大哲有巴內底烏斯（Panaetius of Rhodes, C. 185-110 B. C.），波綏多紐斯（Poseidonius of Apamaea, C. 135-？B. C.）和大名鼎鼎的政治家、文學家、講演家西塞洛（Tullius Cicero, 106-43 B. C.）。在晚期的斯多亞學派中的著名學者有極負盛名的政治家塞內加（Annaeus Seneca, B. C.？-65 A. D.）。塞氏曾爲暴君尼祿（Nero, 37-68 A. D.）的老師；尼祿殘暴淫蕩成性，討厭賽氏的諫言，因而令賽氏割腕自盡。再有，就是曾做過奴隸的埃比克德都斯（Epictetus of Hierapolis, C. 50-138 A. D.）和羅馬皇帝馬爾谷斯・歐雷里伍斯（Marcus Aurelius, 161-180 A. D.）。

斯多亞學派的倫理思想可以分作兩點：第一點是要人返歸自然，完全依照自然去生活。因爲根據斯多亞學派的宇宙論，宇宙間必有一個有理智的神，不然宇宙便不能有秩序和變化。又由於神、人和萬物都屬於同一宇宙，因此人和宇宙的一切也與神相連繫。而且，神是宇宙的意識或理性，管理並照顧宇宙中的一切，他的安排都是盡善盡美。所以，人順從自然，不但是遵從神的旨意，也爲自己有益。馬爾谷斯・歐雷里伍斯曾這樣說：「啊！宇宙！與我諧合的事，就是與你諧合；你認爲合適的季節，爲我也不早也不晚；一切都爲你，一切都在你以內，一切都歸於你。」（註五）他又說：「以我爲皇帝來說，我的城市和國家是羅馬，以我是一個人來說，我的城市和國家便是世界。」（註六）埃比克德都斯要人不要稱他爲雅典人或羅馬人，而稱他爲宇宙人。

斯多亞學派倫理思想的第二點是要人修練德行。這和返歸自然的主張沒有任何衝突，因爲斯多亞學派的自然與犬儒學派所講的自然大不相同。犬儒學派所講的自然是人的原始本能和大自然界的物理本性，斯多亞學派所講的自然是宇宙的理性（Logos），這個理性也被人所分享。所以順從自然也就是按理性去生活，但是按理性生活就必須修德行，一如賽內加所說：「哲學就是正直理性的生活，或眞誠知識的生活，也就是正當生活的藝術，以外，再無其他意義。」（註七）

對於斯多亞學派來說，修德是人生的惟一目的，也是人生唯一的善。德行以外，人生再沒有別的善，善的意義只有在德性內才能滿全。所以人修德，只應爲修德而修德，不應爲任何其他的企圖而修德；德行的本身就是幸福和報酬。如果人在德行之外，再求其他的幸福或報酬，實在是愚不可及的行爲。因此，克利西布斯常嘲笑那些修德行而爲得後世賞報的柏拉圖主義者。

德行在斯多亞學派裏分爲智、勇、節、義四種，然而這四種德行並非各個獨立，而是實際相連，不可分離的。如果一個人有了其中的任何一種德行，也必有其他的德行；但是如果一個人失掉了其中的任何一個德行，也必失掉其他的一切德性；他不能只有智德而沒有勇德，也不能只有義德而沒有節德。芝諾甚至認爲德性不但相連，而且實在只是一個。依他來看，世界上只有兩種人：一種是有德行的人，一種是沒有德行的人，或者說一種是智人，一種是愚人。這樣講來，所以毛病也是彼此相連不可分的，一個人有了一個毛病，也必有其他的一切毛病。但是這不是說壞人什麼法律都不守，他們有時也遵守法律，然而那不是自願，而是被迫的。

德行的最高峯是滅絕情慾，完全合於自然。芝諾把人的情慾分爲快樂、痛苦、希望和恐懼四種。但是，不論那一種，也不論是善或是惡，都會妨礙人與自然相結合。因此，人必須要完全消除一切情慾，以達到「無情」（Apatheia）的境界。一個完全沒有情慾的人，對於生、老、病、死，以及悲、歡、離、合便能處之泰然，毫不動心。這樣，才是一個眞正合於自然的自由自主的人。

斯多亞學派認爲人人都可以修得圓滿的德行，這和我國大哲孟子所說的「人皆可以爲堯舜」（孟子．告子上）相同，但是要修德，必先由內心開始，因爲德行與罪惡之分始於人的意志，因此，只求改變外在的環境，而不求改變內心的人，不啻畫餅充飢，無補於事。所以，埃比克德都斯和賽內加都極力主張反省的工夫，這又和我國至聖孔子的弟子曾子所說的「吾日三省吾身」，可說是不謀而合。

評論

在我們看到犬儒學派與斯多亞學派的倫理標準學說之後，我們不能不說，犬儒學派的思想太嫌消極，缺少「人盡其才」和「君子自强不息」的積極精神。我們人是有理智的，理智的本能就是在開發和創造，這是人的天性，也是人的尊嚴。我們不能把我們的天賦埋藏起來，利用我們的天賦是我們的使命。但是，犬儒學派主張人要順從自然，無所事事。這顯然的是混淆了人的本性與大自然的自然性。不是衣衫襤褸，蓬首垢面，生活得像普通動物一樣，就是合乎自然。人根據人的理智生活，才算是合乎自然。至於主張廢除家庭制度，消滅人倫規範，這更是與人性相悖了。父母子女之間的關係怎能斷絕？孟子說的很對：「人之所不學而能者，其良能也。所不慮而知者，其良知也。孩提之童，無不知愛其親也。及其所長也，無不知敬其兄也。」（孟子．盡心上）

斯多亞學派的倫理學說倒是非常積極，它提出了德行本質的善，闡明了道德的卓越性，在倫理學上實是一大貢獻。同時，在生活上，該派的學者也不像犬儒學派人士那樣的懶散和放任。雖然他們也主張返歸自然，但是斯多亞學派的自然是依照理智生活的自然。所以羅素（Bertrand Russell, 1872-1970）說：「在犬儒學派的主張中，凡最好的，都流入了斯多噶（亞）學派中，而斯多噶學派則是較爲完全和圓到的哲學。」（註八）不過，斯多亞學派過於强調德行的本質，把德行看成絕對的價值，德行以外，人生再沒有別的價值。所以，人要爲修德行而修德行。但是，這不但是神化了德行，把德行作爲人的最後目的，而且也是勉强人做一個超人的人和神化的人。（註九）

斯多亞學派和犬儒學派有一個共同的錯誤觀點，那就是二者都主張絕慾，而尤其斯多亞學派更主張消滅人的一切情慾。但是，情慾是人性的一部分，那裡可以消除？人只要一天有身體，只要一天是活人，就有情慾；沒有情慾的人，是一個不正常的人。人可以克制不合理智的情慾，用理智指導情慾，但是不可能完全消滅情慾。人生活，要生活一個人的生活，不是生活一個超出人性以外的生活。人做人，也是根據人性做人，不是根據超人的人性做人。顯而易見的，犬儒學派和斯多亞學派對人的要求都超出這個範圍，那無異是强人之所不能。

乙、倫理感官說和直覺論：在第十七世紀的後半及第十八世紀時，有一些英國系統的哲學家們，主張人有一個異於理智的官能，專事分辨行爲的善惡，這個官能稱爲倫理感官。

首先，沙甫慈白利（Anthony Ashley Cooper, Earl of Shaftesbury,

1671-1713）主張德行所以爲德行，有其實質的存在，不受風俗、潮流、思想的影響而改變，也不爲至高者的意志所規定；因此，可以被人所察覺，就如飼養動物的人，可以察覺動物的行爲是出於自然，還是出於訓練一樣。同樣，人對於自己的行爲，也有能力察覺它們的性質，譬如什麼是公義，什麼是不公義；什麼是誠實，什麼是不誠實；什麼是善，什麼是惡。

按沙氏所說，善與美原是一件事，譬如一座堂皇和諧的宮殿，或者一個發展均勻的人體，人人都能看得出來，人人也都會欣賞。甚至一個嬰兒都會被美麗的顏色、漂亮的玩物所吸引。然而美不只在物上有，在人的行爲上也有。人能自然的認出物的美，也能自然的認出行爲的美，人的行爲也有它的諧和性和適宜性。所以，人的審美的感官也就是認識道德的感官，是人的一種直覺能力。（註十）

繼續發揮沙氏理論的是哈澈遜（Francis Hutcheson, 1694-1746），哈氏認爲倫理感官與審美感官不同，二者各爲一個獨立的感官。倫理感官的對象是善，審美感官的對象是美；善是一種特性，美又是另一種特性；善與美不能相混淆。但是，倫理感官和審美感官都是內在的感官，屬於意識的工作，而與外在的感官大有分別。哈氏的祖先原爲愛爾蘭人，後移居蘇格蘭，是當時蘇格蘭學派的領導人。（註一一）

休謨（David Hume, 1711-1776）也是主張倫理感官說的一個哲學家，他認爲認識行爲的善惡不是理智的工作，因爲理智的對象是眞理；理智藉著比較兩個由經驗得來觀念的同異，而知道其間的眞理或錯誤。但是人的情慾、意願和行爲都不能有這類的比較，我們不能說它們是眞或是假、合理或是不合理，只能說它們是可讚美的或是可譴責的。所以，倫理的善與惡只是人的感覺，不是客觀的實有，就如物體的顏色、冷熱、聲音，也不是物的特質，而是心靈的知覺一樣。因此，道德不能由理智來分辨，只能由感官來感覺，我們感到喜歡的行爲是善，感到憎惡的行爲是惡；這與欣賞美的道理相同，爲我們所欣賞的物是美，不爲我們所欣賞的物是醜。所以，不論我們欣賞美術也好，或者欣賞道德也好，都給與我們一種快樂和滿足感。（註一二）

主張倫理感覺論的還有蘇格蘭學派的利德（Thomas Reid, 1710-1796）。他認爲如果我們沒有一個辨別行爲善惡的特殊官能，雖然我們有道德的抽象觀念，然而在實際生活上仍然不知所從，因爲理論與實際行動完全是兩回事。所以我們需要一個特殊的官能，好能藉以分辨行爲的善惡性質，這個官能就是倫理感官。至於如何倫理感官能分辨行爲的善惡性質，利氏認爲那和普通感官能分辨普通的感覺是一樣的（註一三）。

除上述幾個倫理感官論者外，布特勒（Joseph Butler, 1692-1752），著名的經濟學家亞丹・史密斯（Adam Smith, 1723-1790），古得偉（Ralph Cudworth, 1617-1688）和克拉克（Samuel Clarke, 1675-1729）都屬於這一派的倫理學說。他們都認爲我們爲了認識眞理與錯誤，需要理智的判斷；但是爲了認識行爲的善與惡，便不需要經過理智推理的過程，因爲我們有認識它們的官能。克拉克更認爲，人既爲宇宙的萬物之一，與萬物有固定的關係，就如排演戲劇一樣，角色既定，只要按著劇本表演，便不會做出錯誤來。人做人也是如此，只要人依照自己與萬物的本有關係去生活，便不會做出不道德的行爲來。反之，如果我們做人行事與萬物的固定的關係相衝突，那便是不道德的行爲。

評論

我們都知道人的理智的功能是認識、判斷和推理，它的對象是眞理。但是眞理不但存在於自然的物上，也存在於人的生活上。我們在數學上、物理上、化學上有眞理，在倫理上也何嘗沒有眞理？眞理可以表現在任何對象上，倫理的眞理也是眞理，所以史懷哲說：「凡是屬於倫理的，都是屬於眞理的。」（註一四）因此，人並不需要一個特殊的官能，專去認識行爲的眞理，人的理智可以認識任何的眞理。

至於沙甫慈白利認爲道德是一種美，所以應由一種審美的官能去分辨。我們認爲這種理論並不妥當。因爲道德的美與美術的美迥然是兩種事。我們固然有時稱道德爲美，就如我們有時稱罪惡爲醜一樣，但是那是一種抽象的比喻說法，在實際的行爲上，有時道德並不能表現出它的美來。譬如犧牲、忍耐、謙遜，往往含有痛苦的成分，如果以美術的觀點來看，它們實在沒有美之可言。

論到古得偉及克拉克等人的主張，認爲人有直觀能力，自然能分辨行爲善惡的性質，我們對此也不能苟同。我們不否認人有某些倫理自明原理，譬如「善應行，惡應避」，或者「己所不欲勿施於人」。然而這並非說，人在實際生活上，不論對於任何行爲，一見卽知其爲善或爲惡、應做或不應做。經驗告知我們，人爲行爲有時極其複雜，必須經過分析和研究，才能了解它的性質。事實上，哲學家們對於道德的主張如此的分歧，縱然對於同一的行爲，有時還公說公有理，婆說婆有理，意見不能同一，這豈非證明人並沒有分辨行爲性質的直觀能力？

丙、康德的形式標準說：要瞭解康德的倫理學，或者他的任何哲學，我們必須認可他在哲學上所做的所謂哥白尼式的革命（Copernican Revolution）。（註一五）自從康德的「純粹理性批評」（Critique of Pure Reason，1781）出版之後，知識已不再是傳統哲學所說的主體的認識與客觀事物的符合。而是事物與主體的先驗形式的符合。因爲對康德來說，眞的知識必具有普遍性，局部的知識不能算作知識；而普遍性又在於它的先驗性，所謂先驗性就是超越人的經驗。所以眞的知識不能來自分析判斷，因爲分析判斷只把物的性質作一分析，沒有增加新的意義。譬如說「物體有伸延」，而伸延早已含蘊於物體的意義內。因此，說物體有伸延是毫無意義的。但是，知識也不是來自經驗的「綜合判斷」，譬如說「水是熱的」，水熱不熱，可以因人而異，有的人以爲熱，有的人以爲不熱；所以綜合判斷也沒有普通性。由此可知，眞的知識應是來自「先驗的綜合判斷」。康德認爲先驗判斷的基礎就是理性的先驗形式，他曾以七加五等於十二爲例來說明。在先驗的綜合判斷裏，人的認識雖不是主觀的，但是出於認識的主體，因此主體所認識的物也是個體的，不是普遍的，不妨礙人認識個體的物。

康德的倫理學和他的認識論有相同的基本理論，他把人的理性分爲純粹理性（Pure Reason）及實踐理性（Practical Reason），這不是說人有兩種理性，而是說一種理性有兩種功能：表現於認識方面的，稱爲純粹理性；表現於行爲方面的，稱爲實踐理性，實踐理性也就是意志。康德的認識論就建基於純粹理性上，他的倫理學就建基於實踐理性上。根據康德所說，我們在認識事物時有先驗的形式，在處世做人方面也有先驗的形式。做人的先驗形式就是實踐理性在活動時，有一個超經驗的「應當」形式作標準。但是爲了瞭解康德的倫理先驗形式，我們必須分段來說明。

甲、善的意志：善的意志是康德倫理形式的關鍵觀念。我們都知道，爲做一件倫理道德的行爲，必須有善的意志，但這不是康德所說的善的意志。康德所說的善的意志，是指意志本身的善。以他來看，宇宙間惟一不加任何條件的善就是意志，就如他說：「在世界以內，或在世界以外，除了一個善的意志以外，沒有別的一樣東西，可以被視爲不加限制的善。無疑的，智力、機敏、判斷力，以及其他的天賦，不論它們有何名稱，都是善而可愛的；再有，本性方面的勇敢、堅忍、恒心，從許多方面來說，也都是善而可愛的；然而這一切本性的天賦，如果指導它的意志，或者所謂「性格」不善，就可能變成最有害而傷人的東西。」（註一六）所以，善的意志是一切善的根源，也許它不能達到它所想要達到的好的目的，但這無礙於它本身的善，它可以常保持它的善，不受任何事物的影響。

但是，究竟意志如何才是善的？或者說意志爲什麼是善？康德認爲，那是因爲意志可以使人在做人行事時，只是爲義務而盡義務，爲尊重法律而遵守法律；此外，不再有任何其他的目的或企圖。康德極其强調，我們不論做什麼事，決不應爲邀功牟利，也不應爲保護名聲，或者爲投自己所好。他曾以商人售貨爲例說，商人不應爲保持童叟無欺的美名，所以才童叟無欺；他應視童叟無欺是他的義務，這樣，他的行爲才有道德的價值。同樣，一個人保護自己的生命，也只應是爲了盡義務，不應是爲其他的任何目的，甚至也不應因爲那是人的天性。如果一個人悲天憫人，行善濟世，是爲了個人的企圖，或是因爲他生性慈善，他的行爲便絲毫沒有價值。他應把行善濟世看成他的義務；以外，不容攙有任何動機，甚至也不可以爲敬愛上帝，或爲身後的賞報。康德沒有說這些行爲都是不道德的行爲，但是說沒有道德的價值。道德只有爲道德才是道德，道德的本身就是目的，不能當作方法或手段。這和我國漢儒董仲舒所說的「正其誼不謀其利，明其道不計其功」（漢書）的意思相同，與斯多亞學派所說的德行就是目的，更相符合。但是康德的思想更嚴格，所以人稱之爲嚴肅主義（Rigorism）或義務主義（Deontologism）。

康德的義務主義不但使他反對一切情感主義、快樂主義或功利主義，也使他反對模仿主義。他極力攻擊以古聖先賢作爲表率的思想。他認爲效法他人的榜樣可以完全破壞行爲的道德價值，「模仿在道德上絕無立足之地。」（註一八）道德的行爲在於絕對善的意志，那就是只有爲義務而盡義務，爲道德而實行道德；決不應考慮行爲的目的，也不應考慮行爲的內容或對象，因爲如果考慮行爲的內容，便無疑的要陷入功利主義。在康德的倫理學裏，行爲的對象是次要的問題。然而這不是說我們可以爲所欲爲，因爲在爲義務而盡義務做一件事時，我們自然就不會任意而爲；善的意志只能要求善的對象。然而這也就說明了，行爲的對象是道德的，因爲意志是道德的。

乙、自律的意志：人處世行事要爲義務而盡義務，不要有別的目的。但是，意志何以能如此自持？怎麼有這種能力呢？康德說那是意志的自律性（Autonomy of the will），或者說自律的意志。所謂自律的意志，就是意志給自己出命令，給自己定法律。意志是立法者，也是守法者；是領導者，也是屬下；意志自己管理自己。「意志自律就是意志對自己成爲法律的一種特性。」（註一九）因此，道德的規則就是意志給自己所規定的一種應當遵守的形式，意志所以稱爲實踐理性的理由就在於此，人所以能自立自主也在於此。所以意志的自律性也就是有理性的主體或人的尊嚴的基礎（註二〇），其他沒有理性的物，沒有反省的能力，因此也不能支配自己，它們的存在與活動完全固定於自然法律之內。然而人及其他有理性的主體則能依照自己所知之法則而自作決定。所以，道德實在就是行爲與意志自律性的符合。（註二一）

由以上所說，我們可以知道，對康德來說，倫理的規則不能來自意志以外的任何原因。凡是一個倫理法則，如果不是來自意志的自律，都被稱爲「他律」（Heteronomy）；他律不能使意志自成法律，不能建立責任性，當然也不能爲義務而盡義務，所以不能有道德的價值。因此康德得到一個結論：道德的法則只能建立在意志的自律上。（註二二）

自律的意志給自己所制定的法則有一個强制性，那就是「我應當」，或者「我必須」。因此，那是一種命令。不過，這種命令不能用於上帝，因爲上帝的意志是盡善盡美，完全合於道德法則的，所以只能用於人或其他有缺陷的理性主體。只有我們能對自己說：「我應當」、「我必須」。

在意志給自己定立一個道德法則時，它的命令應是一個「絕對命令」（Categorical Imperative），不應是一個「假設命令」（Hypothetical Imperative）。絕對命令是不帶任何條件的命令，而假設命令就是有條件的命令。康德認爲道德法則不應附有任何條件，因爲如果附有條件，條件便會變成目的，道德反而變成方法。譬如不應當說謊話的這條道德法則，應是一個絕對命令，因爲它本身就是目的。但是，如果爲了其他的原因或條件不說謊話，不說謊話便已不再是目的了。

丙、倫理道德形式：在倫理道德上，康德極其强調意志命令的絕對性。但是一個絕對的命令必定是普遍的，因而也必是先驗的或超經驗的，因爲經驗的事物常有限制，不能有絕對性和普遍性。因此，道德的法則必須脫離經驗世界，而進入一個只可以理解的世界，在那裏只能理解，沒有經驗。換言之，道德的法則是屬於理性的內層（Intellectuale internum）。這樣說來，道德法則實在只是一個先驗的形式。（註二三）

康德在他的「實踐理性批判」一書裏，把倫理道德形式分爲主觀的「格言」（Maxim）和「客觀的原則」（Objective Principle）。「格言」是個人行事的原則，擁有主觀的情感、目的、經驗等因素，不能成爲一個絕對的命令。「客觀的原則」沒有任何主觀的因素，可以作爲人人行事的法則，所以對人人有效。因此，不論我願意或不願意，我必須去遵守。（註二四），然而這也就是說，在一個人行事時，首先之務，就是要把他的「格言」變成「客觀的原則」。這樣，不但應爲自己所遵守，也應爲人人所遵守；也惟其如此，才是一個絕對的命令。康德認爲一個人的行爲所以沒有道德價值，就是因爲他行事的標準不是「客觀的原則」，就如他說：「每一個不道德的人，都有自己行事的主觀格言。」（註二五）只就此點而論，康德的理論，很像孟子所說的「居天下之廣居，立天下之正位，行天下之大道。」（孟子・滕文公下）也很像中庸一書所說的「君子動而世爲天下道，行而世爲天下法，言而世爲天下則。」（第二十九章）。

到此，我們可以看出，康德的道德標準實在只是一個意志所規定的絕對或普遍的命令，那命令自然也就是一種形式，而這個形式又適合於人人，應爲人人所奉行。然而什麼是這個形式呢？康德說：「你應當只依照這個格言去行事，那就是你所做的，同時也能成爲一個普遍的法則。」（註二六）康德認爲這個形式可以放諸四海而皆準，證以百世而不惑，是永遠不會錯誤的。這個形式是一個最高的道德形式。

仔細的分析起來，康德的道德形式不但包括一個絕對性和普遍性，而且也蘊含著一個不矛盾性。因爲如果我們行事的標準是絕對而普遍的，自然也就不應與我們的自然律相衝突；如果我們行事的標準與自然律相衝突，那根本就是一個錯誤的標準。所以他又把那個最高道

德形式引申爲：「你應當如此行事，一如你行事的格言是一個普遍的自然法則。」（註二七）

康德爲了解釋這個形式的意義，舉出了以下的四個例子：

㈠厭世自殺是不道德的，不能成爲普遍的行事原則。因爲生命的本質是要生活下去，故意毀滅生命，是自我否定，所以也是一個矛盾。

㈡因爲急需而向人借貸，但又自知無力償還；如果說自己無力償還，自然就借不到錢；因此，要想借到錢，只有僞作承諾一途。這種僞作承諾的行爲是不道德的，因爲不能成爲一個普通行事的法則。否則人人僞作承諾，其結果將是人人互不相信；因之也就沒有人再可以借到錢。這是自我否定，也是一個矛盾。

㈢沈溺於逸樂，不求上進，是不道德的行爲，不能成爲一個普遍的行事法則。因爲人生而有天賦，人的天性要求他發展他的天賦，故意埋沒自己的天賦，把它們浪費掉，是自我否定和矛盾。

㈣紈袴子弟，家產萬貫，但是只知自己享受，不肯幫助別人；這種行爲是不道德的，不能成爲普遍的行事法則。因爲如果人人自私，人人都自顧享受，一毛不拔，那麼，將沒有一個人可以得到任何一個人的幫助。同樣，如果自己將來也陷於貧困，自然也得不到幫助。無疑的，這也是自我否定和矛盾。

康德在講解倫理標準時，還有另一點是他特別注意的，那就是：人和每一個理性主體都是一個目的，不是一個工具，因爲理性的主體是一個位格，因此，只有非理性的物才能作爲工具。有理性的主體和非理性的物完全屬於兩個不同的世界，他稱有理性主體的世界爲「目的王國」。凡是人都屬於這個目的王國，所以人人都應以目的相待：我希望別人待我以目的，不要把我當作工具；我也應待別人以目的，不要把別人當作工具，這樣才是行事的標準。因此在這裡，康德再把那個道德的最高形式引申爲：「你應當如此行事，不論你對待自己或對待別人，必應當作目的，不應當作工具。」（註二八）很明顯的，康德以上所舉的那四個例子，也很適合於這個形式。也可以說，這個形式很容易的說明那四個例子的不道德性，因爲自殺、欺騙、享受、自私，都是把人當作工具，而沒有當作目的。

我們曾不斷的强調，康德的倫理形式是建基於人的意志自律性上的：我們每一個人在行事時，都應爲自己出一個絕對的命令，使自己的命令成爲一個客觀的法則或形式。這個法則或形式既應爲自己所遵守，也應爲人人所遵守。因此，在我行事時，我便規定一個普遍的行事法則，別人在行事時，也都規定一個普遍的行事法則，這無異說，人人都是普遍法則的立法者，人人也都應以普遍法則的立法者相看待。在此，康德再次把那個最高倫理形式引申爲：「你應當懷有這個觀念去行事，就是要把每個理性主體都看作爲普遍立法者的意志。」無疑的，這個倫理形式和以上所述的其他形式都密切相連，只是一個變象的說法而已。因爲如果依照這個形式去行事，自然人人便會彼此相尊重，也會彼此以目的相看待，一切所做所爲，就能與人的自然律相符合。

丁、實踐理性的三個假定：康德的倫理理論到此可以說已經完全成立，但是他認爲還不圓滿。因爲他那超經驗的倫理形式還要求三個假定（Postulates）。三個假定又稱爲三個信條，（註二九）那就是意志的自由，靈魂的不死與上帝的存在。康德所以稱這三項爲假定或信條，因爲他認爲那是不可證明的。但是，必須存在；不存在，他的倫理形式就如建基於沙灘上的樓房，是必要坍塌的。然而康德又堅信他的倫理形式完全合理，絕對不會坍塌。因此，三個假定也必定存在。他的理由如下：

實踐理性要求人的意志自由，因爲如果人的意志不自由，意志的自律性便屬不可能。意志所以能給自己制定普遍的法則，並能使自己絕對去遵守，就是因爲意志是自由的。

實踐理性也要求人的靈魂不死，因爲人的道德生活，原是要人達到圓滿神聖的境界，在那種境界裏，人的意志與道德的法則完全相符合，一點沒有罅隙。然而人處於現在的感覺世界中，這是不可能的事。因爲人在這個世界裏，意志受到的阻撓很多，不能完全按照普遍的倫理形式去行事。所以，人必須有一個不死的靈魂，以期在人死後，仍然繼續邁向圓滿神聖的境界，好能完成道德生活的目的。何況，「道德的我」（Moral-self）進入本體的世界之後，便不能死；死是屬於現象世界的。所以，人必須有一個不死的靈魂。

最後，實踐理性也必須要求上帝的存在，因爲人在德行的途徑上前進時，需要有一個理性的上帝瞭解他的進度。有上帝的瞭解，道德生活才能得到解釋。而且，如果上帝不存在，人靈魂的不死，也就毫無意義。再者，上帝與道德生活之間，有一個極密切的關係，因爲人修德固然不是爲受賞，但是也不是爲受罰，因此，上帝是使道德與幸福得到協調的必然條件。換言之，上帝必須存在。

評論

康德在哲學上的成就，實是有口皆碑，無庸贅言。在近代哲學中，很少有人能與他相媲美。他思想的縝密、理論的深邃、邏輯的嚴謹，都是出類拔萃，超群出衆的。在倫理學方面，他更鼓勵人心向善，强調德行的高貴，發揮自立的精神。以外，他還駁斥狹小的自我快樂主義和功利主義。這些都是獨樹一幟，一新人的耳目，但是也不是沒有不可商榷之處的。

倫理學在西方由蘇格拉底開始，經柏拉圖、亞里斯多德，再經敎父哲學、士林哲學，直到康德止，即連在近代哲學中大多數哲學家的思想裡，可以稱爲宇宙實在論的倫理學（Cosmic-realistic Ethics）。所謂宇宙倫理學，就是說人的倫理生活不能和宇宙脫離關係。又所謂實在論倫理學，則是說人的倫理學不但以人作根據，也必以人心靈以外的事物作基礎。所以傳統的倫理學，一方面既有原理，一方面又有經驗。然而在康德的哲學出現之後，傳統的倫理學完全一改舊觀，他的倫理學是非宇宙唯心論的倫理學（A-Cosmic-idealist Ethics），這是說，康德的倫理學是不顧及人與世界的關係的，也不要形上學和自然哲學來做基礎的。所以，他的倫理學是純義務的倫理學，沒有人生的最後目的，把人求幸福的心完全解除。因此，他的倫理學也是絕對命令的倫理學，使道德與自由完全分離；道德的規律只是實踐理性的形式，和行爲本身的善沒有任何的連繫（註三〇）。但是這樣的倫理學對於生活在這個世界上的人，不能不發生問題，我們可以看以下幾點：

第一、康德認爲道德價值超越經驗界，這並沒有錯誤，然而道德必有一個超越經驗的基礎，不能只建立在一個純粹的普遍形式上。因爲一個純粹的形式只是一個抽象空洞的東西，不能賦與人行爲一種道德價值。

第二、康德極其强調道德形式的普遍性，以爲一個人的行爲標準必須適合一切的人，才算是一個眞正的倫理標準。但是，如果我們要追根溯源，爲什麼我們能夠有一個普遍的倫理形式？爲什麼一個形式應爲人人所遵守？不是因爲人人都有共同的人性嗎？如果如此，那麼，倫理標準不是形式，而是人的人性。

第三、以實踐理性的普遍形式作爲倫理標準的倫理學，認爲我們不論做什麼事，當先之務，是使個人行事的形式普遍化，不要考慮行爲的對象。顯然的，在這種倫理學裡，倫理學上的「行善避惡」的大原則，自然就不能成立。同時，行爲善惡的觀念也就失去了它的重要性。這種倫理學實在與一般人的信念完全不同。

第四、康德的倫理形式標準排除人的任何情感，主張道德的行爲只能是爲義務而義務，或者爲尊重法則而遵守法則。但是這種主張也實在與人的共同信念不相符合。我們人不論在古今中外，有誰能否認父母子女間的愛、夫妻朋友間的愛，不是道德的行爲呢？有誰能否認古道熱腸、扶弱濟貧，不是道德的行爲呢？有誰不認爲愛國、愛家是好呢？爲義務而盡義務的倫理，是把法則當作了道德的價值。但是，道德價值不能來自法則，應是來自法則的內容和目的，否則，守法的意志便是空洞的意志。

第五、康德爲了他的倫理形式主張，極其反對功利主義，認爲功利主義脫不開經驗和感情。然而在他爲解釋他的最高普遍形式所擧的四個例子中，很明顯的，第二與第四兩個例子沒有脫開功利的思想。他說的很清楚，人借錢不應當作假承諾，以防將來人人不相信任，彼此不能借錢。他又說，富貴人，不應當不幫助別人，以免將來自己陷於困境，也不能得到幫助。關於這一點，雖然有的作者如日人桑木嚴翼（註三一）曾爲康德作辯護，認爲這是偶而擧例不當，不能作爲反對他的理論的根據。我們的意見是：我們固然不應在幾個例子上對一個學說來吹毛求疵，然而這也不能不說，康德雖然在理論上，對他的形式主張能自圓其說，然而貼合在實際的生活上時，便會發生許多的困難（註三二）。

第六、我們必須承認：康德的哲學是一部非常深奧的哲學，他爲了完成他的倫理形式標準說，不憚著書立說，逐步解釋，而後才得到結論。但是，如果這種倫理標準是這樣的艱深難解，我們懷疑有多少人在實際生活上能應用它。如果絕大多數的人不能應用，倫理標準豈不已失掉它的意義？我們總不能說，在人類中只有少數人能有倫理標準，或者只有少數人才能修德行善吧？

丁、快樂主義：一般來說，快樂主義是指的唯我快樂主義（Egoistic Hedonism）。這種主義認爲倫理的標準就是求快樂、避痛苦；產生快樂的行爲就是善的行爲，產生痛苦的行爲就是惡的行爲。不過，快樂主義也有不同的派別，我們分述於下：

一、施樂尼學派（Cyrenaic School）：施樂尼學派是亞里斯底布斯（Aristippus，435-350 B.C.）在施樂尼（Cyrene）所創立，所以稱爲施樂尼學派。亞氏的著作都已遺失，他的學說散見於狄奧格內斯·拉哀爾修斯（Diogenes Laertius，公元第三世紀）、塞克斯都斯、恩比利古斯（Sextus Empiricus，約公元一百五十年）和斯多拜伍斯（John Stobaeus，公元五世紀）等人的著作裡。

亞氏曾受教於蘇格拉底，但受詭辯論家普洛大格拉斯（Protagoras，C. 480-410 B.C.）的影響也很大。他主張感覺的知識是唯一可靠的知識，凡是可感覺的事，才是可知之事；不可感覺之事，便是不可知之事；雖然人並不知道感覺本身爲何物，然而感覺不會欺騙人。所以，人行事做人，應以感覺作標準，但是，如果人行事做人的標準是感覺，那麼，求快樂和避痛苦應是自然的結論，因爲人的感覺統歸起來，也不過是這兩種而已。

我們都知道，蘇格拉底主張人要追求德行，因爲德行就是善，就是幸福。但是亞氏抓住了蘇氏的「善就是幸福」的主張，斷章取義，把幸福解作身體的快樂，主張人生應以求快樂爲目的。同時，又因爲蘇格拉底主張「知識卽德行」，所以亞氏又主張，人之所以求知識，目的就是求快樂；知識的本身並無可貴之處，知識只是求快樂的工具而已。無怪乎亞里斯多德稱他是一個詭辯論者（註三三）。

根據亞氏的主張，感覺是人體的活動，活動有激烈與溫柔的分別；激烈的活動產生痛苦，溫柔的活動產生快樂。所以人應當追求溫柔的活動，避免激烈的活動，但是不應沒有活動，因爲沒有活動，雖無痛苦，也無快樂。人生應是積極的，不應以無痛苦爲滿足，一定要盡量的求快樂。

照以上所說，亞氏應是一個極端的縱慾者，然而事實不盡其然。無疑的，這也是因爲受了蘇格拉底的人格與學說影響的關係。亞氏主張人應追求快樂，但在追求快樂時，不可只顧眼前，不計將來，因爲有些快樂可能招致後患，那麼，便是得不償失；尤其不可縱慾無度，沈迷酒色而不能自拔，不然，只有變作快樂的奴隸，所得的痛苦要遠比快樂大得多。因此，人生雖是爲求快樂，但要保持自主的能力；能提得起，能放得下，以能常常享樂，所以亞氏論到他的情婦萊絲（Lais）說：「我有萊絲，非萊絲有我。」（註三四）因此，亞氏雖然是一個快樂主義者，但不是一個極端的縱慾主義者，事實上，他還主張適當的清心寡慾。

亞氏既主張追求快樂，又主張適當的節制，因此在他的弟子中便造成了不同的派系。無神論的戴奧道路斯（Theodorus the Atheist）認爲一個明智的人不會見到快樂而不去享受，如果情勢許可，甚至可以偷竊姦淫；至於說爲大衆犧牲，爲國家捐軀，那簡直是提都不要提的事。不過，他也很注重心靈的快樂。海智西亞斯（Hegesias）則是一個悲觀者，他認爲人生的路途坎坷，多災多難，要想享受快樂，談何容易。因此，如果能夠無病無痛，免於苦難，便應心滿意足。安尼柴利斯（Anniceris）是施樂尼學派中不折不扣的快樂主義者，他主張人要盡情的享受快樂，不要蹉跎大好時光，一定要「今日有酒，今日醉。」否則，韶光易逝，而將來後悔莫及。他的思想和我國楊朱的思想極相接近。

二、伊比鳩魯學派（Epicurian School）：這是伊比鳩魯（Epicurus, C. 342-270 B.C.）在雅典自己的花園中所創立的學派。伊氏的才華超衆，氣宇非凡，跟隨他的弟子甚多，在當時與斯多亞學派是思想界的兩大主流。

伊氏不尚空談，注重實際的知識，但是和亞里斯底布斯一樣，他也以感覺作爲知識的基礎，而不信任理智。因爲照伊氏所說，理智的判斷也必依賴感覺，沒有感覺的指導，理智也無法判斷正確，所以感覺應是人生的標準。但是這也就奠定了他的快樂主義的基礎。因爲一如我們以上所說，人的最大感覺不外是快樂和痛苦；而且求快樂和避痛苦也是人的本性，因此，快樂自然就變成人的善，痛苦自然也就變成人的惡。所以拉哀爾修斯引述伊氏的話說：「我們認爲快樂是幸福生活的開始和終結，也是人生的第一個善；實在應以它作爲事情取捨的判斷和標準。」（註三五）他又說：「如果我們沒有味覺的快樂、愛情的快樂、視覺和聽覺的快樂，我不知道人生還有什麼善。」（註三六）以感覺作爲人生的標準，可以說是通往快樂主義的康莊大道。

伊氏在講論快樂時，常常不忘飲食的快樂，他認爲如果一個人不能享受口腹之樂，其他的快樂便可免談；所以他常認爲胃的快樂是一切快樂的根源。根據許多作者的見解：伊氏所以有這種主張，是因爲伊氏一生體弱多病，他的最大希望就是脫離病魔，至少能吃能喝。因此，他又有無痛便是樂，不挨餓比吃珍饈大餐還好的論調。

伊氏把快樂分作動的快樂與靜的快樂兩種。他認爲動的快樂不能持久，並且含有痛苦。

譬如在飲食的快樂之後，相繼而來的又是飢餓的痛苦。反之，靜的快樂不但可以持久，而且又沒有痛苦。然而在一切靜的快樂中，最大的快樂就是心靈的快樂，他稱之爲「怡靜」（Ataraxia）。這就是說，一個人心平如鏡，沒有一絲漣漪，不帶一毫騷擾。伊氏認爲這樣的快樂是人生中最大的幸福，因此他也極其重視友誼，因爲友誼有助於人心的平靜。

伊氏還把快樂分作三級：第一級是自然而必須的快樂，譬如普通飲食的快樂。第二級是自然而不必須的快樂，譬如享受美酒佳餚的快樂。第三級是既不自然也不必須的快樂，譬如握有權勢名利的快樂。伊氏勸導人謀求第一級的快樂，節制第二級的快樂，避免第三級的快樂。因爲第一級的快樂是人不可離的快樂，但是爲了追求第二級的快樂，就不免惹上痛苦；第三級的快樂不但難以獲得，而且也難以保持，使人患得患失，所得到的只有痛苦。因此，伊氏又極注重智慧，因爲智慧使人對於快樂和痛苦能作正確的選擇：該接受的接受，該拒絕的拒絕；不是一切的快樂都要接受，也不是一切的痛苦都要擯棄。然而這不是說有的快樂不好，有的痛苦好。對伊氏來說，沒有不好的快樂，也沒有好的痛苦；凡是快樂都是好，凡是痛苦都是惡。伊氏所以主張有些快樂應當拒絕，是因爲將來能帶來更大的痛苦；有的痛苦應當接受，因爲將來能帶來更大的快樂，或者至少避免更大的痛苦。歷史家們說，伊氏一生淡泊簡樸，常以麥餅和清水果腹，終身未婚。

普通來說，一般的人有兩大恐懼，那就是死亡和身後可能因自己的罪惡而遭受到神的懲罰。所以，這兩大恐懼也是人達到「怡靜」境界的一大阻礙。但是伊氏認爲這都不足引以爲憂，因爲依伊氏所說，人是原子所組成的，人死只是原子的離散；而且當死亡未到時，人尚在生活，死亡來臨後，人又不復存在；人的意識與死亡同歸於滅，不會產生痛苦。至於神的懲罰，更可不必顧慮，因爲神雖然存在，但是不管人間的事；迨人死後，神又管不到，因爲人已經不再存在。所以，人可以敬神，因爲他是神，但不必怕神。顯然的，伊氏的這種思想是受到了路西帕斯（Leucippus, fifth cent.）及德謨克利都斯（Democritus, C. 460-370 B.C.）的原子論的影響所致。

伊比鳩魯學派當時很受人們的歡迎，所以盛極一時。因爲它既講快樂，又講修德行；講快樂，不像施勒尼學派那樣的低級，講修德行，又不像斯多亞學派那樣的嚴肅。對斯多亞學派來說，修德行只是爲修德行而修德行，對伊比鳩魯學派來說，修德行是爲達到心中的「怡靜」，修德行並不是人生的目的。

三、楊朱的快樂主義：楊朱字子居，戰國時代人，或說是老子的弟子。他的著作早已散失，只存有列子中的楊朱一篇。其實，楊朱篇是否爲楊朱所做？也不是沒有問題的。不過，我們在此並無意研究楊朱篇的歷史性，我們的目的只是在探討楊朱篇的思想。

楊朱的基本思想是唯物主義，他既不相信神的存在，也不相信人的精神生命。他認爲人只是一個暫時存在的物，人生時，有一個生命；人死後，生命便雲消霧散，化歸烏有。因此，他也是一個宿命論者，認爲壽夭、智愚、貧富、貴賤，一切都是註定，不能更改。這兩種思想使他不能不尋求感覺生活的享受，而走向快樂主義。

唯物論與宿命論常是難兄難弟，相附相依。在唯物論與宿命論裡，一個人不能看到道德的善和精神的價值。對於唯物論與宿命論者而言，人生在世，可能有別，但在死後，人人相同。死亡不但是終點，而且是毀滅；死亡的這邊是光明，死亡的彼岸是黑暗，而黑暗吞噬一切。因此，聖賢也是死，凶惡也是死；堯舜也是死，桀紂也是死，死後都是一把腐骨。那麼，人爲什麼要修德行善呢？爲什麼不乘機享受呢？楊朱說：「萬物所異者生也，所同者死也。生則有賢愚貴賤，是所異也，死則有臭腐消滅，是所同也。雖然，賢愚貴賤，非所能也，臭腐消滅，亦非所能也。故生非所生，死非所死，賢非所賢；愚非所愚，貴非所貴，賤非所賤。然而萬物齊生齊死，齊賢齊愚，齊貴齊賤。十年亦死，百年亦死；仁聖亦死，凶愚亦死。生則堯舜，死則腐骨，生則桀紂，死則腐骨；腐骨一矣，孰知其異？且趣當生，奚遑死後。」（楊朱篇）

楊朱的快樂主義與亞里斯底布斯及伊比鳩魯的快樂主義都不相同，後二者的快樂主義雖然主張人生應當求快樂，但在求快樂之際要有選擇和節制，甚至還要有適當的清心寡欲和修練。楊朱則是一個不折不扣的積極肉體享樂主義者，在西方只有安尼柴利斯那樣的人，才可以與他相比擬。對於楊朱這種的快樂主義者，最怕的是光陰的流逝，就如孔子在川上見流水不息，因而感歎說：「逝者如斯夫！不舍晝夜。」（論語・子罕）但是孔子說那句話，是因爲見到川流之不息，以示光陰之易逝，激勵「欲學者時時省察，而無毫髮之間斷也。」（朱子解語）而楊朱所以懼怕光陰之流逝，是因爲光陰每一刻之轉動，無異是邁向死亡之一步，縮短一時之享受。在楊朱的思想裡，人生實在太短暫，大不了活到一百歲；而百歲之中，除了幼、稚、衰、老、睡眠、疾病等，所餘大好時光，實在無幾。所以，人若不及時行樂，尙待何待？他說：「百年壽之大齊，得百年者，千無一焉。設有一者，孩抱以逮昏老，幾居其半矣；夜眠之所弭，晝覺之所遺，又幾居其半矣；痛疾哀苦，亡失憂懼，又幾居其半矣。量十數年之中，逌然而自得，亡介焉之慮者，亦亡一時之中爾，則人之生奚爲哉？奚樂哉？爲美厚爾，爲聲色爾。」（楊朱篇）

我們看到了這種主義，不難瞭解，對於楊朱來說，不但修德行善是愚蠢，卽連求壽、求名、求勢、求利，也都是愚不可及的行爲。因爲願意長壽的人，不敢縱情恣慾，以免傷害身體；愛好名譽的人，不敢胡作非爲，恐怕遭人訾議；謀求地位的人，不敢違情悖理，深恐被人遺棄；追逐財富的人，不敢盡情揮霍，恐怕浪費財產。壽、名、位、財，實在是肉體享樂主義者的四大障礙。楊朱說：「生民之不得休息，爲四事故：一爲壽，二爲名，三爲位，四爲貨。有此四者，畏鬼畏人，畏威畏刑，此謂之遁人也。」（楊朱篇）而在那四大障碍裡，最無用的是名，因爲「天下之美，歸之舜、禹、周、孔；天下之惡，歸之桀、紂。」但是，舜、禹、周、孔勞碌了一輩子，沒有一點享受，而後都「戚戚然以至於死」，可以說「生無一日之歡，死有萬世之名；名者，固非實之所取也，雖稱之弗知，雖賞之弗知，與株塊無以異矣。」那有什麼用？相反的，桀與紂雖有萬世之惡名，但是却「藉累世之資，居南面之尊」，不是「恣耳目之所娛，窮意慮之所爲」，就是「肆情於傾宮，縱慾於長夜」，都是

「熙熙然以至於死」，這又有什麼妨礙？況且，「死被愚暴之名，實者固非名之所與也；雖毀之不知，雖稱之弗知，此與株塊奚以異矣？」（以上皆見楊朱篇）楊朱的快樂主義是毫無顧忌的肉體享樂主義。

對於極端的縱慾主義者來說，不但身後的榮辱無關緊要，即使身後埋葬之事也斷不關心。這一點可以說是這一派的一個極顯明的特徵。就如楊朱所說：「既死，豈在我哉？焚之亦可，沈之亦可，瘞之亦可，露之亦可，衣薪而棄諸溝壑亦可，袞衣繡裳而納諸石槨亦可，唯所遇焉。」（楊朱篇）他們所追求的只是身體五官的快樂，惟有如此，縱然短命，也不虛此一生；否則，縱然長壽，也是毫無意義。又如楊朱說：「恣耳之所欲聽，恣目之所欲視，恣鼻之所欲向，恣口之所欲言，恣體之所欲安，恣意之所欲行。」能這樣，「一日一月，一年十年，吾所謂養」；不然，「百年千年萬年，非吾所謂養。」因此，如果要極端縱慾者獻身社會，爲大衆謀福利，犧牲小我，完成大我，那不啻是冒天下之大不韙。所以楊朱又說：「損一毫利天下，不與也。」（以上皆見楊朱篇）孟子罵他「楊子取爲我，拔一毛而利天下，不爲也。」（孟子盡心上）其道理就在於此。

楊朱把他的縱慾主義說成是順從自然，「故從心而動，不違自然所好。」（楊朱篇）僅就自然一理來說，楊朱很可能是受到老莊思想的影響，但是他的學說絕非老莊的學說。老子確是講自然，但是老子的自然是虛靜養生、寡欲恬淡，不爲物役，不爲利驅的自然。所以他說：「聖人去甚、去奢、去泰。」（道德經第二十九章）又說：「見素抱樸，少私寡欲。」

（道德經第十九章）楊朱的自然也不是莊子的自然，莊子主張外生死，無終始，超喜怒哀樂，薄功名富貴。這是反對人爲的修飾，獨與天地精神往來的自然，把自己與天地萬物看成一體，所以莊子說：「天地與我並生，而萬物與我爲一。」（齊物論）老莊的自然與楊朱的自然完全是南轅北轍，彼此不發生關係。楊朱把放縱情慾看成了自然，他沒有看到，如果人不根據理智行事便不是自然，因爲人是有理智的動物。

中國文化自有史册以來，主張縱慾主義的只有列子中的楊朱一篇，那也是絕無僅有的一篇。這種思想和中國的一貫傳統思想，絕對不相符合。那很可能是楊朱或某個文人，對於當時的社會感到不滿，因而故意做出的極端反動思想。不錯，在魏、晉、六朝時代，也有一些玄學派的文人，他們的確生活不拘，放浪形骸，然而決不是恣情縱慾、荒淫無度，專求肉體的快樂主義者。他們是以無爲爲本，以虛爲主，自鳴清高，不屑與世俗合流的人。如果我們要探討他們的思想的話，他們的思想應是老莊的清靜無爲和仙家的飄逸養身，以及佛家的絕塵棄世的混合思想，與縱慾的快樂思想相差很遠。

評論

我們都知道：求快樂、避痛苦，是人的自然傾向；沒有人不希望快樂的，也沒有人不希望沒有痛苦的；人人都希望一生快樂，人人都希望一生沒有痛苦，亞里斯多德早說過：「求快樂和避痛苦乃是人的天性。」（註三七）但是，是否人生就是以求快樂爲目的？換言之，是否快樂就是行爲善惡的判別標準？這是值得考慮的。至少，大概我們人都相信：姦淫、搶劫、吸毒、酗酒不應作爲人生的目的，也不應把它們當作善的行爲，雖然它們都給與人某種快樂。在這裏我們僅提出三點來，從這三點我們可以看出，快樂主義是不能作爲人生的標準的。

㈠快樂主義以快樂代替了道德的價值：在我們討論價值的問題時，我們曾闡明過，人生有物質價值、精神價值和倫理價值，三者涇渭分明，絕不相同。但是，快樂主義把快樂代替了道德的價值，以爲凡是快樂的，就是道德的，這顯然是一種錯誤。我們不否認，道德也能給人產生某種快樂，就如說：「施與比接受更有福」，或者「助人爲快樂之本」。然而這種由道德所產生的快樂，不是肉體的快樂；由道德所產生的快樂，是來自道德價值的本身；如果沒有道德價值，也就不會有任何快樂。再者，我們有許多道德的行爲，譬如殺身成仁，捨生取義，根本沒有快樂的。

㈡快樂主義抹殺了人的尊嚴：人是有理智的，不只有一個身體，與其他的動物不同。因此，人也不只是以物質的生活爲目的，就如我們以前所說：「人生活不是爲喫飯，喫飯而是爲生活」。何況「人不只是靠麵包而生活」。人的天性要求人發展他的天賦，建設人類的社會，更建設他自己的人格，使他成爲一個眞人或善人。但是快樂主義卻把快樂當作人生的惟一目的，縱慾的快樂主義者像安尼柴利斯和楊朱更把食色五官的快樂當作人生的惟一目的，這實在是把人的地位降低到禽獸的階級，完全抹煞了人的尊嚴。

㈢快樂主義沒有快樂的標準：快樂主義主張人應當追求快樂而避免痛苦，認爲快樂就是善，痛苦就是惡。但是什麼行爲有快樂？什麼行爲有痛苦？換言之，人應當做什麼行爲？避免什麼行爲？快樂主義便無法指出來。因爲人的個性不同，嗜好也不同。酒色之徒以食色爲快樂，貪財之子以金錢爲快樂；有虐待狂的人以虐待人爲快樂，有偷竊狂的人以偷竊爲快樂；喜歡運動的人以運動爲快樂，研究學問的人以學問爲快樂。人所追求的快樂不同，快樂的性質也形形色色；爲甲有快樂的行爲，可能爲乙是痛苦；爲乙有快樂的行爲，可能爲甲是痛苦，正如亞里斯多德所說：「爲歹徒有快樂的事，爲善人就不一定有快樂，就如爲病人有益，或者是甜是苦的東西，爲健康的人不一定如此。」（註三八）更有甚者，一個人今天認爲是快樂的事，也許明天認爲不快樂。那麼，究竟人應該做什麼和避免什麼？快樂主義實在不能提供出一個標準來，因此也不能做爲人生的倫理標準。其實，不但我們認爲如此，心理學家們也莫不認爲如此：「心理分析研究的結果，證實了那些反對倫理享樂主義的觀點沒有錯，事實上，主觀的滿足經驗，根本是一種自我欺騙，它們根本不足以作爲價值的普效標準。」（註三九）

戊、功利主義：功利主義是快樂主義的伸延，是跳出了唯我的小圈，而替大衆的福利着想。所以，功利主義又稱爲唯他快樂主義（Altruistic hedonism）或普遍快樂主義（Universalistic hedonism）。

功利主義早在霍布士的思想裏就已出現，霍氏認爲：原始的人類沒有道德的觀念，大家爲了個人的利益，終日厮殺撻伐；但是人類又不能永恒的這樣生活下去，因此便開始締結公約，使人人有權利享受，使人人有義務遵守。這是推己及人，可謂功利主義的濫觴。霍氏以後，孔勃蘭（Richard Cumberland，1631-1718）在他所著的「論自然法」（De Legibus Naturae）一書裏，更進一步的發揮了功利主義的思想，認爲有利於社會的行爲都是善的行爲，人人應當根據基督聖經的精神去行事。再後，巴雷（William Paley，1743-1805）著「倫理與政治哲學的原則」（Principles of Morals and Political philosophy），倡導促進社會福利，發展大衆幸福，便是上帝的旨意。以外，哈特利（David Hartley，1705-1757）也著「人的觀察」（Observations on Man: His Frame，His Duty and His Expectations）再進一步的提倡功利主義，認爲人的一切快樂，諸如感覺的快樂，幻想的快樂，雄心大志的快樂，以及個人的種種利益，其本身都沒有追求的價值，惟一值得人所追求的快樂，就是同情心的快樂，因爲同情心的本身就是倫理的行爲。

主張功利主義的哲學家們，除掉法國的黑衞休斯（Claude-Adrian Helvetius，1715-1771）以外，大都爲英國的哲學家，所以功利主義又稱爲英國的國家哲學。英國的政治受到功利主義的影響極深，在十九世紀時，英國的法律因爲功利主義的出現，曾作過顯著的修改。在英國的功利主義哲學家裏，以邊沁（Jeremy Bentham，1748-1832）、約翰・穆勒（John Stuart Mill，1806-1873）及西傑維克(Henry Sidgwick，

1838-1900）爲最著名，他們的影響也最大。以下就是他們的主張。

一、邊沁的功利主義：邊沁是最先有理論、有系統的倡導功利主義的哲學家，人稱他爲功利主義的創始人。他認爲一個行爲的善惡，不論是個人的行爲，或者是國家的行爲，在於它是否增進或減少社會的幸福或功利。所謂功利，就是恩澤、利益、快樂和用途。而功利主義就是推廣這些優點，同時，並設法阻止或消除與這些優點相反的缺點，它的大原則就是謀求最大多數人的最大幸福，這個原則又簡稱爲「功利原則」。

以邊沁來看，人生有兩個擺不脫的事實，那就是痛苦與快樂，就如他在他的「倫理及立法原則導論」（An Introduction to the Principles of Morals and Legislation）裏，開宗明義的就說：「大自然把人類放在兩個至高的君王統治之下，那就是痛苦與快樂。只有它們指示我們應當做什麼，也只有它們決定我們要做什麼。在一方面，事情對與錯的標準，在另一方面，我們行爲的一切原因及後果，都與它們相連繫。它們統治我們一切的所行、所言和所思。我們盡力擺脫它們的統治，而只有證實我們屬於他們」。這種思想奠定了邊沁功利主義的基礎，因爲沒有人不願意求幸福而避免痛苦的。但是他認爲我們不應只爲自己求快樂而避免痛苦，而且還應爲大衆求快樂而避免痛苦，也惟有這樣，我們的快樂才能圓滿。

所以，邊沁雖然提倡功利主義，謀求最大多數人的最大幸福，但是他的出發點是唯我。因爲對邊沁來說，增加大衆的快樂，就是增加自己的快樂；減少大衆的痛苦，就是減少自己的痛苦；爲大衆所做的一切，也就是等於爲自己所做，自己的快樂與痛苦和大家的快樂與痛苦息息相關，不能分離。因此根據邊沁的主張，功利主義並不排除謀求自己的快樂和避免自己的痛苦。其實，大衆的幸福因著自己幸福的增加而增加，大衆的痛苦因著自己痛苦的減少而減少，只不過人應以大衆爲目標，要謀求最大多數人的最大幸福。

在一切的哲學原則中，邊沁認爲功利原則是第一原則。因爲照邊沁的解釋：我們說一個行爲是對或是錯，或者說應當做或不應當做，這些「對」、「錯」、「應當」和「不應當」等字，惟有根據功利原則去解釋，才有他們的意義。所謂根據功能原則去解釋，就是看他們是否增加大衆的快樂，或減少大衆的痛苦；因爲一提到快樂與痛苦，沒有人不明白的。但是如果我們用別的原則去解釋「對」、「錯」和「應當」和「不應當」等字，便不能看出它們的意義來。又邊沁所以稱功利原則爲第一原則，因爲根據邊沁所說，功利原則可以證明其他的一切原則，而功利原則却不能被證明；功利原則是一切原則的開始。如果一個人想證明功利原則是錯誤的，他所用的理由，也必是功利原則；結果他所證明的不是功利原則錯誤，是他使用功利原則的錯誤。功利原則是不可能動搖的，就如地球不能被動搖一樣，如果我們願意動搖地球，就必須站在另一個地球上。（註四〇）

邊沁認爲幸福的本身是善，也是唯一的善；痛苦的本身是惡，也是唯一的惡。以外，再也沒有別的善，也再沒有別的惡，人類的善與惡只有表現在幸福與痛苦上。所以，求幸福與避免痛苦不但應作爲個人行爲的動機，也應作爲國家立法的動機。不過，動機的本身沒有善惡，善惡只有表現在行爲的後果上，那就是看它帶來的是幸福或是痛苦。

功利主義常是現實的，能給社會帶來幸福的行爲，就是善的行爲，反之，給社會帶來痛苦的行爲，便是惡的行爲。但是，幸福與痛苦有很多種類，它們的性質也異。那麼，那個大？那個小？如何計算？爲了解決這些問題，邊沁曾煞費苦心，潛心研究，而後制定了七個標準，那就是强度性（Intensity）、延續性（Duration）、確定性（Certainty）、相近性（Propinquity）、繁衍性（Fecundity）、純粹性（Purity）及廣袤性（Extent）。這七個標準使我們對不同的行爲作通盤的衡量，而後決定取捨，譬如我們面臨幾個不同的行爲，它們都能帶來幸福，我們要做一個選擇，這時我們自然應選擇那能帶來强大的、持久的和確定的幸福的行爲，而不應選擇那帶來微小的、短暫的、不確定的幸福的行爲。同樣，我們應選擇那即刻有的、繁衍的、純粹的和包括範圍廣大的幸福的行爲，而不應選擇那久待的，不繁衍的、不純粹的和包括範圍狹窄的幸福的行爲。不過，我們還應當注意的是，我們不應只就一個或幾個標準來作比較，而應把那七個標準都顧及到才可。一個行爲只佔有一個條件，自然不如一個行爲佔有兩個或三個條件好；佔有兩個或三個條件的行爲自然不如佔有七個條件的行爲好。然而這也不能一概而論，因爲有時一個行爲雖只佔有一個條件，但是那一個條件可能比其他六個條件的總和還好。因此，在這種情況之下，我們應當選擇只佔有一個條件的行爲，而不應選擇佔有六個條件的行爲。

爲了計算正確，邊沁又把快樂與痛苦分作單純及複雜的兩種。單純的只含有一種因素，複雜的含有數種因素，而這些因素可能都是快樂，也可能都是痛苦，還可能是快樂與痛苦兼雜的。這以外，他又不憚其煩的把快樂分作十四種，那就是：感官的、財富的、技術的、友誼的、名譽的、權力的、敬神的、仁愛的、惡意的、記憶的、想像的、希望的、聯想的和解脫的。對於痛苦，他也分作十二種，那就是缺乏的、感官的、笨拙的、敵對的、惡名的、懼神的、慈心的、不仁的、記憶的、想像的、等待的和聯想的。而且這些快樂與痛苦，有的是單屬於一個人，有的是和別人有關。

邊沁對於快樂與痛苦的計算，精擘細劃，絞盡腦汁。他深信在我們選擇一個行爲時，或者在避免一個行爲時，如果瞭解了行爲的性質，根據那七個標準去做取捨，一定不會錯誤。所以他極力主張：不論我們個人做事也好，或者國家制定法律也好，絕對要根據行爲的性質和那七個標準來做、來制定。因此，這無異說，行爲的道德性與行爲的計算有極密切的關係，計算得對，就是道德的行爲，計算的錯，便是不道德的行爲。但是爲計算得對，人類必須有一個比他實際所有的頭腦更聰明才可。

在這裡，邊沁遇到一個難題，那就是：雖然他認爲爲大衆謀幸福就是爲個人謀幸福，但是人究竟是有自私心的，因爲顯然的人人都有點吝嗇和懶惰，沒有人肯把自己完全獻身與社會，替大衆謀最大的幸福。那麼，人爲什麼或者如何能成爲一個唯他的功利主義者呢？邊沁認爲那是社會的動機使人由自私而走入爲公的。所謂社會動機，就是，善意、同情心、名譽感和友誼的需要等。一個人要想度一個幸福的生活，必須使別人也幸福；別人的幸福增加自己的幸福，使自己的幸福得以圓滿。

二、約翰・穆勒的功利主義：約翰・穆勒的父親詹姆士・穆勒（James Mill, 1773-1836）是邊沁的摯友，同時，約翰・穆勒也是邊沁的學生，因此，約翰・穆勒受邊沁的影響極大，成爲英國一位領導的功利主義者。他的功利主義的原則是這樣的：「行爲是對的，與它推廣的幸福成正比；行爲是錯的，與它推廣幸福的反面成正比。所謂幸福，就是指快樂而無痛苦；所謂不幸福，是指痛苦而無快樂」。（註四一）

在功利主義開始倡導之後不久，當時曾受到很多人的攻擊，認爲功利主義降低了人的尊嚴。其實，那也不是沒有道理的，因爲邊沁所倡導的功利主義，確實是只着重在物質方面的，這從他所制定的七個標準可以看出。但是穆勒對於那些攻擊甚爲不滿，認爲那是對功利主義的誤解，沒有瞭解功利主義的眞諦。穆勒極力强調，功利主義不但注重幸福的量的一面，也注重幸福的質的一面；不但注重物質的幸福，也注重精神的幸福，因爲人與普通的動物不同；沒有人爲了享受物質的幸福，而甘願自貶身價，降到普通動物的階級。因此，他說出了那兩句驚人的名言：「與其做一個滿足的豬，不如做一個不滿足的人；與其做一個滿足的傻瓜，不如做一個不滿足的蘇格拉底。」不過，實在的講，這雖是穆勒對於功利主義的辯護，但也不能不說是對於邊沁功利主義的修正，因爲邊沁的確忽略了人精神方面的幸福。

穆勒是一個眞正的唯他功利主義者，他認爲一個名副其實的功利主義者，不應站在自私的立場去爲大衆謀幸福，而應把自己的幸福與大衆的幸福看成一體。而且如果需要，甚至應當犧牲自己的幸福，以謀求大衆的幸福。不過，如果犧牲對於推廣大衆幸福毫無益處，這種犧牲也就沒有任何價值。然而無論如何，一個眞正的功利主義者，在面對自己的幸福與大衆的幸福時，應當不偏不倚，作一個嚴格的旁觀者。功利主義的整個精神就是耶穌基督所說的金科玉律：「你願意別人給你做的，你也要同樣的給別人去做。」「愛你的鄰居，如同愛你自己一樣。」在這裏，穆勒無異是對邊沁的功利主義作了第二點的修正，因爲邊沁功利主義的出發點是唯我，穆勒功利主義的出發點是唯他。

對於功利主義者來說，他們都有一個共同的難題，那就是人如何把利他的動機與利己的私心相連合？換言之，我們如何去解釋人的利他傾向？因爲一個有私心的人爲何應以利他的行爲爲標準？穆勒認爲那是因爲人有外在與內在兩種制裁（Sanctions）的緣故。外在的制裁是來自人與上帝兩方面：來自人的制裁，就是我們沒有不願意得到別人的青睞的，也沒有不怕別人排斥的。來自上帝的制裁，就是人都怕受到上帝的懲罰。內在的制裁就是我們不爲大衆謀福利，便會感到內疚。穆勒把這種義務感的來源歸諸於聯想作用，所謂聯想作用，就是由於同情心、仁愛心以及教育等原因的關係所造成的。假如我們常把別人的幸福看成自己的幸福，常把推廣大衆的利益看成自己的利益，這樣，日久天長，自然就會把爲大衆謀幸福看成自己的責任。

穆勒也認爲功利主義是哲學的第一原理，其他的原理都是來自這個原理，他在他所作的「功利主義」（Utilitarianism）的第四章中說：「一個東西可以被看見，惟一的證明就是人實際的看見它；一個東西可以被聽見，惟一的證明就是人實際的聽見它；對於其他可以用經驗證明的東西也莫不如此。同樣，一個東西是可以被企圖的，惟一的證明就是人實際的企圖它。如果功利主義所提出的目的，在理論及實際上不能被人所認可，那就沒有任何事可以使人認爲它是目的了。」穆勒的意思是說，功利主義是不可以用理由證明的，因爲它是第一原則。以後穆勒甚至這樣結論說：「每個人的幸福是每個人的目的，大衆的幸福是大家合起來的目的，所以大衆的幸福是每個人的目的。」（註四二）。不過，在此我們願意立刻指出的是：可以被看見的東西，不一定實際被人去看它，可以被聽見的東西，不一定實際被人去聽它；同樣，可以被企圖的東西，不一定實際被人去企圖它。至於說每個人的幸福是每個人的目的，大衆的幸福是大家合起來的目的，所以大衆的幸福是每個人的目的，這顯然的在邏輯上犯了詭辯的錯誤。

穆勒既然認爲功利主義是第一原理，又是不能錯誤的，所以他主張我們都應當把它當作行爲的規範，以及人生的倫理標準。

三、西傑維克的功利主義：繼穆勒之後，在研究功利主義的哲學家們裏，意見最精闢，分析最周詳，也最負盛名的，應是西傑維克。西氏的功利理論，主要的見於他所作的「倫理方法」（The Method of Ethics）一書裏。在該書中，西氏把當時西方所流行的主要思想：唯我主義（Egoism），直觀主義（Intuitionism）和功利主義，詳細的加以檢討和分析，而後折衷融合，溶於一爐，成爲功利主義的一種新理論。唯我主義就是人做事以利己爲標準，直觀主義就是人做事以良心爲標準，功利主義就是人做事以利他爲標準。

西氏先由檢討唯我主義開始，然而他所檢討的唯我主義，不是像霍布士所說的，人天生就有自我保全，或自我求生的天性；也不是像斯比諾撒所說的，人生來便要求繼續生存以及要求完成自己的自然傾向。因爲西氏認爲：倫理的問題不是心理的問題，如果人的天性使人必須追求自己的利益，那就沒有「應當」或「不應當」的問題，一切都是必須。西氏所檢討的唯我主義，是狹義的唯我主義，是指一個人在做任何事以前，他所考慮的就是是否那件事爲自己有利。對於這樣的一個人來說，利己是他行事的唯一動機，自己最大的幸福是他的座右銘。

一個眞正唯我主義者，事事處處以利己爲前提，西氏認爲：這樣的人不能不對於快樂與幸福做精確的計算，他決不會喫虧受害。因此，對於這樣的人來說，伊比鳩魯所主張的無苦卽是樂，是不正確的。西氏的理由是這樣：人的快樂必有一個起點，如果用度數表來表示，可稱爲快樂零點（Hedonistic Zero），由此零點上升爲快樂，下降爲痛苦，但此零點既非快樂，亦非痛苦。（註四三）然而非快樂又非痛苦的事，不是唯我主義者所追求的對象。不過，根據西氏所說，一個唯我主義者，對於自己的快樂或幸福，不論如何精打細算，斤斤計較，在他的內心也必相信自己對於社會有應盡的義務，因爲他也必有一些天生的同情心，和有願意被人讚揚，而不願意被人譴責的心理。所以，一個唯我主義者，不論如何自私，只要有健全的理性，也必會控制自己的情慾，設法不要過於專爲自己的幸福著想，而爲社會多少盡一點義務。當然，如果要他做很大的犧牲，他便毫不猶豫的去拒絕。

再者，爲社會服務，或者爲大衆謀福利，不見得就與唯我主義完全相抵觸，因爲爲大衆謀幸福，不一定必須就是痛苦而無快樂。快樂可以從不同的方面來看，由於爲大衆謀幸福所得到社會的感激與讚揚，也是一種快樂。況且大多數的人都相信善有善報，惡有惡報；這樣，爲大衆謀幸福，自然就會感到一種內心的安慰，所以這又是一種快樂。

這樣說來，似乎唯我主義與功利主義沒有什麼嚴重的衝突，二者可以携手並進了。但是西氏認爲這也是一種錯誤的觀念，因爲它們的基本態度是絕對對立的：一個是利己、一個是利他。如果一個人眞心相信自己的快樂就是人生的目的，他決不會關心大衆的福祉，遑論爲大衆謀幸福。我們固然可以用外在與內在的「制裁」來解釋，認爲人可以由自私而進入大公，由唯我而進入唯他。然而這只是理論，事實上又是另一回事。因爲「外在的制裁」不外是來自社會與法律，社會的譴責與法律的懲罰固然可以勉强一個唯我主義者去盡他對社會應盡的義務，然而人的道德觀念常改變，隨著道德觀念的改變，他可以置社會的譴責於不顧。同時，如果一個人堅信唯我主義是對的，自然便會相信强迫他爲社會服務的法律是不道德的。因此不難看出，越强調法律的制裁，越難使唯我主義與法律相融合。至於「內在的制裁」，那更不易發生效力，因爲「內在的制裁」就是指由於不爲社會服務而感到的內疚而言，但是對於一個堅信唯我主義的人來說，他的良心與衆不同，他不會由於不爲社會服務而感到內疚。而且只求自己快樂的人，對於富貴、名利和幸福的感覺，遠較對於良心的責備强烈的多。（註四四）所以，唯我主義與功利主義實在不能相融合。但是這也並非說，一個唯物主義者完全不會受到社會、法律和良心的制裁，因之而永遠不會爲社會服務的。他會爲社會服務，但也有他的限度。

西氏檢討了唯我主義之後，接著便檢討直觀主義。最普通的直觀主義就是「常情道德」（Morality of Common Sense），所謂「常情道德」就是一般人認爲理所當然的道德。在一個人用「常情道德」判斷一件事應當做或不應當做時，他不用理智去推理，而是只靠良心的感覺。

普通來說，人都以「常情道德」作爲行事的標準，連唯我主義者也不例外，因爲唯我主義者爲自己求幸福，也認爲是理所當然的常情。但是，實在的講，「常情道德」並不贊成唯我主義，因爲沒有人認爲自私自利是對的。因此「常情道德」並不是唯我主義者用以作爲行事的標準，而是那些願意遵守法律、願意遵守道德規範的人用以作爲行事的標準的。這些人在做一件事以前，他們的良心常先看是否那是盡責任，或者是否那與道德標準相符合。直觀主義者在判斷行爲的價值時，不像唯我主義者必須靠後天的經驗，以爲帶來快樂的行爲就是好，帶來痛苦的行爲都是壞；直觀主義者對於行爲的判斷是先天的，看行爲是否合於道德的性質。

我們都有直觀判斷的經驗。無疑的，也都會發現不是一切的直觀判斷都是可靠的。西氏把直觀判斷分作三種：第一種是靠良心的指示，這是說很多人行事，不考慮哲學的理論和法律的意義，而專憑「良心的呼聲」。然而照西氏所說，人的良心和其他的官能一樣，常可以錯誤。而且人與人的良心也不同，在同一件的事情上，不同的人有不同的判斷，甚至我們自己對於同一件的事，有時也有完全相反的看法。所以只憑良心去做事，不見得就是對的。

第二種直觀判斷是靠普遍原則，譬如靠「控制情慾」、「服從法律」、「遵守諾言」以及「孝敬父母」等原則。這些普遍原則對於普通人來說，都是天經地義的眞理和不變的做人圭臬。但是西氏認爲：如果經過詳細的分析，這些普遍原則也不無令人懷疑之處。譬如以「遵守諾言」來說，我們都相信應當遵守自己的諾言，不然，就是不道德。然而如果我們對它加以分析，就可以發現那不一定就是永恒不變的眞理，因爲我們所許諾的人，在許諾實踐以前可以逝世，而在他逝世以前也很可能要自動的解除我們的許諾，這種假設不是沒有可能性。還有，也許對方在我們作許諾時，沒有完全瞭解許諾的涵意；也許我們的許諾含有不道德的成分。更有，也許我們的許諾與我們更大的責任相衝突。因此西氏結論說，爲遵守一個諾言，一切可能的條件必須完全與諾言的性質相符合，而後才能眞正發生責任，否則，「遵守諾言」的責任便不確定。因此，「遵守諾言」的原則也不是一成不變的。

第三種直觀判斷是靠更明顯的倫理原則，譬如「物歸原主」或「理智要指導情慾」。根據西氏的意見，這類的原則都是眞理，然而實際上它們並未說出任何具體的新事理，只是一些異辭同義句或恒眞句（Tautologies ），西氏稱之爲「假原理」（Sham axioms）。（註四五）

這樣看來，似乎一切的直觀判斷都毫無用處，應該放棄才對。不過，這也不是西氏的意思，他認爲人類的「常識道德」和倫理標準，不能都是幻想。雖然它們不能完全適合於複雜的人性和人的生活環境，但是其中也必含有一些絕對實際的原則，如果能表達清楚，便不難看出它們的眞理來。西氏由於分析與檢討的結果，認爲有三個原則，它們的眞理是自明的。

第一個是「公義原則」（The Principle of justice ）或「公平原則」（The principle of impartiality）。這個原則是說，「如果一個行爲爲我是對的，而爲另一個人不對，必是因爲兩個不同的情況，不能是因爲兩個不同的人。」（註四六）這也就是說：「爲我對的事，在同樣的情形之下，爲別人也必是對的。」（註四七）因爲人都是人，都有同樣的人性。所以，「公義原則」就是個體相似原則的實際應用，因爲人類就是個體的總合，個體的人組成邏輯的整體（Logical whole or genus）。因此，如果幸福爲我好，也必爲別人好；我願意幸福，別人也必願意幸福。那麼，「你願意別人給你做的事，你也應當給別人去做。」如此說來，「公義原則」不但是直觀的自明原則，也是功利原則，同時，還容納唯我原則。

第二個原則是「明智原則」（The principle of prudence）。這個原則要求人把將來的幸福和現在的幸福一視同仁，看成一體。既不特別注重將來的幸福，也不特別注重現在的幸福。我們不應爲了現在的幸福而犧牲將來的幸福，也不應爲了將來的幸福而犧牲現在的幸福，我們應當謀求整個一生的幸福。西氏說這是數學或量的整體（Mathematical or quantitative whole）其間部分相似原則的實際應用。

西氏認爲「明智原則」也含有功利主義的基礎，與直觀主義所說的「人應謀求自己的幸福」不同，因爲這句話固然被人都認爲是自明原則，但是那是一個恒眞句，沒有什麼意義，只是說明人的天性而已。反觀「明智原則」，它要求「人應謀求自己整體的幸福」，把現在與將來的幸福看成一體，這是有意義的，不是一個恒眞句。但是，如果人有整體的幸福，人類也有整體的幸福，就整個的人類來看，個人的幸福不比另一個人的幸福更重要。當然，如果有特殊情形，那又當別論，譬如一個人有病，他自然應當治療自己的病，但是如果情形相同，每個人的幸福在整個人類的普遍幸福中，都有同樣的重要性。（註四八）

很顯明的，「明智原則」與唯我主義所主張的唯我快樂不同，但是唯我主義也離不開明智原則，因爲唯我主義也認爲追求個人的幸福便是明智。唯我主義的錯，在於沒有瞭解人類整體的幸福。

第三個原則是「仁愛原則」（The principle of benevolence）。這個原則是以上兩個原則相合的必然結論，因爲如果我們承認在「公義原則」之下人人的權利相等，又承認在「明智原則」之下人類有一個整體的幸福，我們便不能不承認大衆的幸福息息相關，別人的幸福就是我的幸福，我的幸福也是別人的幸福。因此，我們都有謀求公共幸福的責任。西氏認爲這不僅是一個原則，而且在實際生活上也應付諸實行，每一個人必須謀求他四周人的幸福，不能獨善其身。（註四九）

對西氏來說，「仁愛原則」不但是最基本的功利原則，也是最基本的自明原則，所以也應當被唯我主義者所接受。因爲在公共的普遍幸福中，個人的幸福和別人的幸福相同，個人的幸福不能是最重要的幸福。如果唯我主義者不能瞭解這一點，至少應當瞭解：「他的最大幸福包含大衆的幸福，惟有大衆都幸福，他的幸福才最大。」（註五〇）

西氏堅決的相信，普通我們所認爲的自明原理，譬如「應當說實話」、「應當遵守諾言」，都不是自明原理。因爲這雖然都是眞理，然而它們的眞實性都需要邏輯的推理。但是如果我們說：「我們不應當把今天的小幸福看得比將來的大幸福更重要」，或者「我們不應當把我們的小利益看得比別人的大利益更大」，則人人可一目了然，勿需證明，這種眞理的明顯性就如相等的數目加相等的數目，其總數仍然相等一樣的明顯。（註五一）

以上的三個原則是西氏倫理學的主旨，也是他的功利主義的三鼎足。他深信功利主義是眞理，因此他在他的「倫理的方法」結論中再度的特別强調，人生的最高目的就是謀求大衆的公共幸福，人生的最高標準也就是功利主義。

四、墨子的功利主義：墨子是中國的一位偉大的功利主義家，不但有理論，而且躬親實踐；說到做到，劍及屨及，是一位「知行合一」的人。梁啓超曾這樣讚美墨子說：「墨子眞算千古的大實行家，不惟在中國無人能比，求諸全世界也是少見。」（註五二）

墨子所以主張功利主義，這和他的性格以及當時社會的情形都有關係。從墨子書裏我們可以看出，他積極進取，意志剛强，不怕犧牲，不畏艱難；而且古道熱腸，慈悲爲懷，同情心極大，見不得老百姓受苦受難。論到當時社會的情況，就如墨子自己說，是大國攻小國，大家亂小家，强刼弱，衆暴寡，詐謀愚，貴敖賤，寇亂盜賊並興。（見非樂上）同時，當時的王公大夫，荒於音樂，廢於政治，生靈塗炭，民不聊生。這一切都是激發墨子走向功利主義的因素。不過，在理論方面，墨子也有他的理由或基礎，他的基礎是天志或天意。

墨子是信神的，有宗教信仰，他所講的天「純然是一個人格神」。（註五三）關於這一點，可以說是研究墨子者的一個共同意見。但是，既然墨子信天，所以便主張天志應爲衡量一切行爲的標準。他說：「我有天志，譬如輪人之有規，匠人之有矩，以度天下之方圓。曰，中者是也，不中者非也。」（天志上）又說：「天之所欲則爲之，天所不欲則止」。（法儀）「墨子置立天志，以爲儀法。」（天志下）「子墨子之有天之意也，上將以度王公大人之爲刑政也，下將以量天下之萬民爲文學出言談也。觀其行，順天之意，謂之善意行，反天之意，謂之不善意行。」（天志中）

然而什麼是天意呢？墨子說：「天欲義而惡不義。」（天志上）那麼，再具體的問，究竟天願意什麼和不願意什麼呢？墨子答說：「天必欲人之相愛相利，而不欲人之相惡相賊。」（法儀）換言之，天願意人實行功利主義，彼此相親相愛，謀大衆的幸福。所以，墨子更清楚的說：「順天意者，兼相愛，交相利，必得賞。反天意者，別相害，交相賊，必得罰。」（天志上）同時，墨子還解釋爲什麼天意願意人相愛相利，他的理由是因爲天自己就是「兼而愛之，兼而利之也。」又天所以「兼而愛之，兼而利之」，因爲事實上天對於衆人都「兼而有之，兼而食之也。」（皆見法儀）墨子更具體的證明說：「天之愛民之厚者有矣，曰：磨日月星辰以昭道之，制爲四時春秋冬夏以紀綱之，雷降雪霜雨露以長遂五穀麻絲，使民得而則利之。」（天志中）西方功利主義者一向認爲，爲解釋爲何有私心的人能爲大衆謀幸福是一個極大的問題，墨子只用天意來答覆。

在墨子時代，沒有功利主義這個名詞，墨子用兼愛來表示。「兼」字在墨子書中是指總體，譬如經上篇說：「體，分於兼也。」體字在此是指部分；換言之，墨子稱整個的社會爲兼，稱社會的分子爲體。（註五四）所以，兼愛就是愛社會上一切的人，沒有任何例外。與「兼」字相反的字，墨子用作「別」。「別」字不是指差別，而是指割別，就是從總體上把一部割除去。（註五五）墨子說的很清楚：「兼以易別」（兼愛下）因此他稱兼愛的人爲「兼士」，稱不兼愛的人爲「別士」。（見同上）

墨子的功利主義和西方的功利主義，論到替大衆謀幸福除痛苦，都是一樣的。不過，墨子用利害二字表示幸福與痛苦。他說：「仁人之所以爲事者，必興天下之利，除天下之害。」（兼愛中）又說：「兼相愛，交相利」。（同上）「愛利萬民」。（尚賢中）「兼而愛之，從而利之。」（同上）很明顯的，墨子所講的利，決非孔子所說的「君子喻於義，小人喻於利」（論語・里仁）的利，也決不是梁惠王向孟子所說的「叟，不遠千里而來，亦將有利於吾國乎」（孟子・梁惠王上）的利。「墨子之利乃公利而非私利，非損人利己之利，而爲損己利他之利。」（註五六）在墨子的思想裏，利與義相提並論，沒有義的利，不能算作利，因此，他說：「義，利也。」（經上）然而無論如何，墨子所講的利，就是大衆的幸福，所講的害，就是大衆的痛苦，「利，所得而喜也，害，所得而惡也。」（經上）

我們說過，墨子是知行合一的人，講理論，但不尚空談，主張把理論付諸實行，他要人「有餘力以相勞，有餘財以相分，」（尚賢中）「各從事其所能。」（節用中）他個人更是以身作則，全力以赴，只要爲民有利，雖赴湯蹈火，在所不辭。他爲了阻止楚王攻宋，曾裂裳裹足，行十日十夜。（見公輸篇）邊沁的功利主義由唯我的幸福開始，穆勒主張幸福之前，人人平等，不能已先人後；墨子簡直是忘我爲人。他曾幾次有升官發財的機會，但他都辭而不受，（見貴義及魯問兩篇）他所念念不忘的，就是大衆的幸福。他的生活表率就是禹：「生不歌，死無服」，「腓無胈，脛無毛，沐甚雨，櫛疾風」，「日夜不休，以自苦爲極。」（皆見莊子天下篇）而且他還告訴他的門生：「不能如此，非禹之道也，不足爲墨。」（同上）他自己更「獨自苦而爲義。」（貴義）孟子不贊成墨子的作風，認爲他和楊朱都是走極端的人，所以孟子批評他說：「楊子取爲我，拔一毛而利天下，不爲也。墨子兼愛，摩頂放踵，利天下，爲之。」（盡心上）不過，這雖是孟子批評墨子的話，但實在也是墨子爲人民謀幸福的最好說明。

不錯，墨子的兼愛實已近忘我的地步，但是他並不主張要人排除自己。兼愛是愛人人，如果人人相愛，自己也被人所愛。「夫愛人者，人必從而愛之；利人者，人必從而利之。」（兼愛中）「愛人者，必見愛也；惡人者，必見惡也。」（兼愛下）然而這也並非說，愛人是在得到自己的利益；而是說，愛人雖然不是爲自己，而自己自然也包含於愛中，「愛人不外愛己，己在所愛之中。」（大取）不過，如果大衆的幸福要求自己做犧牲，墨子主張應當自我作犧牲，甚至犧牲自己的生命，亦應在所不惜，「殺己以存天下，是殺己以利天下。」（大取）

墨子的兼愛不排除自己，更不排除父母；而且使人更愛父母，就如墨子說：「若使天下兼相愛，愛人若愛其身，猶有不孝者乎？」（兼愛上）「父子相愛，則慈孝，兄弟相愛，則和調。」（兼愛中）同時，墨子的兼愛，也不是把父母當作一般普通的人看待，他認爲一個孝子一定會愛別人的父母，因爲愛別人的父母，別人也一定會愛他自己的父母，所以他引用大雅的話說：「無言而不讎，無德而不報。」（兼愛下）因此，孟子罵他「楊氏爲我，是無君也；墨氏兼愛，是無父也。無君無父，是禽獸也。」（孟子・滕文公下）實在太寃枉墨子了。

西方功利主義的標準是謀求最大多數人的最大幸福，墨子的兼愛也是這樣，就如他說：「興天下之利，除天下之害。」（兼愛中及兼愛下）其實，墨子兼愛的範圍，比西方的這個標準還要廣，他要求我們愛一切的人類，因爲人類雖然無窮，我們兼愛的心也可以無窮，「經下篇」說：「無窮不害兼。」同時，他還要求我們不但愛這個世界上的人，也要愛許多世界上的人；不但愛現在世界上的人，也要愛過去和未來世界上的人，所以他說：「愛衆衆世，與愛寡世相若，兼愛之有（同又）相若。」（大取）「愛尙（上也）世與愛後世，一若今之世。」(同上)墨子知道我們無法實際做到這樣的愛，但他認爲這種愛的心我們是可以有的。他作了個比喻說，父母丟失了自己的兒子，雖然不知道兒子身在何處，但並不減少愛兒子的心：「不知其所處，不害愛之，說在喪子者。」(經下)(註五七)

墨子主張要爲大衆謀最大的幸福，也是沒有問題的，他說：「利之中取大，害之中取小也；害之中取小也，非取害也，取利也。」(大取)不過，墨子不主張奢華享受：衣，不必綾羅綢緞，只要「多以圉寒，夏以圉暑」(節用上)便足；食，不必山珍海味，只要「足以充虛氣，强股肱，使耳目聰明則止」；(節用上)住，不要堂皇富麗，應求「高以辟潤濕，邊足以圉風寒，上足以待雪霜雨露，宮牆之高，足以別男女之禮，謹此則止」；(辭過)至於行，「車以行陵陸，舟以行川谷」，(節用上)就夠了。有了這種主張，所以墨子也反對音樂。本來音樂是發抒人的感情，調節生活的樂趣，使人生更變得多采多姿。但是戰國時代，王公大人終日沈溺於琴瑟竽笙之聲，棄政治於不顧，並且耗費公帑，做許多無益的事，而同時老百姓却處於水深火熱之中，以「自苦爲極」的墨子，當然看不下去，所以也自然要反對音樂。以墨子的處境來看，也實在不能多怪他了。

評論

沒有懷疑的，功利主義比起唯我快樂主義來，實在是一個大躍進。它使人超脫自私自利的心，養成大公無私的精神：不要只顧個人的利益，而要去爲大衆謀幸福，因此，增加團體的意識，發揮人間的愛。我們不能不說，功利主義有許多可取的地方。但是站在倫理學的立場來看，是否僅以爲大衆謀幸福就應作爲行爲善惡的標準？便不無使人有懷疑之處。

㈠功利主義把人的幸福與道德相混淆：這和快樂主義把快樂與道德相混淆了一樣，雖然爲人類謀幸福遠比爲自己求快樂要高尙的多。但是有些道德的行爲不一定有幸福；有幸福的行爲不一定是道德。我們不能毫無分別的去追求任何幸福，也不能毫無分別的去躲避任何痛苦，孔子說的很對：「富與貴是人之所欲也，不以其道得之，不處也；貧與賤是人之所惡也，不以其道得之，不去也。」（論語・里仁）我們謀幸福也必有謀幸福的標準，不是凡是謀幸福便是好的行爲。

㈡功利主義把道德當作了獲得幸福的工具：因爲根據功利主義所說，爲大衆謀幸福便是好的行爲。但是在我們討論道德的價值時，我們已經知道，道德不是獲得幸福的工具，道德有它的本身價值，它的本身價值值得我們去愛慕、去追求。我們所以奉公守法，不是爲得到別人的讚美；別人不讚美，我們仍然奉公守法。我們所以孝敬父母，也不是爲得到父母的遺產；父母沒有遺產，我們仍然孝敬父母。但是功利主義却把道德看成了獲得幸福的工具，這實在是否認了道德的價值。

㈢功利主義沒有幸福的標準：這是功利主義和快樂主義另一個相同之處。人的幸福和人的快樂一樣，都是言人人殊，不能完全一致的。熱衷功名的人，以歌功頌德爲幸福；追逐財富的人，以金錢資產爲幸福；企望長壽的人，以健康爲幸福；飽經戰亂的人，以和平爲幸福。那麼，替大衆謀求什麼樣的幸福才算幸福呢？這不能不算是一個問題，因爲功利主義的主張就是要人給大衆謀求最大的幸福，而且以此作爲行爲善惡的標準。但是，如果幸福的意義得不到解釋，以幸福作爲倫理標準的理論，自然也就不能成立。

㈣功利主義不能解釋人應爲大衆謀求幸福的責任性：邊沁以同情心、善意和名譽等動機來解釋人爲何應爲大衆謀幸福，但是這些動機都是屬於情感方面的，而人的情感常可以改變或失落。一個同情心很大的人，可能變得很冷酷；一個喜歡好名譽的人，可能變得對於名譽漠不關心。所以，同情心和名譽感不能給人建立一個眞正爲大衆服務的責任性。穆勒以外在與內在的制裁來解釋。已如我們所知，外在的制裁就是怕受到別人的排斥與上帝的懲罰，內在的制裁是由聯想律而來的義務感。然而一如西傑維克所說，一個人可以不在乎別人對他的評論；若說怕上帝的懲罰，也不見得。因爲一般來說，一個人很難相信如果他不爲大多數的人謀最大的幸福，便是不道德的行爲，因此而應當受上帝的懲罰。至於說由聯想律而來的義務感，這種力量更是微乎其微，更不能加與人爲大衆謀求幸福的責任。我們不會因爲常常聯想別人的幸福就是自己的幸福，所以就認爲那是自己的幸福，因而就替別人謀幸福，一如爲自己謀幸福一樣；甚至爲了謀別人的幸福，有時應犧牲自己的健康和生命。我們可以因爲聯想的關係，從利己的觀念中產生利他的傾向，然而傾向不是責任，「因爲傾向是屬於物理界的，責任是屬於倫理界的；怎麼大的傾向也不能成爲責任感。」（註五八）

西傑維克以公義原則，明智原則和仁愛原則來建立功利主義的責任性。但是這三個原則也是有問題的。公義原則要求人把自己看成社會整體的一部分，自己的幸福和別人的幸福一樣重要，因爲人我相同。換言之，人應當除去「我的」觀念。人我相同是不錯的，因爲人都是人，都屬於人類，但這並不是說在人類中沒有我、你、他的分別。以人性來說，人人相同，以單位來說，人人不同；不同的人，有不同的需要，公義原則不能把「我的」、「你的」、「他的」從人類中取消。因此，只靠公義原則，不能加與人一種爲大衆謀最大幸福的責任。

西氏的明智原則要求人謀求人類的整體幸福，在人類的整體幸福裏，個人的幸福不比別人的幸福更重要，所以人應當爲大衆的幸福去著想。這個原則的困難和以上所說的公義原則的困難相同：在抽象方面，每個人的幸福都一般重要，但在實際方面，每個人有每個人的幸福，每個人有每個人的需要。因此，人的幸福並不完全一般重要。那麼，公義原則既不能加與人爲大衆謀求最大幸福的責任性，明智原則也不能。

西氏的仁愛原則，是公義原則與明智原則合起來的必然結論，因爲如果我們把人人都看成一體，把人人的幸福都看一般重要，自然我們就應當待人如待己，不能獨善其身。但是，既然仁愛原則是公義原則與明智原則相合的必然結論，因此，如果公義原則與明智原則有問題，仁愛原則自然也就有問題。再者，仁愛是一種情感，而人的情感常變化，情感沒有別的原則來支持，是靠不住的。

墨子以天志作爲功利主義責任的基礎，認爲天意要我們爲大衆謀幸福。對於這一點，

「墨子的天志，和基督教很相像，但有一點大不同處：基督教說靈魂，說他界，墨子一概不說」。（註五九）所以，墨子天志的理論很難有說服的力量。況且墨子是絕對唯他功利主義者，摩頂放踵，完全爲人。這實在遠遠超越一般人的能力，只有墨子這類的人才能做到。所以莊子評論他說：「墨子雖能獨任，奈天下何！」（天下篇）荀子更批評他「有見於齊，無見於畸。」（天論篇）這以外，墨子並沒有積極的把天志要人完全爲大衆謀幸福的責任性證明出來。

我們已經說過，功利主義在倫理學上有許多可取之處，對於促進人類社會的和平與繁榮，都有很大的貢獻。但是由於它的種種缺陷，仍不應作爲人類一切行爲的標準。

己、倫理進化標準說：進化論始於拉馬克（Jean Lamarck, 1744-1829），拉氏認爲一切動物的種類，都是由於原始有機物進化而來的，而進化的因素有二，那就是由於適應環境而養成的生活習慣，以及由於習慣而造成身體變化的遺傳。拉氏以後，進化論的主要人物是達爾文（Charles Darwin, 1809-1882）。達氏進化論的主要理論是：生存競爭與適者生存，這也稱爲自然選擇或淘汰。動物在適者生存的定律下有的使用牠的肢體，有的沒有使用；而後再經遺傳，便成爲形形色色不同的種類。所以，根據進化論所說，現在的人都是由原始動物進化而來的，而且，人仍在變化之中。但是，如果人的身體進化，人的倫理觀念也必進化。赫胥黎（Thomas H. Huxley, 1825-1895）曾套用赫拉頡利圖（Heraclitus, C. 535-465 B.C.）的一句話說：「沒有人在急流中能兩次把他的脚浸入同樣的水裏，同樣，沒有人在這個可感覺的世界裏，能準確的肯定任何事情」。（註六〇）所以他認爲：人類的倫理不是固定的原則，而是進化的結果；而且倫理常常還在進化。（註六一）

我們在這裡所討論的，主要的不是進化論如何講論人和人倫理觀念的進化過程，而是進化論如何以宇宙或生命的進化作爲人生倫理標準的理論。在這種觀點之下，我們僅提出兩位進化論者來，作爲我們討論的資料。

一、斯賓塞（Herbert Spencer, 1820-1903）：斯賓塞的學說是實證主義、功利主義以及進化論的混合理論。他認爲一切的生物沒有不是由進化而來的，人的意識也不例外；只是人的意識進化緩慢，不易發現；其實，心理的進化與生理的進化不能分開，二者同時並進：生理進化到某個程度，心理也隨之進化到那個程度，人類的道德行爲就是高度進化的心理行爲。本來，人的行爲與高級動物的行爲沒有什麼分別，高級動物的行爲與低級動物的行爲也沒有什麼分別，它們之間的分別只是在於適應目的的程度。人的行爲的目的比高級動物行爲的目的多，高級動物行爲的目的又比低級動物行爲的目的多，而目的的多寡則是依照動物的構造與官能進化的複雜性而定。在動物的構造與官能進化到極高度的程度時，自然就會有道德的觀念，因爲道德的觀念也是一種目的。因此斯氏主張，在研究人的倫理行爲以前，必先以科學的方法研究整個動物界的行爲，人的行爲只是動物界行爲的一部分，只看人的行爲，不能窺其全貌。所以，爲研究人的倫理行爲，由低級動物的行爲開始是必須的。

斯氏認爲進化的最高意義，是使生命豐富；越進化的動物，他的生命越豐富；生命的豐富，不但指長壽，也指活動範圍的廣大。因爲有些動物的壽命遠較人的壽命爲長，但牠們活動的範圍比起人的活動範圍來，便小得多多。不但如此，進化的目的還在使生命超越個體的壽限，以求永繼不斷。因此，進化不是止於個體，而是擴展於種類，越進化的動物，牠們種類的生命越能延續，因爲牠們越有方法保護牠們的幼雛。相反的，進化不高的動物，牠們種類的生命便不那麼容易延續，甚至有些低級生物，爲了自己生命的延續，只能做機械式的細胞分裂，毫無維護方法之可言。人類進化的最完善，生活方法也最多，所以也最容易延續。在斯氏看來，進化的意義就是生生不息；能維護、能延續生命，便是兩個道德觀念的開始。

在進化的理論方面，斯氏接受達爾文的主張，以生存競爭和適者生存爲主要條件。但是，斯氏認爲，適應環境的最好方法，不是動物的競爭行爲；而是動物的互助行爲。譬如有些低級生物，如昆蟲之類，爲了能使種類的生命延續，在產卵或幼蟲出生之後，便自然死亡，以爲後代作犧牲。在哺乳動物方面，這種現象更是明顯，母的動物爲了維護幼兒的生命，便把自己的營養變成乳水，以供幼雛食用。由此可知，利己和利他傾向，都是動物的自然天性，目的都是在保護並延長自己和自己種類的生命。

根據斯氏的意見，動物的利他行爲，原先本是自然的、無意識的，隨著進化而漸漸變成有意識的。但是利己和利他都是動物爲維護生命所不可缺少的兩種方法，只有利他而無利己，便沒有個體的存在；只有利己而無利他，便沒有團體的存在；欲保團體，必保個體；欲保個體，必保團體。在動物的行爲裏，沒有純粹的利己，也沒有純粹的利他，這種利己而又利他的傾向代代相傳，代代加强。因此，在一個高度進化的人類社會中，社會的利害便是個人的利害；社會是一個超級有機體，也隸屬於優勝劣敗和自然淘汰的法則之下，只有適應能力强的社會，才能繼續生存，而社會適應能力的强弱，又在於各個分子如何盡保護團體的義務。所以，人類最合乎道德的行爲，就是不要妨害社會的生命，同時還要積極發展社會的生命。

人類仍在進化之中，冥冥的走向一個理想完美的社會。在今天，我們所以有不同的道德標準，譬如有的人講「愛你的仇人」，有的人講「以眼還眼，以牙還牙」，是因爲人類還沒有進化到最完美的社會境界，大家的思想不能協調。然而人類將要進化到一個絕對完美的社會，那時的人類將有一個絕對的倫理，永恒有效：人人爲我、人人爲他。大家都有仁愛心，互相協助，毫不勉强，唯我的傾向與唯他的傾向完全平衡。

有了以上的理論，所以斯氏的結論是：我們的倫理標準就是走向理想的社會，要發展生命，不要妨害生命。換言之，發展生命的行爲就是善的行爲，阻礙生命的行爲就是惡的行爲。（註六二）

二、克魯泡特金（Pietro Kropotkin, 1842-1921）：克魯泡特金曾多年居住於西伯利亞，研究動物的進化行爲，是一位互助進化論者，著有「互助論」（The Mutual Aid）。

克氏主張現在的動物都是由進化而來的，但他反對動物的進化是由於優勝劣敗，弱肉强食的緣故。他不否認，在不同種類的動物中有殘酷的行爲，但在同類的動物中，牠們的行爲則多是互助。因此，克氏和斯賓塞一樣，不完全贊同達爾文的學說，因爲雖然達氏也講到動物的互助行爲，然而他在他的「人種由來」一書裏，把大自然描繪成一個大戰場，只有最强者、最捷者、最有力者才能得以生存；而弱者、老者、疾病者只有遭到淘汰的命運。克氏尤其不贊成赫胥黎所說的，在動物界「爪與牙都染得血紅」的鬥爭進化論。

克氏認爲互助是動物生存與進化的基本力量，許多動物在同類之中，都是强扶弱，大助小，健康者幫助疾病者。動物所以在進化的過程中，迭經嬗變，歷盡滄桑，而仍能傳宗接代，繼續進化，就是因爲互助的緣故。克氏以他的親身觀察證實說：「爲一個蟻巢的利益，或爲一個鳥類集團、一群羚羊、一隊猿猴底安全之自我犧牲，是在自然界每天發生的動物學的事實。」（註六三）的確，克氏在他的書中擧出了很多這種類似的例子，他還引述達爾文所發現的感人的故事，許多鳥類在秋季遷徙時，爲了能與其他的同伴共生存，不得不忍痛留下尚在成長的幼雛。（註六四）

有了以上的理論，克氏極不贊成普通動物無道德的說法。他認爲人類的愛心、同情心，甚至孤獨的痛苦感覺，都是動物本有的社會性，只是這種現象發生在人身上，便稱爲道德意識或良心；其實，這是人與普通動物共有的原始本能。因此，普通動物也是有良心的。人與普通動物在精神生活上的分別，只是程度的差別，將來有一天普通動物也可以進化到和人類

相同的精神生活，因爲普通動物也有智力，普通動物的智力與人的智力也只是程度上的差別而已。（註六五）

所以，動物的本性不是惡，自然界給予人的教訓也不是惡，而是善，人要向自然界去學習。人類不需要神學的道德來引導，也不需要法律的强力來管理；人類的道德會自動的進化，就如人類的生命會自動的進化一樣。人的天性豐裕充沛，一切的善都會流露出來的：當一個人有過多的愛、過多的歡樂、或者過多的眼淚時，便不得不傾露給別人。這是人的天性，不可遏止，克氏引述古耀（Jean Marie Guyau, 1854-1888）的話說：「縱使有時花之開放就是花之死亡，花仍是不得不開放的。」（註六六）有了這種主張，無怪乎克氏在政治立場走上了無政府主義的路線。

克氏是一個進化互助論者，由互助論走入功利主義是自然而然的事，所以克氏又是一個進化功利主義者。他認爲每個人在社會裏，都是整體的一分子，沒有社會，就沒有自己；個人的存在與社會的存在息息相關，就如他說：「近代科學又使人明白，沒有全體，則「自我」不能成爲東西；沒有「你」，則我們底「我」也無法成立。」（註六七）既然如此，那麼，我們就應當謀求大衆的幸福。沒有一個人，也沒有一個階級或民族，可以把自己的繁榮和幸福建立在另一個人、另一個階級或民族上的。（註六八）大家應當發展整個的社會，共同致力「最大多數人的最大幸福」。所以，對克氏來說，促進社會發展的行爲，便是善的行爲；阻礙社會發展的行爲，便是惡的行爲。但是，如果想要發展社會，必先從發展自己做起，這

包括自己的身體的、情感的，以及智慧的一切力量，惟有這樣，才是行爲的標準。（註六九）

評論

進化論在科學上有它的貢獻，這是大家公認的。但是進化論也有許多問題，一直到現在還困惑著科學家們。第一個問題就是什麼是生命？生命如何開始？最先，科學家們有「有生源論」與「無生源論」之爭；有生源論認爲生物有它的來源，無生源論認爲生物是自然開始，沒有來源。現在的生物學家的公論是生命來自生命，細胞來自細胞，凡生命都有它的來源。然而這並沒有解決問題。以後科學家們便又循著三個理論，設法得到生命來源的解釋：第一個理論是生物由無始便存在於地球上。不過，沒有科學家相信這種假定，因爲地球的本身便是有限的。第二種理論是生命來自太空。但是這個理論也有它的難題，因爲沒有生命可以經過太陽的紫外線（Ultraviolet waves）和X射線到地球上而不死亡的。最近，雖然地質化學家鮑納波魯瑪（Cyril Ponnaperuma, 1924- ）又在新近墜落在地球上的隕石上發現胺基酸（Amino acids），（註七〇）但是仍然不能肯定生命一定來自太空。況且，卽使能證明生命確實來自太空，科學上的基本問題：生命是什麼？生命如何形成？仍然沒有答覆，這不過是把問題在時間上向後推延而已。換言之，把生命的開始由地球上推到另一個星球上。第三種理論是認爲生命可能起源於地球的大氣層中。很多科學家都在這方面努力，然而到現在也都沒有得到積極的證實。生物化學家及科學小說家亞西莫夫（Isaac Asimov）說：「生命是什麼？直截了當的答案現在還沒有。有些科學家更懷疑，是不是永遠不會有明確的答案。甚至最簡單的生命，都是由非常複雜的物質組成的。這些複雜的物質，所蘊含的衆多變化太錯綜複雜了，以致於人類要想揭開其中的奧秘，幾乎沒有希望。」（註七一）但是，這就說明，既然科學家無法解釋生命是什麼？生命如何形成？進化論也無法解釋。

在我們的地球上，生物最早的跡象，是在南非「無花果」（Figtree ）地層中的化石上所發現的一種類似細菌的構造，這類化石的年齡在三十億年以上。在史瓦濟蘭(Swaziland)所挖掘的黑矽層中，經科學家的研究，並無任何生物化石的跡象。現在確定的最古老的植物化石，是在安大略（Ontario ）的柑佛林（Gunflint ）地層所發現的，年齡在二十億年左右。（註七二）至於今天地球上的物種如何來的呢？一般科學家的意見認爲是「定期性的進行」（Periodic process)，因爲有很多有機物是突然出現的。在地質時代第三紀（Tertiary ）的前期（約六千萬年），哺乳動物至少有二十五種（Orders ）及二百零六類（Families ），是突然出現的。這種「爆炸時期」（Explosive phase ）的出現，形成一個「不連續的過程」（a discontinous process ）。這不是說生命有過中斷，而是說較高生物的出現，沒有由低級生物進化的跡象，因此，如果以進化論來解釋物種的來源，這應是進化過程中的「起源眞空」（Vacuum of Origin ），很難解釋清楚的。（註七三）

我們在這裏簡略的提出這幾個問題來，是願意說，物種的進化似乎是有一個範圍的，物只能在那個範圍裏進化，不能超越範圍。當然我們也企待進化論作進一步的研究。不過，我們在此主要所討論的，不是進化論所講的進化過程，而是道德價值是不是在於宇宙或人的進化？對於這個問題，我們有以下的幾個意見：

㈠如果進化論主張宇宙間一切的物都是物質的，沒有精神的，那麼，道德價值的標準不可能是宇宙或生命的進化，甚至不可能有道德價值。因爲道德價值是精神生活的表現，需要精神主體的存在；而且，精神主體也必先度道德的生活，而後才有道德價值的出現，所以孔子說：「士志於道，而恥惡衣惡食者，未足與議也。」（論語・里仁）又說：「君子謀道不謀食。」「君子憂道不憂貧。」（論語・衛靈公）物質的物不能產生道德價值。

㈡如果進化論承認宇宙間有精神主體的存在，但認爲精神也是由進化來的，且仍循進化程序進行，這樣的進化論也不能成爲道德價值的標準。因爲在這種情況之下，第一、人便失掉了他的自由性，而自由性是構成道德價值不可少的因素。第二、道德價值也失掉了它的絕對性，因爲如果把進化當作道德價值的標準，這時的道德價值也不過只是表現進化的過程而已，便沒有絕對價值而言。但是我們知道道德價值是絕對的，孔子要人殺身成仁，（論語・衛靈公）孟子要人捨生取義，（孟子・告子上）都說明了道德價值的絕對性。

㈢進化論還有一個錯誤，那就是它把時間看成道德價值的標準，因爲根據進化論的主張，宇宙和一切的物越進化便越好。換言之，時間越延後便越好，這實在是顚倒了歷史秩序與價值秩序。因爲事實告訴我們，價值秩序是先於歷史秩序的，不是歷史秩序衡量價值秩序，而是價值秩序衡量歷史秩序。進化與進步並不相同，後來的東西不一定比先有的東西好，只有合於眞正價值標準的進化，才是好的東西。這樣說來，道德價值的標準不能是進化，而是那進化以前已有的價值。（註七四）

庚、尼采的超人主義：在我們討論倫理標準時，提出尼采的主張，似乎帶有一點諷刺的意味，因爲與其說尼采提倡道德，不如說他破壞道德，事實上他確曾以破壞道德自詡。（註七五）但是，尼采所以這樣做，不是要人什麼標準都不要，他有他的看法，也有他的標準，這和唯我快樂主義有它的標準一樣。尼采的標準是超人。爲了瞭解尼采的超人標準，我們應從消極與積極兩方面來著手。

在消極方面，尼采主張要把人類的一切道德都要打倒，因爲，第一、道德是人造的，不是一成不變，所以常可以改變。第二、尤其已往的道德都已陳舊，有害無益，應該摧古拉朽、應該剷除。

爲什麼已往的道德有害無益呢？因爲以尼采看來，人類所遵爲道德的行爲如仁愛、謙虛、慈善和憐憫等，無不是弱者的表現，只是代表怯懦和無能而已。就如他說：「我見有多少仁愛，卽有多少脆弱；多少公道及憐憫，亦卽有多少脆弱。」（註七六）所以，如果這類的行爲要稱爲道德，應當稱爲奴隸的道德，它們只能消滅人的尊嚴，爲害最大，「凡邪惡之人所能爲之害，此善人之害，則爲最害之害矣。」（註七七）

爲了剷除人間的道德，尼采知道的很清楚，必須從根本著手不可，那就是要消滅上帝的觀念，因爲道德的基礎是上帝。因此，在他所著的「扎拉圖士特拉如是說」（Thus Spoke Zarathustra）的開始，就很快的宣布了「上帝已經死亡了。」（註七八）而且以後還數次再宣布了他的死亡。因爲尼采反對上帝，因此他也反對基督教會，連帶的也反對慈善家和道德家，因爲這都是宣講慈善、仁愛、憐憫的人。

在積極方面，尼采企圖建立一個他所謂的「新道德」，這也是他所以摧毀舊道德的另一個理由。新道德就是要人做超人。所謂超人，就是自我肯定，自我發展；他所追求的是「權力意志」（will to power）：他要統治人，而不要被統治；他要征服人，而不要被征服。所以「權力意志」又稱爲「統治意志」（The Ruling will），因爲權力就是統治。統治人的人才是眞正的人，不像庸碌無能的人，這樣的人只能做奴隸。相反的，超人要發號施令，要掌權，要做人上人。爲了達到這種目的，他要利用一切方法，只要「能統治便可以無悔，能征服便可以自喜。」（註七九）因此，對超人來說，社會只是他成功的一個跳板，或者「一個絞刑臺，藉此絞刑臺，特出的人可以高昇，度更尊貴的生活，負更高尙的責任。」（註八〇）尼采的這種思想很像曹孟德所說的「寧叫我負天下人，不叫天下人負我」，又像克魯雪夫（Nikita Khrushchev）所說的「利用一切方法去攫取權力，是馬克斯主義的寶庫。」（註八一）超人知道，他的這種作風不會被社會所容忍，但是他不在意，因爲他是新價值的創造者；爲創造新價值，他必須破壞舊價值。（註八二）別人視爲惡的，他視爲善；別人視爲善的，他視爲惡。他睥睨無能的人，因爲他們事事被施捨，處處被統治，一切墨守成規，不敢越雷池一步。然而超人不同，超人沒有道德的標準，他自己就是標準，而且超出標準。

尼采認爲權力意志比生存意志還重要，因爲人旣然已經生在世上，自然便有生存意志，不必再求，所應求的，就是權力。如果一個人能統治而不統治，那實在是罪無可逭。（註八三）道德的標準不是善與惡的分別，而是强與弱的分別；强就是善，弱就是惡。沒有能力爭取權力的人，不值得去扶助，可以自生自滅。尼采有輕視女性的態度，（註八四）他認爲人生來就不平等。（註八五）

超人的路途是坎坷的，有許多阻礙和困難。因爲世界上的人，究竟庸人多，天才少。庸人常佔優勢，天才常居下風。但是，超人並不氣餒，他肯犧牲自己，也肯犧牲別人，「冒險的生活下去」是他的座右銘。他不以德報怨，相反的，他要盡量報復，如果不能大報復，便要小報復。（註八六）雖然如此，超人仍然不免要慨歎，慨歎世上的庸人太多，他認爲這是世界的大不幸。因此，尼采認爲不是人人有資格結婚的，只有能生育超人的人才有資格結婚。（註八七）對尼采來說，不要說世界上有這麼多的庸人，就是只有一個，他也嫌太多。（註八八）

總括起來說，尼采的人生標準就是摧毀已往的一切倫理標準，建設一個新的標準，新的標準就是超人。超人要利用一切方法去發展自己、擴充自己；他的目標就是權力，就是統治；他不要身後的永生，他要現世；他沒有生活的標準，他自己就是標準，而且超越標準，因爲他是新價值的創造者。

評論

尼采的思想和他的生活環境有極密切的關係，他的父親是德國路德教的牧師，母親也是一位牧師的女兒，他的家庭本來很幸福，但不幸尼采出生甫兩年，他的父親便患了精神病，不久，他的幼弟也相繼逝世。根據尼采幼年時的病歷記載，他自幼患有偏頭痛和近視。他的家庭除他以外，完全都是女性：他的母親、他的祖母、他的妹妹，和他的兩個未出嫁的老姑母。因此，他的性情極爲孤僻，很多的作家認爲這也是他所以討厭女性的一個重大理由。尼采從軍後，曾受到了極嚴重的胸部傷害，繼而又患了胃病。中年後，眼疾發作，漸近失明，健康情形極壞。因爲他喜歡寫作與閱讀，不顧醫生的勸告，終日埋頭書案，與書籍爲伍，他的健康情形更是江河日下，甚至爲能得到片刻的睡眠，也必靠藥物支持不可。所以他滿腔的憤恨，極度的焦慮和不安。他背棄了他世傳的宗教信仰和愛國主義，他强調强者，强調超人。然而不幸，這位哲學家與詩人終因憂憤過久，也變成了一位精神病人，以迄與世長辭。(註八九)以下是心理分析學家佛洛姆對尼采的評論。

「首先，尼采跟史特濃一樣（即斯特納 Max Stirner，1806–1856，作者註），他的哲學是一種反動—反動傳統哲學將眞實的人附屬於權威，或超乎自身之外的主義和教條。他矯枉過正的趨向，很明顯地表現這種反動性質。其次，在尼采本人的人格裏，有一種極度的不安感和焦慮感，這種心理因素乃促使他强調『强者』的地位，而這種强者的地位正能使他的反動合理化。最後，尼采本人也深受進化論所强調的『適者生存』之觀念所影響。」（註九〇）

我們在這裡簡短的介紹了尼采的生活和別人對他的評論，目的是使我們對尼采的學說背景有更清楚的認識，這樣，在我們評論他的學說時也更能確切與合理。現在讓我們來看他的超人主義，是否應當作爲我們的人生標準。

㈠尼采主張人要做超人，以超人作爲人生的標準，如果這是激勵人心向上，要人發奮圖强，力爭上游，不要庸庸碌碌、糊裏糊塗的過日子，這自然是對的，因爲人應當發展自己、充實自己。但是尼采的意思並不是這樣，他首先要消滅慈愛、同情、憐憫和謙遜等德行，因爲他認爲這都是弱者與無能的表現。然而這不但是矯枉過正，而且也實在是沒有瞭解人的本性。我們都知道，人是社會動物，生來就必與別人共處；同時，人爲了發展自己，也必需要別人的協助，因爲沒有一個人可以在各方面是完全獨立的。因此，人的本性自然就含有互助的傾向，而慈愛、同情、憐憫等德行便是互助傾向的實際表現。在一個嬰兒呱呱墮地之後，他的父母對他卽刻就產生一種無可名言的愛，爲他勞心勞力，不辭辛苦，終年如一日，眞所謂「蓼蓼者莪，匪莪伊蒿，哀哀父母，生我劬勞。」（詩經小雅蓼莪）在人長大之後，也莫不自然而然的對父母發生孝愛之情，就如孟子所說：「人之所不學而能者，其良能也；所不慮而知者，其良知也。孩提之童，無不知愛其親也；及其長也，無不知敬其兄也。」（孟子・盡心上）然而人的這種慈愛、同情、憐憫等感情，不僅存在於父母子女之間，也存在於人與人之間，因爲人爲了發展自己，不但要依賴父母，也要依賴師長、朋友，以及社會上各階層的人士。當然，人與人之間的種種情感沒有像父母子女之間的那樣親密，因爲人與人之間的關係究竟沒有父母子女的血統關係。但是，人與人互相依賴幫助，因而產生慈愛、同情、憐憫等情感，應是必然的。再者，人根本也是有感情的動物，人生在世，沒有不經歷過憂患、疾病以及災禍等痛苦的，人知道自己的痛苦不好受，推己及人，也知道別人的痛苦不好受。因此，自然而然的也就會發生同情、仁愛、憐憫等情感。

論到人的謙虛，如果探本究源，我們不難發現，那也應與人的本性有關。因爲人是有限的物：人的力量、人的健康、人的智慧、人的生命，凡是屬於人的一切，沒有不是有限的。一個這樣有限的人，處於近似無限的宇宙裏，論空間，廣不見邊際，論時間，緜延不絕，人的存在，實不啻恒河一沙，曇花一現。在人面對這樣廣大的宇宙與自己的有限性時，不能不感到自己的渺小，不能不謙虛。不謙虛的人，是沒有認識自己。縱然驕傲的人，也有時不能不感到自己的體力與智力的微小和缺乏。我們不否認，人能做很多的事，也有很多的成就，但是，人做不來的事更多，沒有成就的事更多。所以，我們認爲，尼采主張超人，要消滅謙虛，就如他要消滅同情、慈愛等德行一樣，都與人性相牴觸。

(二)尼采宣揚强者，睥睨弱者，主張人應以强者或超人作標準，能做强者的人便是眞正的人。尼采儘可這樣主張，然而事實上，這是做不到的，因爲强者並沒有一個固定的標準。要知道人不是機器的產品，人有一個有血肉的身體，因此，不論什麼人都有他的缺點，沒有一個人有完全健康的身體，也沒有一個人有無事不知的頭腦。凡是人都有他的優點，也都有他的缺點。有的人智力很高，然而體格稍差；有的人體格魁梧，然而智力嫌低；有的人雙臂有力，有的雙足有力；有的人聽覺好，有的人視覺好；有的人有膽識，有的人有毅力。那麼，什麼人是强人呢？如果說大致說來，有足夠的健康，有足夠的智力便是强者，那又不是尼采的意思，因爲尼采的强者是超越一般的人，什麼都好。所以，强者或超人在尼采的定義下，是不能作爲人生的標準的。至論尼采睥睨弱者，認爲殘疾無能者可以自生自滅，沒有做人的資格，試問又有誰能不病、不弱、不老、不死？人的缺點和人的優點一樣，都是人的本性。人就是這樣的物，有優點，也有缺點。人類包括强者，也包括弱者；有聰明的，也有愚笨的；有老的，也有少的。然而這都不是倫理的問題，倫理的問題是人如何做一個好人，或一個有道德的人。

沒有懷疑的，尼采的學說對於種族優越主義發生了很大的影響：海克爾（Ernst Haeckel, 1834-1919）主張要以藥物毒死精神病患者；普勒司(Alfred J. Ploetz, 1860-1940）倡導「種族衞生」，要求在戰爭時，先把人民中之渣滓送往前線當炮灰；埃倫費斯（Christian von Ehrenfels, 1859-1932）主張素質優良的男子要盡量與更多的女人相結合，以能生育優秀的後代；朱利安・赫胥黎（Julian Huxley, 1887-1975）推動以優生學的方法實際改良人種，這包括控制婦女懷孕、人工授精、以及冷藏精蟲等等。這些主張不只是理論的研討，世界第二次大戰時，德國納粹政府便將許多理論一一付

諸實行；許多的人，尤其是猶太人，都在「種族衞生」的主義下犧牲了他們的生命。（註九一）

尼采的主張太偏激了，他講的不是如何做人的問題，而是如何做强人的問題。用一個不雅的比喻來說，在走獸中他只許可獅子的存在，不許可有別類的走獸存在；而且在獅子中，也只許可最强的獅子存在。但是，這怎能行的通？尼采超人主義的問題實在太多，我們認爲那是不能作爲人的倫理標準的。

辛、正直理智標準說：正直理智標準說認爲合乎理智的行爲就是道德的行爲，違反理智的行爲就是不道德的行爲，因爲理智是分辨是非善惡的官能。但是，理智應當是正直的理智（Right reason, Recta ratio），不是任意所解釋的理智。主張這個學說的，多是士林哲學家。爲瞭解這個學說，我們必須分段來說明：

㈠正直理智標準的意義：理智稱爲行爲的標準有兩種意義，一種是「建立標準」的意思（Norma constitutiva），一種是「揭示標準」的意思（Norma manifestativa）。這不是說理智是兩個標準，而是說一個標準，但有兩種作用。理智所以稱爲行爲的「建立標準」，因爲人的行爲之所以能脫離物質界而進入道德界，是因爲經過理智判斷的緣故，如果行爲不經過理智的判斷，便沒有善惡的分別。不錯，行爲的本身也有它的善惡，但是，那樣的善惡只有本身的價值，沒有道德的價值。因爲不經過理智判斷的行爲，不是有意識的行爲，因此，也就不是眞正人的行爲。所以，行爲的道德價值必須由理智建立不可，換言之，理智就是行爲的建立標準。當然，在構成一個眞正人的行爲時，意志的抉擇也是一個不可缺少的因素，然而意志不是一個獨立的官能，而是理智的行動能力，所以稱爲實踐理性或「理性的慾望」。在構成人的行爲上，意志好像是行爲的「物質原因」（Material cause），理智好像是「形式原因」（Formal cause），這也就是說，藉著意志的抉擇，行爲才能實在的實現，但是藉著理智的判斷或認識，行爲才能有倫理善惡的分別。

理智又所以稱爲行爲的「揭示標準」，因爲在我們判斷行爲的善惡時，理智不能憑空判斷，必須有所根據。那麼，什麼是理智判斷的根據呢？顯而易見的，應當是人性才對，因爲我們討論的是人行爲的善惡，如果我們離開人性去討論人的行爲，那將是風馬牛不相及，根本不發生關係。人有人性，人性包括做人之道，理智的功能就是要揭發出人的做人之道。人根據理智所揭發出的做人之道去行事，便是好的行爲，否則，便是壞的行爲。所以，理智又稱行爲的「揭示標準」。

(二)人性是理智判斷的基礎：所謂性，就是物的自然而固定的傾向，除非受到阻礙，它常依照一成不變的天然方式去活動。譬如火向上升，水向下流，飛鳥要在天空中飛，走獸要在地面上走，這都是出於物的性。拉丁文的性字natura，和許多西方文字的性字，以及中文的性字，都與生字有關。其實，在中國古代文字裏生性二字本來不分。這種道理是很容易瞭解的，因爲物生於性，性寓於物，二者共存共滅。所以告子說：「生之謂性，」（孟子・告子上）荀子也說：「性者，天之就也」，（正名篇）又說：「不可學，不可事，而在天者，謂之性；可學而能，可事而成之在人者，謂之僞。」（性惡篇）王充也說：「性，生而然也。」（論衡初禀篇）亞里斯多德把性定義爲：「性是物活動與靜止的根源，它的活動是自發，不藉助於任何其他的物。」（註九二）性與物本是一體，一個物有什麼樣的性，便有什麼樣的活動；如果物的性相同，他們的活動也必相同，所以，物都有它們的自然律。

依以上我們所說，性既與物不可分離，又是物活動的根源，因此，物之所以有好有壞，就在於如何遵守它的性。換言之，如果一個物願意是它本來應是的物，或者眞物、好物，那麼，就應當依照它的性去存在、去活動。一匹馬不能是一匹眞正的好馬，除非牠完全依照牠的馬性去生活。如果一匹馬跑起來像牛，叫起來像狗，決不能稱爲良馬。人也是一樣，如果人願意做一個眞人或好人，必定要依照自己的人性去生活；如果人不依照自己的人性去生活，而依照別的物的性去生活，決不能稱爲眞人或好人。所以，中庸說：「天命之謂性，率性之謂道，修道之爲教。道也者，不可須臾離也。」（一章）

人應當依照自己的人性去生活，可以說是天經地義的事。人越依照自己的人性去生活，越是眞人或好人。相反的，人越不依照自己的人性去生活，越不是眞人或好人。因此，一個完全的好人，就是完全實現他的人性，亞里斯多德和聖多瑪斯都有這種主張。（註九三）同樣，中國的儒家思想也有這種看法，中庸說：「唯天下之至誠，爲能盡其性；能盡其性，則能盡人之性；能盡人之性，則能盡物之性；能盡物之性，則可以參天地之化育；可以參天地之化育，則可以與天地參矣。」（二八章）不過，我們尙應注意，已如我們以上所說，只是合於人性的行爲，不見得理所當然的就是道德的行爲；道德的行爲必須是經過正直理智的判斷，並且依照那個判斷所做的行爲。在建立行爲的道德性質上，人性是基礎，理智是指導；基礎是客觀的眞理，理智則使行爲合於客觀的眞理。然而這就說明，理智是行爲的判斷標準，而人性則是理智判斷的基礎。

㈢人性的意義：我們說人性是理智判斷的基礎，但是，什麼是人性呢？禁慾主義講人性，快樂主義講人性，功利主義也講人性，沒有一種哲學不講人性的，究竟人性如何解釋？我們認爲：在我們討論人性時，最要緊的應當考慮整個的人性，不能只注意局部的人性或片面的人性。如果我們只注意到片面的人性，在評判人行爲的道德性質時，自不免失之偏差。爲了瞭解整個的人性，我們應當注意兩件事：

第一、在我們討論人性時，必須包括組成人性的每個部分。我們知道，人的組成因素是非常複雜的，在形上方面有靈性和動物性；在物質方面有理智和身體，以及身體的各部分和官能。不過，人性的組成雖然很複雜，但不是零亂無章，而是有秩序和有系統的，因爲人是一個整體的人。

首先，人的組成既包括一個身體，含有動物性，那麼，在人的生活裏也應包括動物性，應是自然的事。人不應妄想脫離自己的身體，希望度一個純精神體的生活。然而人也不是一個普通的動物；人有理智，只依照動物性去生活也不是合於人性的生活。眞正合於人性的生活是兼合於動物性及理智的生活。但是，人的眞正特性是人的理智，因爲人之所以異於普通動物的一點就是理智，所以，人主要的要根據理智生活才對。否則，理智便沒有什麼意義。

在討論人性時，有些士林哲學家稱理智爲「上分」（Higher part），稱身體爲「下分」（Lower part），這是因爲在生活上，理智要指導身體，身體要服從理智的緣故。此處所謂的身體，也就是指人的情慾而言。這種對人性的解釋，和我國孟子所說的體有貴賤、有大小的說法相同。只根據賤體或小體生活的人，只能成爲賤人或小人；惟有根據貴體或大體生活的人，才能成爲貴人或大人。孟子說：「體有貴賤，有小大；無以小害大，無以賤害貴。養其小者爲小人，養其大者爲大人。」（孟子・告子上）孟子所說的大人，也就是我們所說的眞人或好人，人生的目的就在做一個眞人或好人。

我們已經說過，在我們討論人性時，必要顧及組成人性的每個因素，不能只顧及局部的因素，因爲人是整體的人。如果我們只以組成人性的部分因素，去討論整個的人性，必是錯誤的人性。譬如告子說：「食色，人性也。」（孟子・告子上）禮記也說：「飲食男女，人之大欲存焉。」（禮運篇）這都是指局部的人性而言。很明顯的，我們不能把這局部的人性當作整個的人性，否則，只有變作酒色之徒，這和做人的意義就相去太遠了。

第二、在我們討論人性時，也必須包括與人生有關的各種關係。人生於世，不是自己一個人，更不是自己一個物。人是人類中的一個人，萬物中的一個物，借用墨爾頓（Thomas Merton, 1915-1968）所借用董諾（John Donne）的幾句話說：「沒有一個人是一個孤島，可以完全獨立的；每個人都是大陸的一塊，整體的一部分。」（註九四）所以，人必與他的四周環境發生關係；他不能不如此，這是他的天性。士林哲學認爲人與外界所發生的關係有三種。

第一種人與外界所發生的關係是人與人的關係。人是社會動物，人一出生，便生在一個家庭裡和一個社會上，事實上人有兩性之別，就說明人需要社會並要組織社會。因此，人不能離群索居。而且，已如我們在評論尼采的學說時所說，人爲發展自己，必須依賴別人，因爲沒有一個人可以是完全獨立的。任何一個人，或是在物質上，或是在精神上，至少在某一方面，需要別人的幫助。一個完全脫離社會的人，不可能得到正常人格的發展，人類的社會所以有各行各業，便是這個道理。

人與人的關係既如上述，沒有人可以完全脫離社會，所以，凡發展或促進人類間關係的行爲，便是合於人性的行爲，也就是好的行爲；相反的，凡破壞或阻礙人類間關係的行爲，便是違反人性的行爲，也就是壞的行爲。推衍來說，敦親睦鄰，守望相助，都是好的行爲；姦殺掠奪，招搖撞騙，都是壞的行爲。

以上所說，是指人與人之間的普遍關係，然而人還有人與人之間的特殊關係，因爲人實際上生於一個特殊的家庭裏和一個特殊的國家內，有一個特殊的環境。中國儒家所講的君臣、父子、夫婦、兄弟、朋友五倫，或父慈、子孝、兄良、弟弟、夫義、婦聽、長惠、幼順、君仁、臣忠十義，（禮記・禮運篇）都是指人與人之間的特殊關係。由於時代的演變，五倫與十義中有些名詞也許稍帶封建性，然而它們所指的事實是對的，在我們考慮一個行爲是否合於人性時，這些關係都應列入考慮之中才是。

第二種人與外界所發生的關係是人與萬物的關係。人生離不開物質，這是很明顯的。這不但是指人對維持自己的衣食住行所需要的物質而言，也是指人對發展自己的天賦、改良人類的生活所需要的物質而言。所謂物質，包括宇宙間的一切物，諸凡日月、星辰、山川、海洋、空氣、大地、禽獸、植物和礦物，只要人有需要，便都可以加以利用。因爲人有理智，爲萬物之靈，其餘一切的物，沒有理智，爲無靈之物。但是，人只能正當的利用萬物，而不可妄用萬物，因爲人對於萬物並沒有絕對的主權。況且，萬物不只是爲現在的人而存在，也是爲了千千萬萬的後世人類而存在；現在的人爲了需要和發展而去利用萬物，這自然是理所當然的，但如妄用萬物，便無異是爲後代的製造困難，侵害他們的權益。我們在此可以這樣說：凡是破壞資源、暴殄天物，都是不合人性的行爲，因此，也就是不道德的行爲；相反的，保護資源、發展資源，都是合於人性的行爲，因此，也就是道德的行爲。

第三種人與外界發生的關係是人與上帝或天主的關係。士林哲學是有神論的哲學，相信人與萬物都是受造物，因爲人與萬物都是有限物，然而有限物不能自有，必須有一個無限的造物主來造。同時，如果人是受造物，自然對於他的造物主也必有恭敬與愛慕的責任。這種思想也和中國的儒家思想不謀而合。中國儒家認爲「天生蒸民」，（詩經・蒸民）「天生神物」（易經・繫辭十一章）所以人應敬天和祭天，禮記說：「郊之祭，大報本返始也。」（郊特性）

總歸來說，根據正直理智標準說，一個行爲如果經過理智的判斷，完全合於人性，便是善的行爲；如果不合於人性，便是惡的行爲。所謂人性，就是說人是一個受造、有理智與身體、長於社會、靠萬物而生存和發展的動物。在我們判斷一個人的行爲時，應當根據這樣的人性去判斷。

評論

看過了正直理智標準說，我們認爲這種學說極爲合理。因爲：第一、它抓住了人之所以爲人的主要因素：理智。如果人沒有理智，便與其它動物沒有任何分別。但是，人有理智，而理智的功能就是鑑別善惡，分辨是非。所以，人應當以理智作爲判斷行爲善惡的標準。第二、正直理智標準說把人性分析的極其周詳，認識的極其透徹，人應當以這種人性作爲行事處世的標準。別的學說如快樂標準說、功利標準說、以及進化標準說等，固然也都講論人性，然而它們所講的人性，都是局部的人性，在我們討論那些學說時，沒有懷疑的，我們都曾發現了這一點。當然，無神論者不會贊同正直理智標準說的，因爲無神論不相信上帝或天主的存在。然而無論如何，人有理智，人有人性，人行爲的好壞，應當以理智根據人性來判斷，這個大原則總不應該被否認的吧？

註 一：參閱：Frederick Copleston, S. J., A History of Philosophy, vol. I. Greece & Rome. Part. I. (Image Books), A Division of Doubleday & Co., Garden City, New York, 1962. P. 139.

註 二：羅素著，鍾建閎譯，西方哲學史，第二冊，中華文化出版事業委員會出版，民國四十四年，三三〇頁。

註 三：F. Copleston, op. cit. P. 141.

註 四：如上。

註 五：Marcus Aurelius, Meditations, 4. 23, 引於 F. Copleston, op. cit. vol. I., Part II. P. 180.

註 六：羅素，已引書，三八〇頁。

註 七：Seneca, Frag. 17, 引於 F. Copleston, op. cit. p. 138.

註 八：羅素，已引書，三三二頁。

註 九：參閱：J. Maritain, Moral Philosophy, Charles Scribner's Sons, New York, 1964, P. 56.

註一〇：Anthony Ashley Cooper, Characteristics of Man, Manners, Opinions, and Times. BK. I. Pt. II. § 3; BK. II. Pt. I § 1. London, 1711. Selections in Rand.

註一一：F. Hutcheson, Inquiry into the Original of Our Ideas of Beauty and Virtue, Treatise II. Sect. I., London, 1725, Selections in Rand.

註一二：David Hume, Treatise of Human Nature, London, 1739, Section II; Selections in Approches to Ethics, edited by W. T. Jones, Mc-Graw- Hill Book Co. New York. 1962.

註一三：Thomas Reid, Essays on the Active Powers of Man, Edinburgh, 1788; Selections in Rand, Essay Ⅲ. Pt. Ⅲ. ch. 6.

註一四：史懷哲，己引書，一五七頁。

註一五：Copernicus, 1473 - 1543，反對太陽繞地球之說，倡地球繞太陽之說。

註一六：Immanuel Kant, Fundamental Principles of the Metaphysic of Morals, transl. by Lewis White Beck. 台灣重印本，I Section, P. 11

註一七：同上，十五頁至十六頁。

註一八：同上，二十六頁。

註一九：同上，2 Section, P. 57.

註二〇：同上，六三頁。

註二一：同上，五六頁。

註二二：同上，五頁。又 The Critique of Practical Reason Part I. BK. I. Ch. 1. P. 33 台灣重印本。

註二三：I. Kant. Lectures on Ethics, transl. by Louis Infield, Harper & Row. New York, 1930, P. 37.

註二四：I. Kant, The Critique of Practical Reason, BK. Ⅱ. Ch. 1. P. 113.

註二五：同上，四三頁。

註二六：I. Kant, Fundamental Principles of the Metaphysics of Morals, P. 38., Critique of Practical Reason, Pt. I. BK. I. Ch. 1. § 7. P. 30.

註二七：I. Kant, Fundamental Principles, P. 38.

註二八：同上，四六頁。

註二九：I. Kant, Critique of Practical Reason, BK. II. ch. II. § V. P. 130; VIII P. 149.

註三〇：參閱：J. Maritain, Op. Cit. P. P. 114-116.

註三一：桑木嚴翼著，佘又蓀譯，康德與現代哲學，商務印書館，民國五三年，一三三頁至一三四頁，引於周克勤著，道德觀要義，商務印書館，民國五十九年，上冊，四九至五十頁。

註三二：同上。

註三三：Aristotle, Metaphysics, BK. III, ch. 2. 996 a. 30.

註三四：Paul Edwards, Editor in Chief, The Encyclopedia of Philosophy, The MacMillan Co. & The Free Press. New York, Vol. 1. P. 148. 虹橋書店重印，民國五七年。

註三五：F. Copleston, op. cit. Vol. I. Part II. P. 146.

註三六：羅素，己引書，第二冊，三四六頁。

註三七：Aristotle, Nicomachean Ethics, BK VIII. ch 4, 1157 b, 15.

註三八：同上，BK X. ch 3. 1173 b. 20-25。

註三九：佛洛姆，己引書，一六九頁。

註四〇：Jeremy Bentham, An Introducation to the Principles of Morals and Legislation. London, W. Pickering, 1823, ch. 1 § XI; XIII.

註四一：John Stuart Mill, Utilitarianism, edited with notes by M. Kohmo, The Hokuseido Press, 1936. Chap. 2, p. 9.

註四二：同上。

註四三：Henry Sidgwick, The Methods of Ethics, Dover Publisher, New York, 1963, BK.

II . ch . 5 . P 125 .

註四四：同上，BK . II . ch . 5 .

註四五：同上，BK I . ch . III.,BK III . ch . 1

註四六：同上，BK III . ch . XIII . P . 379 .

註四七：同上，P . 318

註四八：同上，BK III . ch . XIII . PP . 381 - 382

註四九：同上，三八二頁。

註五〇：同上，BK IV ch . II . P.P 420-421 .

註五一：同上，三八三頁。

註五二：梁啓超，墨子學案，中華書局，民國四十六年，三十頁。

註五三：同上，二一頁。

註五四：參閱：蔣維喬，中國哲學史綱要，中華書局，民國四六年，卷上一九一至一九二頁。

註五五：同上，一九二至一九三頁。

註五六：李紹崑，墨子研究，現代學苑出版，民國五七年，方豪序，第二頁。

註五七：參閱：蔣維喬，己引書，一九六至一九七頁。

註五八：袁廷棟，普通倫理學，光啓出版社，民國五八年，九七頁。

註五九：梁啓超，己引書，二三頁。

註六〇：T. H. Huxley & Julian Huxley, Evolution and Ethics，新月圖書翻印版，民國五五年，六二頁。

註六一：同上，一〇五頁。

註六二：參閱：Herbert Spencer, The Data of Ethics, Selections in Approaches to Ethics, Op. cit, P.P 329-337.

註六三：克魯泡特金著，李費甘譯，人生哲學，帕米爾書店，民國六二年，第三章，七九頁。

註六四：同上，七十至七一頁。

註六五：同上，第三章，六一頁至六七頁。

註六六：同上，第二章，四七頁。

註六七：同上，上篇，七頁。

註六八：同上，六至七頁。

註六九：同上，參閱第二章。

註七〇：參閱：Time（Magazine）, Sept. 24, 1979, P. 41.

註七一：Isaac Asimov 著，章臺華譯，二十世紀的發現，中正書局，民國六一年，三五頁。

註七二：于名振、王立鈞、孫克勤、郭鍾祥著，生界・我們的生存環境，東海大學環境科學研究中心印行，民國六五年，十五頁。

註七三：參閱：Sacramentum Mundi, edited by Karl Rahner, Cornelius Ernst and Kevin Smyth. Burns & Oates. 1968 Reprinted in Taiwan 雙葉書店，Vol. I. P. 284.

註七四：參閱：袁廷棟著，已引書，一一七至一一八頁。

註七五：Friedrich Nietzsche, Also Sprach Zarathustra，蕭贛譯，扎拉圖士特拉如是說，台灣商務印書館，（漢譯世界名著，甲編）民國五五年，第一冊，十九，蛇齩篇，四五頁。

註七六：同上，第三冊，四九篇，侏儒之道德，二四九頁。

註七七：同上，五六篇，舊表及新表，三一六頁。

註七八：同上，第一册，緒言，第二節，四頁。

註七九：F. J. Thonnard, Précis D'Histoire de la Philosophie, Desclee & Cie, Tournai (Belgique), 1937. P. 890.

註八〇：F. Nietzche, Beyond Good and Evil, transl. by Helen Zimmer, New York. The MacMillan Co. 1907. Stanza 258, 引於佛洛姆著，人類之路，一二三頁。

註八一：參閱：John K. Jessup. The Story of Marxism : Its Man, Its March. Life (Magazine) Oct. 20, 1961, P. 131.

註八二：參閱：同七八註，第一册，第十五篇，一千零一之目標，八一頁。

註八三：同上，第二册，四十四篇，最靜之時，二一九頁。

註八四：同上，第一册，十八篇，老婦及少婦，九四頁。

註八五：同上，第二册，二十九篇，毒蜘蛛，一四四頁。

註八六：同上，第一册，十九篇，蛇螫，九六頁。

註八七：同上，二十篇，兒子與結婚，九八至一百頁。

註八八：同上，十四篇，友，七五頁。

註八九：The Encyclopedia. op. cit. Vol. 5. P.P 504-506.

註九〇：佛洛姆，己引書，一二三頁。

註九一：周克勤，己引書，上册，七八至七九頁。

註九二：Aristotle, Physics, BK. II. ch. 1. 192 b. 20.

註九三：Aristotle, Physics, BK VII. ch. 3. 246 b. 10-15 ; St. Thomas. Summa Theol.

I-II. Q. 49, Art. 2.

註九四：Thomas Mertor, No Man Is An Island, A Dell Book, Dell Publishing Co, New York, 1957, P. 21.

第十章 論倫理價值的建立

在我們對倫理標準作過一番冗長的討論之後，我們可以看出來，人行爲的標準不可能建立在局部的人性上，也不可能建立在空洞的理想形式上，更不可能建立在經驗的事物上，應當建立在以人性作基礎的理智判斷上。然而我們現在要問：是否人的行爲道德價值就是來自人性呢？這不是一個沒有必要討論的問題，因爲道德價值必有它的形上基礎。但是，如果答案是否定的，那麼，我們就應另覓途徑，以求發現道德價值的根源，否則，道德價值便沒有形上的基礎，而成爲空虛的幻想。我們在這一章裏，主要的就是討論這幾個問題。

第一節 人性與道德價值

人性與道德價值究竟有什麼關係？是否人行爲的道德價值就是來自人性呢？或者說，是否人性是行爲的道德基礎？首先我們知道，不是凡出於人性的行爲就有道德的價值。很明顯的，人的生理動作，如血液的循環，脈搏的跳動、肺臟的呼吸等，雖都出於人性，但都沒有道德的價值，因爲那不是有意識的行爲，而只是生理的自然現象。它們有健康的價值，沒有道德的價值。此外，人由於滿足自己的慾望所做的行爲，譬如爲了健康而運動，爲了發財而工作，也都沒有道德的價值，因爲這雖然也都是出於人性，但都是屬於物質界的事，與道德價值無關。道德價值屬於精神界。

現在我們不妨再問：是否我們普通所稱爲的德行如慷慨和貞操是來自人性呢？因爲照我們在討論人性時所說，這都是合於人性的行爲。不錯，這都是合於人性的行爲，但是，如果我們僅從人的自然傾向來分析，也看不出它們的道德價值是來自人性的。因爲爲什麼慷慨有道德的價值，而吝嗇就沒有？爲什麼貞操有道德的價值，而淫亂就沒有？是否慷慨更合於人的自然傾向，而吝嗇相反人的自然傾向？或者是否貞操更合於人的自然傾向，而淫亂相反人的自然傾向？我們認爲這是很難給與肯定的答覆的。我們不否認，在人的自然傾向中含有社會性和正義性；社會性要求人幫助人，正義性要求人尊重人。但是，人的社會性和正義性並沒有消滅人的自私性和尋求快樂的慾望。是否這些自私性和尋求快樂的慾望都相反人的自然傾向呢？這當然不會是事實。因此，僅從人的自然傾向來看，我們很難說慷慨就比吝嗇好，貞操就比淫亂好。

我們可以再進一步來說，縱然完全合於人性的道德行爲，如父母愛護子女，子女孝敬父母，我們也很難證明它們的道德價值是來自人性的。人性要求行爲合於人性，但是人性並不能賦與行爲道德價值，因爲它的本身就不是道德價值。不錯，馬依馬的性去活動是好馬，人依人的性去生活是好人，但是，爲什麼馬依馬的性去活動雖然是好馬，而馬依馬的性的活動却沒有道德價值？反之，人依人的性去生活却有呢？如果說馬沒有理智，沒有自由意志，而人則有理智和自由意志，這還不是一個最好的答覆，因爲已如我們從前所說，理智只把行爲帶入道德界，並不給與行爲道德價值。所以，我們僅從分析人性來說，我們也無法瞭解爲什麼父母愛護子女，子女孝敬父母就是道德的行爲。當然更無法瞭解其他的德行如誠實、寬恕、謙虛等也是道德的行爲。我們可以瞭解，但有一個條件，那就是必須先承認它們內在的善或美，並承認它們的善或美與人的尊嚴有密切的關係。換言之，只有在我們把道德價值的基礎包括於人性之內，並承認人生是在實現道德價值時，我們才會瞭解按照人性所做的行爲才是道德的行爲。然而這已超越了人的本性界，而承認有一個道德價值界的存在。

由以上所說看來，在我們討論人性時，如果不承認道德價值界的存在，縱然我們把上帝或天主與人的關係連結在一起，我們仍然無法由人性中推論出道德價值來。討論人與上帝的關係，也必先假定價值的觀念；討論人性，不討論價值，我們不會敬天或祭天。所以，爲了完全瞭解人性與道德的關係，我們必須先承認道德價值界的存在不可。承認了道德價值界，又承認人生是在實現道德價值，我們自然就會瞭解合於人性的行爲是善的行爲，違反人性的行爲是惡的行爲。如果我們忽略了道德價值界，只在人性裏打轉，將永不會找出道德價值來，道德價值只有在道德界才能找得到。（註一）

第二節 倫理價值的建立

我們剛才說過，爲瞭解道德價值，必須承認道德界，然而我們行爲的道德價值如何來自道德界呢？換言之，我們如何建立我們的行爲道德價值？原來，我們的理智在道德的判斷上，以及我們的自由意志在道德的追求上，都有一個理想或典型，這個理想或典型就是絕對的聖或善，我們由於趨向或追求那個絕對的聖或善，而分有它的價值。所以，我們行爲的道德價值就是來自那個絕對的聖或善。

對於這個問題，我們還可以從分析實踐理性方面來解釋。我們都知道，理智的判斷常是絕對的，除非那不是一個眞正的判斷。譬如理智對於形上方面所作的判斷：整體大於部分；一個物不能同時存在又不存在，這都是絕對的。又如理智對於物理方面所作的判斷：氧遇到火便會燃燒；物沒有支持便會落下，也都是絕對的。甚至連理智對於偶然事情所作的判斷，也是絕對的，譬如剛才下了一陣雨，或者颳了一陣風，理智都對它們無條件的承認。理智對於這一切事情所作的判斷所以然是絕對的，因爲有矛盾律、因果律以及事物的明顯性作基礎。同樣，理智對於道德價值的判斷也是絕對的，譬如「善當行，惡當避」；「己所不欲，勿施於人」。理智對於道德價值的判斷是絕對的，因爲那些判斷完全適合於理智所以爲理智的本性，在理智面臨那完全合於理智本性的道德價值時，理智不能不作絕對的判斷。

現在我們要問，什麼樣的道德價值判斷才完全適合於理智所以爲理智的本性？爲答覆這個問題，我們應當先知道什麼判斷不適合於理智所以爲理智的本性。第一、根據我們情慾所作的判斷不適合於理智所以爲理智的本性，因爲根據情慾所作的判斷雖然是絕對的，但是理智所肯定的事物不是絕對的，譬如天氣很冷，應加些衣服，肚子很餓，應吃些東西。天氣冷與加衣服，肚子餓與吃東西，都不是絕對必要的，這類判斷的標準是慾望，不是理智所以爲理智的目標。第二、根據理智自己的自然傾向所作的判斷也不適合於理智所以爲理智的本性，因爲理智和其他的官能一樣，也有自己的自然傾向或慾望，理智根據自己的慾望所作的判斷是在滿足自己的傾向，譬如追求智識，通曉世故，不是在完成它的絕對判斷能力。所以，一個完全適合於理智所以爲理智本性的判斷，應是完全站在純理智的立場，不受任何情慾或自私傾向的影響所作的判斷。換言之，這時的理智在判斷上完全是理智化的，只是爲完成一個客觀的要求，因爲那是趨向一個理想或典型的價值，這個價值有它內在的美或善。

由以上所說，我們可以看出來，道德界就是理智藉那典型或理想所建立的價值界。這也就是說，一個行爲是道德的，因爲符合理智所趨向的絕對價值，反之，一個行爲是不道德的，因爲違反理智所趨向的絕對價值。絕對價值是理性的目標，道德價值就是仿傚或分有那個絕對價值，換言之，人的道德價值就是從那個絕對價值而來的。

以上所講，看起來很像康德的形式標準說，然而二者相去甚遠，大不相同。因爲康德的形式標準只是一個普遍的形式，雖然也是一個理想，但是一個空洞的理想。而我們所說的那個理想或典型的價值，不是空洞的，有一個實體作基礎。再者，康德的形式標準以理智作爲道德價值的惟一根源，以外，再沒有任何其他的根源。我們在此所講的道德價值的建立則不同，我們所講的道德價值的建立，是理智在道德價值的判斷上，以那個理想或絕對價值作準則。這樣說來，我們的主張也與任何唯心論毫不相同，因爲唯心論只承認理想界，而沒有實體作基礎。（註二）

第三節　道德的形上基礎

在這一節裏我們要進一步的討論，究竟以上所說的理想或典型的價值是什麼？很明顯的，它不能是經驗的東西，因爲經驗的東西都有缺陷，不能是絕對的。然而也不能是一個純粹的理想，因爲純粹的理想沒有實際的存在，沒有實際存在的東西就是虛無，虛無自然沒有價值可言。因此，理想或典型的價值應當是一個最高的實有價值，完善無缺，爲一切價值的根源，我們稱這個價值爲「自有價值」。「自有價值」就如「自有實有」一樣，沒有「自有實有」，便沒有任何實有；沒有「自有價值」，也便沒有任何價值。其實，「自有價值」就是「自有實有」，因爲實有就是價值。況且，「自有」只能有一個。

在這裏，我們看得很清楚，所謂「自有價值」，就是上帝、天主或造物主。這當然又不會爲無神論者，以及把價值界與存在界完全分開的哲學家們所承認。但是，如果我們不承認

「自有價值」的存在，我們便無法解釋價值的來源。假使說價值界不需要實有作基礎，可以單獨的存立，這又是一種矛盾，「因爲一切的一切，或是虛無，或是存在，道德價值如果不是虛無，便應當是一種存在。」（註三）

對於「自有價值」的存在，我們還可以從分析理性的活動來證明。在我們討論理想或典型的價值時，我們可能認爲那是理性活動所產生的概念，也可能認爲那是存在於理想以外的東西。在第一種情況下，我們認爲那是不可能的，因爲理想或典型的價值是理性在價值判斷上的標準，必須存在於理性活動以前，不能是理性活動的後果。當然，那個理想或典型的價值也不能是理性的本身，否則，理性便是道德的根源，然而我們已經證明過，那是不可能的，因爲理性只把行爲帶進道德界，而不賦與行爲道德價值。而且，理性是相對的，道德價值是絕對的，相對的事物不能作爲絕對事物的衡量，應是明顯的事。所以，必須有一個先天性的理想或典型的價值。

在第二種情況下，理想或典型的價值還有兩種解釋：或是一個存在界以外的純粹理想，或是一個建基於存在上的東西。第一種解釋不可能，因爲我們已經說過，存在界以外的理想只是虛無，虛無便沒有任何價值。在第二種解釋裏，理想或典型的價值也可以懂爲人性或人生的一種理想目標，然而這兩種解釋也不可能，因爲我們也已經證明過，人性本身並非道德價值，人性必須先接受價值，而後才能作爲價值衡量的基礎。至於說理想或典型價值是人生的一種理想目標，這也是不可能的，因爲理想目標先假定有一理想或典型價值的存在。

士林哲學家都主張有一個「自有價值」或天主的存在，宇宙間一切物的價值都是由他而來，有的接受「存在」，如礦物；有的接受「存在」及生命，如植物；有的接受存在，生命並一切本能的認識能力，如普通動物；而人於這一切之外，尚接受了理智和自由意志，成爲萬物之靈，這是分享（Participatio）天主的屬性，而稱爲「天主的肖像」（Imago Dei）。然而論到人的道德價值與天主的關係，則與人的其他價值如存在與天主的關係完全不同，因爲道德價值是人以自由意志決定自己的生活方式爭取來的，但是人的其他價值則是天主賦與的。（註四）

註一：參閱：Dietrich von Hildebrand, Op. cit. P.P. 185-190.

註二：參閱：袁廷棟，已引書，一六〇至一六三頁。

註三：參閱：如上，一七三頁。

註四：參閱：如上，一七三至一七六頁。

第十一章　論客觀道德

道德可以從主觀及客觀兩方面來觀看，從主觀方面來觀看，稱爲主觀道德；從客觀方面來觀看，稱爲客觀道德。在我們從主觀方面觀看一個人的行爲價值時，常以他的特殊環境，譬如他的性格、習慣、教育程度，以及生活背景等，作爲評判的基礎，而尤其以他的良心作爲評判的標準；這也就是說，看他是否根據自己的良心去行事。在我們從客觀方面去觀看一個人的行爲價值時，我們便不考慮他的特殊環境，也不考慮他的良心，而只考慮道德客觀的條件。譬如我們說「說謊是不道德的」，或者說「幫助人是道德的」，這都是根據說謊與幫助人的本身來說的，不是根據說謊的主體或幫助人的主體來說的。因爲說謊的主體可能不以爲自己是在說謊，幫助人的主體可能不是在爲幫助人，而是另有圖謀。

與客觀道德最有關係的是法律，法律有自然法律和人定法律，或稱自然律和明文律。我們在這一章裏就是討論自然律和明文律，以及與它們有關的問題。

第一節 自然律的存在問題

自然律包括的範圍極廣，宇宙間的物都有它的自然律，因為凡是物，都有它的性。性是自然固定的傾向，有一個必須性；每個物必須依照它的性去存在或活動，這就是它的自然律。士林哲學有句成語說：「存在之理就是活動之理」（Ratio essendi est ratio operandi），這句話的意思是說，物的性就是物的活動準則，因為沒有物能夠反對自己的性的。

自然律對於無靈之物來說，稱為「物理自然律」（Physical natural law）。這包括一切自然科學如天文、地理、生物、化學、物理等所研究的各種原則和規律。自然律對於有靈的人來說，稱為「倫理自然律」（Moral natural law），因為這涉及人行為的善惡問題。無靈之物沒有理智，沒有自由意志，對其活動不負責任，而人則有理智，有自由意志，對其行為便應負其責任。普通我們為了方便起見，不論對於物理自然律，或是對於倫理自然律，都可以簡稱為自然律。

倫理自然律或自然律是西方哲學的一個傳統思想，遠自「安底剛（Antigone）」索佛克里斯（Sophocles, 495-406 B.C）、西塞洛（Tullius Cicero, 106-43B.C.）及斯多亞派學士，就已廣泛的討論過。而後聖奧斯定及其他諸教父，再後聖多瑪斯、維多里亞的方濟（Francisco de Vitoria, 1480-1546）蘇亞雷（Francis Suarez, 1548-1617）和葛洛修斯（Hugo Grotius, 1583-1645）等，更都作過詳細的研究。所以，有的人認爲自然律是美國獨立革命和法國大革命以後發起的問題，這實在是錯誤的。西方古代哲學早就有自然律，只是當時不稱自然律，而稱「未寫出的法律」（The Unwritten law）（註一）而已。

中國的傳統倫理思想也是主張有自然律的，中國哲學討論自然律問題最早而又最清楚的，要算是詩經的「天生蒸民，有物有則，民之秉彝，好是懿德。」（大雅蒸民）孔子很贊成這首詩，他說：「爲此詩者，其知道乎！」（孟子・告子上）所以孔子也是主張人有自然律的。而後中庸也很清楚的主張人有自然律，中庸開宗明義就說：「天命之謂性，率性之謂道。」朱子注說：「人物各循其性之自然，則其日用事物之間，莫不各有當行之路，是則所謂道也。」這實在是對自然律的最佳注釋。孟子更是主張人有自然律的，他認爲仁、義、禮、智，是人的天性，就如他說：「仁、義、禮、智非由外鑠我也，我固有之也。」（同上）因此他主張人性善。其實，他的性善的主張也是淵源於「天生蒸民，有物有則」的。所以，他也說：「故有物必有則。」（同上）至於宋明諸儒，如果我們涉獵一下他們的著作，不難發現，他們大致也都承認孔孟的思想，認爲人是有自然律的。

近代有一些實證論者，否認人有倫理自然律，他們的理由是：人的慾望和追求非常的繁多和複雜，雖然有的稱爲善，有的稱爲惡，然而都是人的自然傾向；但是，既然都是人的自然傾向，就不能稱爲惡。這就如一棵樹，枝葉茂盛是自然；另一棵樹，枒杈乾枯，也是自然。又如一朵盛開的花，鮮艷美麗是自然；另一朵凋謝的花，枯萎敗落，也是自然。人也是如此，健康的人是自然，病弱的人也是自然；行善的人是自然，做惡的人也是自然。所以，人並沒有倫理自然律。

對於這個問題，我們必須分析來說。如果說一切的物都是生於自然界，它們的變化也都是屬於自然界，就這個意義來說，的確沒有不是自然的事，一切的事都是自然。但是如果我們就物的性與物的目的的關係來說，就不是一切事都是自然的了；而是有的事是自然，有的事不是自然。花和樹由於季節或年齡的到來，因而枯萎或死亡，那確是自然，因爲它們的目的已經達到。然而如果它們因爲遭到摧殘和砍伐，因此生機中斷，那便不是自然，因爲它們的本性所要達到的目的沒有達到。論到人，也不例外。如果人由於身體的組織老化和衰退，因而病弱或死亡，那是正常的現象，我們稱它爲自然；但是如果因爲受到戕傷或殺害，因而殘廢或死亡，那便不是正常的現象，我們不能稱它爲自然。所以，我們中國人稱享盡天年人的死亡爲壽終正寢，稱喪於非命人的死亡爲夭折或橫死。

倫理自然律必須存在，因爲倫理自然律和物理自然律一樣，都是基於物的性上的。對於物理自然律的存在，人人都可以說沒有懷疑，否則，世界上便不可能有任何物的存在。因爲物的存在一定要根據它的自然規律去存在，花草樹木不能在石頭上去生長，魚蝦蚌蟹也不能在陸地上去生活。人也是一樣，人爲了生活，也必須遵守人的物理自然規律。但是，人不只是一個普通的動物，人有理智；人在物質生活之外，還有倫理生活，倫理生活也有它的規律；倫理生活的最大規律，就是以人性作基礎根據理智的指導去生活。我們這裏所說的人性，也就是我們在上一章所說的整個人性，包括與人有關的各種關係。在人的種種關係內，自然含有人應當盡的職務與應當戒避的行爲，這就是人的倫理自然律。我們稱它們爲自然律，是因爲不是人所制定的，而是爲理智所察覺的。

倫理自然律，已如我們所說，主要的是建基於人性上的，如果我們承認人有人性，便不能不承認倫理自然律，孟子說得很對：「口之於味也，有同耆焉。耳之於聲也，有同聽焉。目之於色也，有同美焉。至於心，獨無所同然乎？心之所同然者何也？謂理也，義也。」（孟子・告子上）孟子的這幾句話固然是用來證明他的性善主張，但同時也證明了倫理自然律的存在。倫理自然律不是別的，就是理智所發現於人性中所含的做人之道，沒有一個物沒有它的生存之道的，人又何能例外？

第二節　人對於倫理自然律的認識問題

人有倫理自然律。然而人對於倫理自然律的認識究竟有多少？是否能夠完全認識？因爲對於同一樣的事情，有的人認爲是善，有的人認爲是惡；有的人認爲是是，有的人認爲是非，甚至還有些自然律不能爲人所理會。對於這一個問題，我們也應當分析來說。

倫理自然律根據它們的明顯性，大體上可以分成三級。第一級是「行善避惡」，這也就是說，「善應行，惡應避」。這一個自然律是一個自明律，因爲這個自然律對於意志就如矛盾定律對於理智一樣，具有同樣的有效力。人的理智最先所認識的是「存有」或「有」，「有」不能同時是「有」又是「無」，這是顯而易見的。譬如「羊就不能同時又是黑又是白，人就不能同時是人又是非人，一物不能同時是它自己又不是它自己，「有」是自明的，它的基本律則也是自明的，不藉反省也可以被認知。誰也不會把石頭當人，把方當圓。」（註二）對於意志來說，意志所追求的是「善」，意志所有的一切抉擇，都是在「善」的觀點下所作，沒有善作動機，意志便不會作任何抉擇。所謂善，包括一切的善：物質的善、精神的善、以及倫理的善。然而意志所追求的既然是善，消極一方面自然就是躲避惡。因此，行善避惡這個大原則不能不被人所知道，除非一個人的理智不正常。一個人可能實際上不做他所知道的善，因爲他有他認爲別的更重要的善，但是他不能不知道「善應行與惡應避」的這個普遍大原則。

與行善避惡相似的另一個自然律的大原則是「己所不欲，勿施於人」。這是推己及人的原則，它的基礎是人性。如果一個人知道痛苦對於自己不好受，也必知道痛苦對於別人同樣的不好受，因爲人都有同樣的人性。因此，一個理智正常的人也不能不知道「己所不欲，勿施於人」這大原則；他實行不實行是另一個問題，但是他不能不知道。佛洛姆認爲這個原則是一切倫理的基礎，因爲愛己與愛人是不能分離的，愛己的「自我」與愛人的「自我」是同一個「自我」；愛是一種創發力，表現在自己身上，也表現在別人身上，破壞別人的衝動也正是破壞自己的衝動，加之於人者，必反諸於己。「自私的人不是愛自己太多，而是愛自己太少。」（註三）

倫理自然律的第二級是從第一級直接演繹出來的規律，如父母應當愛護子女、子女應當孝敬父母、不要殺人、不要偷盜等都是。如果我們知道第一級的原則，也不能不知道這第二級的規律，因爲這都是第一級原則實際的分析和說明。倫理的第一級原則是「善應行，惡應避」，但是，沒有人不知道愛護子女是善的，也沒有人不知道孝敬父母是善的，因爲一如孟子所說，這都是良知良能，出於人的本性。所以，人人都應知道父母應當愛護子女，子女應當孝敬父母。

倫理自然律第一級的另一個原則，已如我們所說，是「己所不欲，勿施於人」，這個原則不能不告知我們不要殺人和不要偷盜的規律。因爲沒有人願意自己被殺害，也沒有人願意自己的財產被偷竊；人人都知道被殺害與財物被偷竊是痛苦的。但是，如果人人都知道自己被殺害和自己的財物被偷竊是痛苦的，自然也就知道別人被殺害和別人的財物被偷竊也是痛苦的，因爲已如我們以上所說，這是人的共同人性。所以，很難說一個理智正常的人不知道殺人是不對的，或者不知道偷竊別人的財物是不對的，人人都應知道這兩條規律。

倫理自然律的第三級也是從第一級演繹出來的。不過，那是經過一番推理的過程所得到的，有時不是人人所都能知道；必須在邏輯學與認識論有過訓練的人，才能發現；甚至縱然在這兩門哲學上有訓練的人，有時也會發生錯誤。因爲人生極其複雜，牽連許多關係，不是事事的眞理都是洞若觀火，一見卽知，有的事情需要經過縝密的思考和研究，而後才能看出它們的性質。譬如自殺、安樂死、雜居等，就往往被許多人認爲是合理的行爲。

人在倫理自然律上發生錯誤，實在不足爲奇，因爲人在任何學術上都能發生錯誤：人在天文學上發生錯誤，在地質學上發生錯誤，在生理學上發生錯誤，在心理學上發生錯誤，人在任何學術上都發生錯誤。因此，人在倫理規律上發生錯誤，也是自然的。我們瞭解了這一點，自然對於人爲什麼在同一的倫理規律上有不同的意見，或者爲什麼人不知道某些倫理的自然規律，就不會感到驚異了。

第三節　倫理自然律的普遍性

倫理自然律是普遍的，爲人人都相同。然而這不是說，人人對於倫理自然律都有同樣的知識。因爲已如我們以上所說，對於第一及第二級的倫理自然律，固然無人不知，無人不曉；但是對於第三級的倫理自然律，便不是人人都能完全知道的；有的人知道的多，有的人知道的少。我們這裏所說的倫理自然律的普遍性，是指倫理自然律的本身而言，這也就是說，凡是倫理自然律，不論屬於那一級，爲人人都存在，爲人人都一樣。因爲人人都有人性，人的人性都相同。

或許有人對於倫理自然律的普遍性發生懷疑，因爲事實說明：有一些原始部落的民族，往往有許多相反人性的行爲，譬如向神明祭獻自己的親生子女，或者遺棄自己年邁的父母，再或者獵殺別族的人，作爲食物等。雖然這些行爲已經漸近消失，但是在人類歷史上，不是沒有發生過的。

首先，在我們討論這些行爲時，我們不應僅在客觀方面去討論，也必在主觀方面去討論。換言之，我們應當對於那些原始部落民族的社會背景、生活習慣、以及教育程度等，都應有所顧及。有的原始部落的人民有時把自己的嬰兒祭獻於神祇，那是因爲他們認爲神是萬物的最大主宰，掌握生殺之權，人爲了平息神祇的憤怒，祈福消災，應當把自己最寶貴的東西奉獻於他，那就是自己的兒女。這是他們的敬神之心，不是不愛護自己的兒女。有的別的原始部落的人民，有時遺棄自己年邁的父母，那是因爲他們認爲父母年老，體弱多病，與其生，不如死。所以，這也是出於一片孝心，是怕父母受苦，不是不孝敬父母，這與今天主張安樂死的人，實在相去不遠。至於說更有的原始民族殺人吃人的事，那是因爲他們有的是爲表現英雄主義，有的是爲滿全宗教儀式的要求，並沒有把人體當作日常普通的食物。總之，如果我們對於那些原始部落民族所做的那些相反人性的行爲加以詳細的研究，我們就會發現，他們不是不知道「行善避惡」和「孝敬父母」等自然律，而是不知道在實際上如何去應用。

倫理自然律實在是普遍的，不過，話再說回來，有的人知道的多，有的人知道的少；有的人從基本原則上推論的正確，有的人從基本原則上推論的錯誤。那是由於人的環境、天資、教育等關係所致，不代表倫理自然律的不普遍。如果人人都能受到正當的教育，除非他的理智有問題，卽使最原始的民族，也會有正確的倫理觀念，人類的歷史早已證明這一點。所以，有些人認爲人類中有所謂「非倫理人」（Un-ethical man），實在是不正確的。當然，已如我們以上所說，人不可能對於一切倫理自然律都有一個完全的認識，人對於任何一門學問都不能有一個完全的知識。人類的一切學問都是由淺而深，由簡而繁，逐步發展的，而且永無止境。倫理學也是如此，因爲人的行爲雲譎波詭，千變萬化，常有新的問題。而且人類代代相傳，每一代都有新的環境，不是當代的人所能完全瞭解的。

第四節　倫理自然律的不變性

倫理自然律的不變性是一個常被人所誤會的問題，很多的人認爲人類的倫理規律不變是不可能的。但是，當我們說倫理自然律不變時，我們不是說，凡是屬於人類倫理方面的事，如灑掃應對、待人接物，以及人類的一切風尚習慣都不能變。人類的環境變，時代變，人類的生活方式自然也變。我們說倫理自然律不變，是說人類的基本自然倫理原則不變。

我們知道，一條法律的改變，不外乎廢除與修正。廢除是取消法律的存在，修正是對它作部份的增添或減少。這是因爲法律已失掉了它原有的意義，或者是因爲時過境遷，它的存在，不但無益，反而有害。但是，這些情形只能發生在人定律或明文律上，不能發生在自然律上，因爲自然律的根源是人性，人性不變，自然律自然也不變。

論到人性不變，這是另一個常被人所誤會的問題。有的人所以對於人性不變有所誤會，是因爲沒有分清什麼是組成人性的基本因素，什麼不是組成人性的基本因素。對於組成人性的基本因素，我們已經討論過，那就是理智與身體，或者理性與動物性。組成人性的非基本因素是構成人體的各種組織、肢體和官能，以及人實際所有的智力和慾望。所以，在我們說人性不變時，我們不是說人的肢體和官能都不變。很明顯的，常用胳臂的人，胳臂一定很發達；常用腿的人，腿部一定很發達。假使人從今天起以後永遠不再用他的腿，萬千年之後，人的腿必與現在的腿不同，進化論者拉馬克與達爾文所倡導的「肢體使用律」，不是沒有科學的根據的。但是，儘管人的肢體和官能能改變，人總必有一個身體，這是絕對不能改變的；如果人沒有身體，人已將不再是人。

這以外，在我們說人性不變時，我們也不是說，人的慾望與智力不變，人的慾望與智力隨著時代的演變也都會變。上古時代的人，巢居穴處，茹毛飲血；現代的人則是高樓大廈，佳餚醇酒。上古時代的人，文化低落，思想單純，二十世紀的今天，人的文化極度發達，思想也日趨複雜。上古時代的人與現代的人相比，不論在那方面，都不能同日而語。沒有懷疑的，今天人的慾望要比上古時代人的慾望多得多，今天人的知識也比上古時代人的知識多得多。但是，人的慾望與知識無論怎樣改變，人對於食住的基本要求不會改變，對於求眞、求善的基本天性也不會改變。

人稱爲有靈的動物，近來有一些新士林哲學家，爲了强調人的精神性，有時也稱人爲「附屬身體內的精神體」（embodied spirit）。但是，無論如何稱呼人，人是由理智與身體所合成的，這樣的人性將永遠不會改變。人的人性旣然不變，人的倫理自然律自然也就不變。

普通來說，有的人所以認爲倫理自然律是可以改變的，是因爲人類的風尙習俗和社會的法律常在改變；同時，倫理學家們對於倫理的主張也常在改變。其實，對於這幾點，我們在前邊都已間接的解釋過。原來，人類的風尙習俗不都屬於倫理自然律，很多是由於時代環境演變而成，這類的風尙習俗時常可以改變。譬如民國以前，我們中國人都以作揖向人表示祝賀或敬意，後來西風東漸，受到了歐美風俗的影響，現在很多便以鞠躬來代替。再如我國古代，由於特別重視貞節的德行，因而男女授受不親，夫婦之間也舉案齊眉。現在的人，由於强調民主自由以及爲社會服務的觀念，於是大家不分男女，都是大大方方，來往自如。很明顯的，放棄作揖沒有什麼不對，放棄男女授受不親以及放棄舉案齊眉的作風也沒有什麼不對，因爲這不是倫理的基本自然律。倫理基本的自然律要求我們不能放棄的是對人的尊重、是保持貞節。

論到法律的改變，這和風尙習俗的改變一樣，並不涉及倫理自然律。法律的改變常是人定律的改變，很多的人定律是應時代和地區環境的需要所制定的；在需要過去後，法律自應廢除或取消，如果再有一個新的需要，再定一個新的法律，這就如在空氣和水源污染的問題未有發生以前，政府不會制定空氣污染法律和水源污染法律，惟有在空氣和水源受到污染後，才有這類的法律出現。

至於說倫理學家們對於倫理的主張常改變，這對於倫理自然律的不變性，更沒有任何關係。因爲倫理學一如其他的科學，常可以作進一步的研究，因此，也常有新的意見出現。然而我們要知道：新的意見並不見得全對；即使對，也不是人的創造，而只是人從倫理自然律的發現。這就如牛頓（Isaac Newton, 1642-1727）的萬有引力定律和巴斯德（Louis Pasteur, 1822-1895）的生源原理一樣，那不是他們的創造，而只是他們在自然律中的發現，因爲那些定律或原理遠在牛頓和巴斯特以前就存在。

第五節　明文律的意義與種類

明文律已如我們以前所說，就是人定的法律。普通，在我們談到法律時，如果不加自然二字，大都指明文律而言。

法律最廣泛的意義就是規則、標準、約束和指導的意思，聖多瑪對法律所下的定義是：「法律是由政府爲謀求公共福利所頒佈合乎理智的命令。」（註四）其實，大多數的哲學家和法律家對法律所下的定義，都和聖多瑪斯的這個定義大同小異。根據聖多瑪斯的定義，我們可以看出來，法律的制定應有四個條件：一、法律應是由政府或國家有權力的機構去制定，

二、法律應是爲謀求公共利益的。三、法律應合乎人的理智的。四、法律應當公佈。

法律的第一個條件說：「法律應由政府或國家有權力的機構去制定」，因爲法律是爲全體國民所遵守的，私人或私人團體沒有權力去管理全體國民，因此，也沒有權力爲全體國民去制定法律。法律的第二個條件說：「法律是爲謀求公共福利而制定的」，因爲法律的目的就是爲維護並發展全體國民的利益，這也是政府或最高機構的責任。況且，如我們剛才所說，法律應爲全體國民所遵守，政府或最高機構不能爲私人的利益，迫使全體國民遵守一個法律。法律的第三個條件說：「法律應是合乎人的理智的」，因爲只有合乎理智的法律，才是合理的法律。如果法律違反理智，就是違反人性；迫使人遵守違反人性的法律，那就是暴政或虐政。法律的第四個條件說：「法律應當公佈」，因爲法律不公佈，自然無法使人去遵守。所以，沒有公佈的法律，就等於不是法律。一條法律的公佈，應包括它的性質、內容和責任。如果法律公佈的不清楚，人民遵守的責任也就不清楚。

法律的基礎是自然律，法律決不能與自然律相抵觸。在此，也許有人會以爲：法律的基礎既然是自然律，那麼，人便可以自己解釋自然律，政府或最高機構不必再另定法律。但是，我們以前曾說過，解釋自然律不是人人所能做到的。而且，生活在同一社會上的人，有一個共同的目標，那就是建設一個安和樂利、繁榮福康的社會。然而爲達成這共同的目的，必須有一個共同的方法。否則，人人見仁見智，不但不能達成目的，反而造成混亂。因此，制定法律應是必須的。還有，社會上的人，良莠不齊，政府或最高機構爲了維護社會秩序，阻止犯罪行爲，必須制定法律。我們不必完全同意亞里斯多德所說的：「人若沒有法律，較之獸類還要壞的多多。」（註五）我們也不必完全同意羅素所說的：「沒有法律，人類乃動物中最壞者。」（註六）但是，法律爲防範犯罪行爲的發生，爲維持社會的治安，有很大的貢獻，當是不可懷疑的。

凡是法律，都有一種强迫性或束縛力，因爲法律是一種命令。不過，它們束縛力的性質不同。由於不同性質的束縛力，法律可以分作一、命令法，二、禁令法，三、許可法，四、懲治法。命令法就是命令人做一種固定的事，譬如國家命令人納稅及服役等。禁令法就是禁止人做一種固定的事，譬如法律禁止人賭博及吸食毒品等。許可法就是許可人做一種固定的行爲而不受別人的干擾，但在許可法之下的人，並沒有必須做許可法所許可做的事的責任；然而却對別人形成一種束縛力，別人對於他的行爲不得加以干涉。譬如七歲以下的兒童乘火車許可買半票；七歲以下的兒童可以不買半票而買全票，但是如果七歲以下的兒童要買半票，別人不得加以干預。懲治法是對違犯法律的人加以懲罰；懲罰可以由法律所規定，也可以由法官根據罪情來規定。

第六節　法律的責任性

我們在前一節曾說過，法律有一種束縛力，加與人一種責任。其原因是因爲法律是命令，命令要求人執行一種固定的行爲，不能隨意拒絕或反抗。但是如果我們追根究源，我們便可以發現，法律的束縛力或責任雖是來自立法者的旨意，但是它的基礎却是自然律。因爲沒有法律可以違反自然律的，違反自然律的法律，便是不合理的法律。

在國家的法律中，我們看得很清楚，有的是把倫理自然律直接以明文規定爲法律，譬如不可以殺人；有的是把倫理自然律加以演繹或解釋，譬如不可以售賣毒品；再有的是國家爲了人民更大的利益所作的規定，譬如礦產歸爲國有。前兩種法律的基礎是自然律，應是沒有懷疑的；卽連第三種法律的基礎也是自然律。因爲自然律要求政府爲人民作最好的打算，謀最大的幸福，而礦產歸爲國有，便是政府爲人民作最好的打算和謀最大的福利的一種方法。

現在的問題是：國家的法律既是建基於倫理自然律上的，立法者的意志是否能影響法律的責任性？換言之，立法者是否能把一個嚴重的自然律規定爲在良心上無拘束力的法律？或者規定爲責任較輕的法律？答案是否定的。因爲立法者實際上只是解釋自然律並把它作成明文而已，並沒有能力改變自然律。因此，立法者不能把殺人定爲一個純粹的人定法，在良心上可以不負任何責任；也不能把它定爲小事一端，無足輕重的法律。立法者在立法時，應盡量使法律的責任性符合於法律原有的性質。

在此，我們還有另一個問題：立法者固然不能改變自然律的原有束縛力，應當根據自然律的性質加與人相稱的責任；但是，是否立法者可以在一個中立性的行爲上制定一個在良心上完全沒有責任的法律？因爲中立性行爲的本身不涉及自然律的善惡性質，譬如立法者規定駕駛汽車應在右邊行，遇到平交道應當停、看、聽。是否立法者可以這樣規定：駕駛汽車人只要認爲能不闖禍，同時又能逃避警察的耳目，卽便違犯這些法律，也可以在良心上認爲不是一種罪過？對於這個問題的答案，顯然的也是否定的。因爲開汽車在右行，以及停、看、聽，雖然它們的本身是中立性的，然而在制定成法律以後，便已不再是中立性的了，因爲社會的公共秩序與人民的安全要求汽車駕駛人遵守這些法律。如果立法者一面制定法律，一面又免除良心的拘束力，這只有爲不守法律的人製造投機取巧的機會，徒爲社會添增混亂與不幸的事件，原非法律的本意。以往，有的哲學家如奧斯汀（John Austin,1780-1859）認爲法律的本質在於它的懲罰性，而與良心無關；犯法人在良心上可以不負責任，但是不能不受法律的懲罰；不加懲罰的法律便不是法律。這是把道德與法律相分離，在今天，這樣的主張已經無人主張了。

繼以上所說，我們在此不免又問：是否一切的法律都是道德律？違犯法律就是違犯道德？倫理學家們對於這個問題的答覆，意見不同，有的認爲是，有的認爲不是。認爲不是的哲學家們主張：在法律中有一些「純懲罰法」（Purely Penal law），這些「純懲罰法」不在道德範圍以內。所謂「純懲罰法」，就是可以遵守，也可以不遵守的法律；但是如果不遵守，便應接受規定的處罰。因此，如果甘心接受處罰，在良心上也就沒有必須遵守的責任；相連的，在違犯這些法律之後，如果沒有被發現，也就沒有自首的必要。他們的理由是：立法人認爲這些法律所涉及行爲的本身不是惡，同時，又極容易被人所忽略。因此，與其使人常常犯法、犯罪，不如另覓途徑，既不使法律立於枉然，也不使人在良心上多受到負擔，那就是使人接受處罰。譬如停放汽車的人沒有在計時器裡放入足夠的錢，在海中釣魚的人，釣的魚超過限定的重量，犯法人如果被警員發現，只要繳納罰金便可，良心上並沒有罪過；倘若沒有被發現，也可以不必去自首。

那些主張一切法律都是道德律的哲學家們，不承認「純懲罰法」的存在。因爲他們認爲：一切法律都是來自自然律，法律的制定固然在於立法者的意志，然而法律在良心上的束縛力則不在於立法者的意志，而是在於自然律。況且，法律的直接目的是維持社會秩序，藉著維持社會秩序以促進公共福利；如果立法者制定法律，而同時又許可不遵守法律，這無異等於破壞社會秩序，當然也就等於阻止發展公共福利。因此，「純懲罰法」的存在是不可能的，一切法律都是道德律。

「純懲罰法」的存在在理論上儘管是一個爭論的問題，然而實際上，在許多人的心目中它是存在的。我們可以說，沒有一個人，縱然一位品德極高，良心極細的人，如果在了無人煙的地帶，駕車越過中線，而會感到良心不安的；也沒有一個人因爲多帶了兩盒香煙，沒有向海關申報，認爲自己犯了一條罪過的。這不能說那是因爲小事的關係，因爲如果眞是道德律，即使是小事，也不應當違犯；如果違犯，便是不道德，雖然是小不道德。但是，我們認爲：在辨認一個法律是否是「純懲罰法」時，必須謹愼仔細，應當就立法者的旨意、法律的性質、以及懲罰的方式等方面，小心求證，不應粗心大意，輕易定斷。不然，日久天長，便會養成不正確的良心，認爲很多的法律都是「純懲罰法」，沒有什麼關係。

第七節　法律的制裁

法律的本質含有束縛力，因此也含有制裁的成份。因爲法律不是「請求」、「願望」或「建議」，而是一個命令，要求人不得任意違反；違反，就要受制裁。但是制裁在法律上的本意，不但指有罪應受罰，也指有功應受賞。不過，普通而言，立法者並不因人守法而獎賞，倒是因人犯法而懲罰。所以，制裁多是指犯法應受罰的意思。

制裁是必須的，因爲這是使人遵守法律的一個方法。事實證明，不是人人都遵守法律的。制裁的作用有兩種：一種是誘導人遵守法律，一種是在法律被破壞後，再恢復法律的秩序。

因爲法律有自然律與人定律或明文律，所以制裁也有自然制裁與法定制裁。自然制裁出自行爲本身的性質，與行爲緊緊相連。譬如暴飲暴食，便會損害身體；飲食有節，便會裨益身體；修德行善，便會使人格完善；爲非作歹，便會使人格敗壞。法定制裁則與行爲的本來性質無關，而是完全在於立法者的旨意，譬如駕車超速要罰款，吸毒、偸竊要坐牢等。

制裁有完善的制裁與非完善的制裁兩種。完善的制裁是使人爲遵守法律有一個完全充足的動機，同時在功過與賞罰之間也有一個完全公義的比例。非完善的制裁是缺乏完善制裁中的任何一個條件，或者兩個條件都缺乏。很明顯的，人所接受的制裁，不論是在法定制裁方面、或是在自然制裁方面，都是非完善的。人所接受的法定制裁是非完善的，因爲社會上的許多法律雖然都是好法律，但是很難說都具有使人遵守它們的一切動機，它們的制定不是絕對沒有可議之處的。同時，在功過與賞罰之間也不可能有一個絕對公平的比例，因爲沒有一個人可以對任何一個行爲有一個完全徹底的認識。至於說人所接受的自然制裁也是非完善的，因爲事實告訴我們，很多有才有識的人，克勤克儉，然而在事業上處處失敗；相反的，另有一些人，不學無術，遊手好閒，反而萬事亨通。還有，許多善人常受苦，許多壞人常享福，這也是司空見慣的事。由於人所接受的制裁是非完善的，所以有信仰的哲學家們都認爲有一個後世絕對公平的制裁。因爲自然律也必有自然律的立法者，自然律的立法者不能對於他制定的法律漠不關心，他必須給與人一種遵守法律的充分動機，同時也必須對於人的功過有絕對公平的賞罰。

人可以完全逃避法定的制裁，但却不可以完全逃避自然的制裁。雖然我們常看到善人受苦，壞人享福，但至少善人的良心平安，壞人的良心不平安。如果我們從物理自然律方面來看自然制裁時，這更是不可置疑的事。假使一個人故意跳入一個大火坑，沒有任何保護，只有受傷或死亡；再如一個人什麼都不吃，什麼也不喝，也只有死路一條。這不但對於人是如此，對於任何動物也是如此。其實，宇宙間沒有一個物破壞了自然律而不受到自然律的制裁的，一棵草沒有水分，必要枯死；一塊石頭由高山滾下，和別的石頭相撞，也必打得粉碎。

現代的人，由於科技驚人的進步，不斷的喊出「征服自然」和「向自然挑戰」等口號。如果說這是激勵人發展科學，妥善利用天然資源，進一步改善人類生活，這實是可圈可點。但如人不顧大自然界的一切自然律，任意破壞自然，眞的以「人定勝天」的姿態「向大自然挑戰」，結果受害最大的，將是人類自己。事實上，由於地球上原有的生態平衡遭到人類的破壞，譬如森林大量的被砍伐、土壤的迅速的變質、資源無計劃的開發、空氣及海洋的污染、噪音及農藥的危害等，對人類及人類的後代子孫，已經發生了重大而深遠的不利影響。科學家們於一九七二年六月五日至十六日，在瑞典首都斯德哥爾摩所舉行的「聯合國人類環境會議」（United Nations Conference On the Human Environment）中所發表的「人類環境宣言」（Declaration On the Human Environment）裏，曾嚴厲的警告世人說：「人類業已到達必須全世界一致行動，共同對環境問題，採取更愼審處理的歷史轉捩點。由於無知與漠視，會對生存與福祉所繫的地球，造成重大而無法挽救的危害。」（註七）所以，現在許多科學家都大聲疾呼：「維護生態，人人有責」（Ecology is everybody's business），不是沒有原因的。

人類違反自然律的行爲最嚴重、最令人擔憂的，恐怕尚不是破壞生態環境，而是破壞人類的本身。近年來，生物學一如其他科學，都在突飛猛進，人對於遺傳因子的秘密已逐漸的揭發，科學家們相信，在不久的將來，人可能有能力隨意選擇或排列遺傳因子；現在試管受孕已經成功，胎兒體外培殖，以往認爲絕對不可能，將來也可能完全實現。尤有甚者，有的科學家還正在研究單性生殖，使所產生的嬰兒只具男方的特性，而無女方的特性，以企復製理想的人物。這種種研究如果眞的一天能成功，那些由非自然過程中所出生的人，他們的個性、他們智力、他們思想和行爲是否與常人相同，都是現在科學家所不能預料的。在科學上已經進步的人類，很可能要退步下去。

發展科學是對的，但是人決不可盲目的「向大自然挑戰」，人類的科學已到了非更弦易轍不可的時期。今後的科學應完全根據中國哲學所講的「率性之謂道」，以及「致中和」的方向去發展。日人合田周平曾看到這一點，他說：「向自然挑戰，並以征服自然爲目的而發展的西洋機械文明，現在似已遭到無可迴避而又無法衝越的牆壁了。這個時候，我們應重新環視一下造物主賜給我們的大自然環境，以我們渺小的人力，眞的可以改變自然，征服自然嗎？今後的新技術應以如何與自然和諸相存爲基點來思考，亦卽該以『致中和』的東洋思想爲重了。」（註八）

註一：參閱：Jacques Maritain, The Rights of Man and Natural Law, transl. by Doris C. Anson, Charles Scribner's Sons, New York, 1947 P.P. 60-61.

註二：李震著，基本哲學—有與無的探討。問學出版社，民國六十七年、二頁。

註三：佛洛姆著，已引書，二〇八頁。

註四：參閱：St. Thomas Aquinas, Summa Theologiae I-II Q. 90 art. 4

註五：Aristotles, Politics, Bk. I, ch. 2, 1253, a5.

註六：羅素著，已引書，第二冊，二六八頁。

註七：中譯文見：于名振、王立鈞、孫克勤、郭鍾祥著：生界—我們的生存環境。東海大學環境科學研究所中心印行，民國六十五年，二五四頁。

註八：合田周平著，江仁雄譯，生態學入門，協志工業叢書，民國六十五年，七二至七三頁。

第十二章　論權利與義務

權利與義務是做人的兩個不可分離的條件，有其一，必有其二。因爲人做人，必有應盡的義務；但是，如果人有應盡的義務，也必有他應享受的權利，好使他在盡義務時，不受別人的干擾。所以，權利與義務是我們兩個切身的問題，我們應對它們的意義、性質、和彼此間的關係，有一個正確的觀念。本章所討論的就是這些問題。

第一節　權利的意義

權利是建立於精神主體上的一種能力，常與人的位格相連。所以，只有有位格的人才有權利，沒有位格的物沒有權利，因爲只有有位格的人才有尊嚴，才能知道什麼是權利。有時我們也說普通動物有權利，但是那是極廣義的說法，不是眞正的權利。權利是「持有、使用並索取事物的名分」。以下是這個定義的解釋。

「持有」的意思是說，如果一件事物爲某人合法的所佔有，那件事物就屬於他。換言之，他就成爲那個事物的權利主體，沒有他的許可，別的人不得攫取或使用，否則，便是侵犯他的權利，是一個相反公義的行爲。

所謂「使用」，是指權利的主體對所有的事物，可以自由的處理、運用、變賣或贈送，別人不得去干涉。又所謂「索取」，是說如果權利主體把所屬的事物遺失，或被他人强佔或使用，有名分索回或要求賠償。

這裏所說的「事物」，不但是指生命、財產、職業等物質方面的事物，也是指名譽、信仰、教育、自由等精神方面的事物。我們可以說，凡是有關人生任何方面的事，都可以作爲權利的「事物」。權利的事物又稱權利的對象。

論到「名分」，這是一種不可侵犯的倫理力量。倫理力量與物質力量不同；物質力量不論如何强大，常常可以被侵犯，倫理力量却不可能被侵犯，卽便被侵犯，也不會失落。一個人不因爲他的房屋被別人侵佔而就失掉他的權利；相反的，他的權利在別人身上常產生一種尊重他的權利的責任，不尊重，就是不道德的行爲。

權利是對權利主體以外的人而言，權利常包括權利主體的「對方」，沒有權利主體的對方，權利便毫無意義，因爲權利的目的就是在使權利主體善盡他應盡的義務。因此，權利的對象雖然是生命、財產、名譽等事物，而實際則牽涉他人的行爲；權利禁止他人傷害、使用，佔有權利主體的生命、財產、名譽等事物。

第二節　權利的組成因素

權利的組成因素有四，那就是權利的主體、權利的對象、權利的名義和權利的對方。我們可以拿一個例子來說明這四種因素的意義：譬如工人在工廠裏做工，工人有權利向廠主索取工資。在這個例子中，工人是權利的主體，工資是權利的對象，工人完成的工作是權利的名義，廠主便是權利的對方。反過來，我們也可以說，因爲廠主付給工人工資，廠主有權利要求工人完成他的工作，在這種情形之下，廠主是權利的主體，工人完成的工作是權利的對象，工資是權利的名義，工人是權利的對方。

權利的主體都應當是人，也只有人才能是權利的主體，因爲已如我們以上所說，只有人才有位格，也只有有位格的人才有主權。原來，位格是屬於精神主體，有自我意識與自我反省的能力，因此能認識自己、把握自己、佔有自己。精神主體佔有自己的能力，也就是佔有其他物的基礎。沒有精神的物體，不能認識自己，不能反省，不能佔有自己，因此也不能有主權的能力。況且，人有道德的生活和人生的目的，人爲了度道德的生活，並爲了達到人生的目的，必須不受他人的干涉；這種不受他人干涉的保障，便稱爲權利。

權利的主體可以是個體的人或自然人，也可以是團體或法人。因爲團體站在單位的立場，也有它的目的，爲達到它的目的，也必須有它的權利。

權利的主體是人，權利的對方也應當是人，禽獸或其他無靈物不能作爲權利的對方。因爲權利的對方有義務去尊重並完成權利主體的權利，然而這需要先瞭解權利，這是禽獸和其他無靈物所不能做到的，因爲牠們沒有理智。因此，人不能與禽獸訂立合同，不能加與牠們一種眞正的義務，人只能訓練牠們，使牠們對人做某種的服務。

權利的對象，根據我們以上所舉的例子可以看出，就是權利主體所保有的事物。權利主體可以對那些事物隨意使用、處理、變賣或贈送，這也就是說，權利主體可以把那些事物當作生活的方法或工具。因此，人便不可以作爲權利的對象，因爲人有位格和尊嚴；站在人的立場，人人平等，沒有一個人可以把另一個人當作一個工具。然而這也並非說，人不可以僱用或聘請一個人替他來工作；聘請或僱用別人來工作，這是幫忙，不是佔有。由此我們也可以知道，奴隸制度與販賣人口絕對是不道德的行爲。

最後，所謂權利名義，就是權利主體所享有權利的理由，也就是權利主體與權利對象間的聯繫關係。權利主體有了那個理由或聯繫關係，便可以名正言順的佔有他的事物，把它歸爲己有。所以，權利名義是使一個人成爲權利主體的必須條件。權利名義可能是與生俱來的，如生命權利；也可能是獲得的，如土地權利、房產權利等。

第三節　權利的特性

如果我們對於權利的性質加以分析，便可以發現其中含有三種特性，那就是不可侵犯性、限制性以及强制性。

權利的不可侵犯性是權利的最基本特性，它的目的是保障權利主體合法的去執行他的權利，而不受他人的干預。沒有不可侵犯性，權利便形同虛設，不起任何作用。如果一個人有權利走路，但如另一個人又可以不許他走，他走路的權利等於沒有。權利絕對不可受侵犯，可受侵犯的權利，便不是權利。

權利的限制性是說，任何權利不是沒有範圍的，因爲人生活在社會上，彼此的關係錯綜複雜，大家的權利也互相交織；往往在我們實行權利時，可能正妨礙他人的權利，同樣，在他人實行權利時，可能正妨礙我們的權利。譬如我們有權利要說話，也許正是別人有權利要靜默。又如別人有權利要用燈，也許正是我們有權利要關燈。權利常是有限制性的。

權利的限制性有三個原因，第一個原因是權利的目的。我們知道：每個權利都有它的目的，在目的達到之後，權利卽行停止。因爲權利就是爲目的而設，目的既然已不存在，權利自然亦無其存在的必要。譬如工人在工廠作工，完成工作之後有權利向工廠索取工資；但在工資付給之後，工人便不再有權利討取工資。

權利限制性的第二個原因是義務，因爲權利與義務是兩個相對的名詞，都是在維持人類的道德秩序；有其一，必有其二；二者相連，不能分開。因此，如果權利阻礙我們盡我們應盡的義務，權利便應停止。譬如我們有權利駕駛汽車，然而也有義務維護他人的生命與財產的安全，如果我們駕駛汽車不能維護他人的生命或財產的安全，便不應駕駛汽車。又如經營食品店的人，有權利售賣他的食品，但是他也有義務維護顧客的健康，如果他的食品不合乎衞生的條件，就不應出售他的食品。

權利限制性的第三個原因是更高權利的干預。權利有不同的等級，自然權利高於人定權利；公共權利高於私人權利。在權利相抵觸時，較高的權利應佔優勢。譬如一個飢餓到瀕臨死亡的邊緣時，而又身無分文，此時他可以取用別人的食物，雖然他以後有償還的責任。又如政府爲了公共的福利，可以收購私人的土地。

權利的强制性是說，權利的主體在必要時，可以用强力去執行或維護他的權利；同時，在他的權利被別人不合法的剝奪後，如果有必要，也可以用强力去索回。因爲權利是爲達到做人的目的的必要方法，如果我們有義務達到做人的目的，自然也有用維護達到目的的方法的權利。但是，在可能由法律的途徑解決時，應先訴諸法律，因爲這是社會公共秩序的要求。否則，人人皆用强力執行自己的權利，社會秩序必遭破壞，況且，如果我們自行以强力解決問題，難免不受到主觀條件的影響，很易傷害公義。

强制性是權利的一個特性，不可以沒有，然而有的哲學家如多馬修斯（Chritian

Thomasius, 1655-1728）和康德則過於强調這個特性，認爲强制性是權利的本質；換言之，權利之所以爲權利，就在於它的强制性。因爲根據他們所說，如果我們對於某種事物有權利，但又不可以用强力去執行，權利就毫無意義。然而我們應知道，權利不是物質的力量，而是倫理的力量，不能以强制力作爲它的本質。而且强制力必先假定權利的存在，所以，先有權利，後有强制力；權利彷彿是目的，强制力彷彿是方法。譬如甲受到別人的恐嚇，要侵佔他的房屋，甲可以請求治安當局去保護；然而甲必須先有房屋的主權，不然，他便不能請求治安當局去保護。所以，强制力是權利的一種後果，隨權利而生，不是權利的本身。更何況，即便甲的房屋被別人侵佔時，沒有治安人員來保護，而並不因此失掉他對房屋的主權，雖然他並未有使用强制力。因此，從這種種理由我們可以看出，權利與强制力並不完全相同，强制力只是權利的一種特性。

爲證明强制力不是權利的本質，除上述的理由外，我們還知道，不是一切權利都可以用强制力的。因爲有的權利的對象是人的內在良心，無法使用强制力。譬如父母有權利不但受到子女物質的照顧，也有權利受到子女內心的孝愛；但是如果子女們心裏不敬愛父母，父母也無法使用强制力。又如我們有權利受到別人在心裏的尊重，不應受到他們內心的侮辱；但是如果有人在心裏侮辱我們，我們也無法用强制力制止他們的思想。雖然這類的權利稱爲不完全權利，然而仍然是權利。因此，權利與强制力實在不是一件事。

第四節 自然權利的存在

人有法定權利，似為哲學家們所共認，然而論到人的自然權利，有的哲學家便持有異議。至少，很多的倫理實證主義者便不承認人有自然權利。對於這一點，我們以往曾經討論過，現在不再贅述。在此我們想要一提的，是十九世紀歷史法律學派（Historical Jurisprudence ）的撒維尼（Friedrich Karl von Savigny 1779-1861）。所以，撒氏認為法律沒有自然的基礎，它的基礎是人的風俗和信仰，換言之，就是人的意志。所以，法律是出現於歷史中的，隨人的意志而生，隨人的意志而去。但是如果法律代表人的意志，是歷史中的產物，那麼，權利也應是歷史中的產物，因為權利來自法律。因此，沒有自然權利。撒氏極其強調權利與語言的相似性，語言是人創造的，語言能改變，權利也能改變。（註一）

在我們討論自然律時，我們曾經證明過，人是有自然律的。自然律就是使人根據人性生活的規律，以期達到做人的目的。然而人為了能遵守人性生活的規律，並能達到做人的目的，必須能有自己的自由，不受他人的干預，這就是人的自然權利。因為事實上人是社會動物，芸芸衆生，共同相處，不能不發生瓜葛，因此，也不能不有自然權利。如果世界上只有一個人，他就沒有所謂的權利，因為權利的目的就是在別人身上產生義務，使別人不能干預他盡他應盡的職務。然而事實上，世界上不止一個人，而是千千萬萬人，所以人必須有自然的權利。

再者，如果我們承認法定權利，也必承認自然權利。因爲如果我們不承認自然權利，便無法解釋爲何國家所定的法律會在人身上產生義務。我們不能說國家是法律的基礎，可以任意加與人一種義務。因爲國家是爲人民而存在，不是人民爲國家而存在；國家不能把人民當作工具，反之，國家應視人民爲目的。由此我們可以看出，國家所以有權利制定法律，並能給人民加與某些義務，應是國家的自然權利。因爲如果國家有義務維護並發展人民的福利，自然也有權利制定有關維護並發展人民福利的法律，人民所以有義務服從國家的法律，也是因爲那是國家的自然權利。

至於撒氏把權利與語言相比擬，認爲語言爲人所創，權利也爲人所創；語言可以被消滅，權利也可以被消滅，因此，便結論人沒有自然權利。我們認爲撒氏的這種比擬，實是圓枘方鑿，太嫌牽强附會，因爲二者之間，並沒有任何共同點，可以相比的。人類爲表達心聲，所以創造了語言，由於人類有不同的種族，因此也有不同的語言；而且只要人同意，便可以創造一種新語言。但是人的自然權利便不是被人所創造的，也不是人隨便同意，便可以有一種新自然權利的。因爲自然權利沒有種族的分別，人人都有同樣的自然權利。我們知道，由於時代與環境的不同，語言可以有改變，甚至可以被消滅，而人類仍然可以生活下去。但是，如果人類取消了父母的自然權利、子女的自然權利和夫妻的自然權利，人類便不能繼續生活下去。語言與權利實在不能相提並論，前者是屬於物理界的，後者是屬於倫理界的。

普通，反對自然權利最普遍的一個理由是：權利只有靠社會才能成立，也只有靠社會才能維持，沒有社會，便沒有權利，更沒有自然權利。我們認爲這種理論含有兩種錯誤，一種是分析的錯誤，一種是結論的錯誤。我們說那是分析的錯誤，因爲固然有些權利是靠社會才能成立，並靠社會才得維持，譬如政府對人民課稅的權利，人民對政府職員選擧的權利；然而並不是一切權利都靠社會而成立的，也不是一切權利都靠社會而維持的。因爲只要世界上有兩個人，縱然他們遠隔重洋，不生活於同一社會內，他們已經有了他們的自然權利：一個人不得侵犯另一個人的生命、健康和財產。至於說那是結論的錯誤，因爲人爲實行權利，固然不能脫離社會；但這只能證明，沒有社會，人不能實行權利，却不能證明沒有社會，人便沒有權利。一如我們剛才所說，只要世界上有兩個人，他們就有他們的自然權利，雖然他們並沒有實行他們的權利。

人實在應當有自己的自然權利，因爲人由其出生之一刹那，便已有屬於他自己的東西，他對於他的身體可以說：這是「我的」身體，他對於他的生命可以說：這是「我的」生命。因此，別人不得侵犯，因爲那是「他的」。

人的自然權利，惟其是自然，所以是絕對的，但不是沒有限制的。這也就是說，自然權利的有效性是在於它的自身，不是在於他人。所以，它有它的絕對存在，但在範圍方面便不是絕對的。譬如我們不能傷害別人的身體，因爲那是他的自然權利；但是爲了自衞，在不得已的情況下，我們可以傷害侵犯者的身體。

人的自然權利都是平等的，因爲人的位格都是平等的；沒有一個人的位格比另一個人的位格高，也沒有一個人的位格比另一個人的位格低。但是在實際生活上，人的身份、職務和環境不同，所以人的實際權利也不同。然而雖然人的實際權利不相同，但並不妨害人的基本自然權利。

第五節　權利的種類

一、權利從它的來源方面來分，可以分作自然權利與法定權利。自然權利是自然律所賦與人的權利，譬如生命的權利、私產的權利和家庭的權利等。法定權利是國家的法律所賦與人的權利，譬如駕駛汽車者的權利、斑馬線上行人優先的權利、老年人乘公車免票的權利等。

二、權利從它的主體方面來分，可以分作國家的權利與私人的權利。國家的權利是政府對國民所有的權利，其目的是在維護並促進社會的公共福利，譬如政府徵稅的權利、徵兵的權利和制定法律的權利等。私人權利是指私人以及私人團體的權利，其目的是維護並發展私人或私人團體的利益，譬如原告的權利、被告的權利、宗教團體的權利、教育團體的權利等。

三、權利從它的對象方面來分，可以分作對人的權利和對事的權利。對人的權利是長上對屬下指導和監督的權利，其目的是在使屬下能循規蹈矩，作爲社會有益的份子，譬如主管對於職員的權利，師長對於學生的權利。對事的權利是指人有享用和支配某種事物的權利；在這些權利中有的是天賦的或與生俱來的，稱爲「天賦事物權利」。譬如生存的權利、自由行動的權利、工作的權利。有的是由於主體完成某種條件獲得的或受贈於別人的，稱爲「取得事物權利」。譬如用錢買得的土地，朋友贈送的房屋等。

四、權利從主體與權利之間的關係來分，可以分作可讓渡的權利與不可讓渡的權利。可讓渡的權利是可以出售、贈送、放棄的權利，譬如出售自己的財產、贈送自己的汽車、放棄自己的發言權等。不可讓渡的權利是不可以出售、贈送或放棄的權利，譬如人的生命的權利，因爲生命是爲完成自己的責任、爲達到自己做人的目的所不可缺少的條件；沒有生命，一切免談。

第六節　義務的意義

義務是執行或停止某種行爲的責任，常含有一種必須性，所以是一種倫理的命令。義務和權利一樣，它的基礎是公義和法律；法律包含自然律和人定律。

由以上的定義我們可以看出，義務有肯定與否定兩種意義，可稱爲肯定義務與否定義務。肯定義務是要我們做某種行爲，否定義務是要我們避免某種行爲。然而肯定義務常常也含有否定的意義，譬如愛國的義務，其中也包括不得危害國家的義務。但是否定的義務便不見得常包括肯定的義務，譬如不可傷害別人的義務，並不包括保護別人的義務；否則，世界上便沒有任何人可以滿全他的義務了。因爲不可傷害人是對人人來說，是一個普遍性的義務，如果要我們保護人人，那便是「物理性」的不可能，或絕對的不可能。但是這並不是一個一成不變的原則，在某些情形之下，否定義務也包括肯定的義務。譬如不可亂倒垃圾，這固然是不許我們製造髒亂，同時也有要我們維持環境清潔的意思。肯定義務與否定義務的分別主要是在指出：否定義務要求我們時時去遵守，不可一時間斷，就如不可殺人，是指時時刻刻不可殺人；肯定義務便不如此，肯定義務雖然也可以是常期性的，但對於它的責任不是時時刻刻都要執行的，譬如國民應當繳納所得稅，但不是時時刻刻都要繳納的，而是只在應繳納的時候才繳納。

義務與權利在維持社會公義和秩序上有同樣的重要性，因爲二者互爲表裏，相輔相成。假使我們有一種義務，也必有爲完成那種義務所需要的權利；同樣，如果別人有一種義務，也必有他們爲完成那種義務所需要的權利，否則，那便不是眞正的義務，也不是眞正的權利。

義務有不同的種類。因爲義務與權利同出一源，因此，義務的種類與權利的種類相同，那就是自然的義務、法定的義務、國家的義務、私人的義務、對人的義務、對事的義務、不可讓渡的義務以及可讓渡的義務。如果我們瞭解了各種權利的意義，也必會瞭解各種義務的意義。

第七節　權利與義務的衝突問題

權利與義務本來各有各的界限，涇渭分明，不相干擾。然而在人的實際生活上，便往往會出現衝突。有時一個人在實行他的權利時，正好妨礙另一個人的權利；或者在他盡他的某種義務時，正好應盡另一種義務；甚至有時他的權利和他的義務正相衝突。這類情形的發生，不能不使我們感到困惑。

權利與義務，不論是它們彼此之間的衝突，或者是它們自身之間的衝突，都是表面的衝突，不是眞正的衝突。因爲一切權利與義務，它們的基礎都是公義和法律，而公義與法律又都建基於自然律之上的，自然律不可能同時命令又禁止人做同一件的事，否則，宇宙間的秩序便不能存在。

爲解決權利與義務的衝突問題，首先，我們應當瞭解它們的性質，而後根據它們的性質再作決定，問題便可迎刃而解。因爲權利與義務都有輕重、大小和急緩的分別，我們做事的次序自然是先重後輕、先大後小、先急後緩，這也是人做事的自然律。譬如救火員有休息的權利，但如有火警發生，便應放棄他休息的權利，去盡救火的義務，因爲救火的義務大於休息的權利。又如我們有權利保有我們的土地，但同時國家也有權利爲了發展公共福利徵收我們的土地，在這兩種權利相抵觸時，我們應當放棄我們的權利，因爲這時國家的權利大於我們的權利。再如一個人有營救活人的義務，同時又有埋葬亡者的義務，這時他應當放棄埋葬亡者的義務，去盡營救活人的義務，因爲營救活人的義務急於埋葬亡者的義務。

在解決權利與義務種種的衝突時，除上述的原則外，還有另一個原則，那就是自然律先於人定律，確定的義務先於不確定的義務。譬如一個人願意遠走闖天下，但如他年邁多病的父母無人照管，他便應留在家中照顧他的父母。又如一個人發現在父母的遺囑裏自己所得到的財產少，懷疑遺囑的有效性，但是如果法庭裁決遺囑有效，便應遵守法庭的裁決，雖然他可以再作進一步的探討和證實。

如我們以上所說，權利與義務有時是非常複雜的問題，雖然我們有原則可憑，然而仍然不能完全解決所有的問題。在這種情形下，如果事關重要，我們應當請教專家或高明。再如專家也不能解決，認爲兩個權利或兩個義務，甚或一個權利和一個義務，都是同樣的確定，也都有同樣的效力，則我們便可以選做任何一個；如果它們可以分開，我們也可以分開來做。譬如一個人的商店倒閉，他無法償還他所有的債務，他可以向他的債主們，按照比例平分他的資產。

註　一：參閱：Michael Cronin, The Science of Ethics (vol.I) Benziger Bros. New York, 1930, P.672。

第十三章　論主觀倫理

在前一章我們討論了客觀倫理：法律。法律不論是自然律，或是明文律，在指示我們做或戒避一個行爲時，常是客觀的，不顧及我們的主觀因素。所以，法律爲人人是相同的。然而由於主體的不同，雖然大家都遵守同樣的法律，却產生不同的倫理價值，這就形成了主觀倫理。主觀倫理的基礎是良心，因爲良心是我們行爲的最近標準。我們不論做什麼事，尤其關係重大的事，我們沒有不看我們的良心的，也許我們不聽從我們的良心，但是，我們要看我們的良心。因此，主觀倫理的問題也就是良心的問題。所以，我們在這一章裏專就良心的意義、作用、分類，以及我們應該如何隨從我們的良心等問題，加以討論。

第一節　良心的意義

中國古代的文獻，最早討論到良心問題的，恐算是書經中的「人心惟危，道心惟微，惟精惟一，允執厥中，（大禹謨）」那幾句話。很明顯的，這裡所說的心，決非生理的心，而是人的良心。所以，相傳那四句話，是舜傳與禹處世立身之道的法度。至於良心二字的運用，應是起於孟子，孟子說：「雖存乎人者，豈無仁義之心哉？其所以放其良心者，亦猶斧斤之於木也，旦旦而伐之，可以爲美乎？」（孟子·告子上）但是，在孟子時代，良心一詞並沒有廣泛的用起來，那是因爲孟子把良心常代以「良知」、「仁義之心」、「是非之心」等名詞。由於這種關係，宋明諸儒雖偶而也有用良心一詞的，但也沒有把它當作一個普遍的名詞來使用，大都用「心」、「理」、「良知」等來代替。不過，中國的儒家不論用那個名詞來代替良心，也不論他們講的是什麼體系，然而他們的基本思想却是一樣的，都是天理良心的意思。

西文的良心一字，多出於拉丁文的Conscientia。此字是由介系詞Cum（同）及名詞Scientia（知識）所組成，意謂「具有知識」，是指主體行事時具有知識，所以含有意識或良心的意思。拉丁倫理學作者爲了清晰起見，常分「心理良心」（Conscientia psychologica）與「倫理良心」（Conscientia moralis），前者卽是指意識（Consciousness），後者卽是指我們普通所說的良心，因爲在拉丁文裏，Conscientia 一字指意識，也指良心，二字不分。

中世紀的西方倫理學家在討論良心的問題時，常用Synderesis（或Synteresis）一字。此字可能是希臘字Syneidesis 的誤寫，（註一）它的原義是指人天生的基本倫理知識，或人生的普遍倫理原則，很近乎儒家的良知。首先使用這個字的，是聖熱洛尼莫

(St. Jerome, 340-420)，他把此字比作「良心的火花」(Scintilla conscientiae)，(註二)彷彿在黑暗中所發出的亮光，來照耀人生。到了十三世紀，Synderesis 便已普遍的當作良知或良心所使用。但是，聖多瑪斯主張Synderesis與Conscientia 二字有別，他認爲前者是一種理性的習慣，使人瞭解倫理的普遍原則；後者是理智在個別行爲上應用普遍倫理原則的判斷。(註三)士林哲學家們大都隨從聖多瑪斯的意見。不過，現在這個問題已成過去，因爲哲學家們都不用 Synderesis 一字了。

良心不是人的一個特殊官能，而是實踐理智的實際應用或判斷。它不考慮純理性的問題，譬如爲何說謊不道德？或者爲何要孝敬父母？而是判斷此時此地所要說的話是否是說謊？或者此時此地所要做的行爲是否是孝敬？良心在倫理價值上所作的判斷，和實踐理智在其它價值上所作的判斷一樣，都是應用在實際生活上的。譬如實踐理智判斷如何投資贏利？如何交接朋友？如何謀職？如何言談？但是，良心對於倫理價值的判斷與實踐理智對於其他價值的判斷雖然相同，而他們的相同只是形式上的相同，在執行上却大有分別。良心的判斷是命令，有一種强迫性；它逼迫我們去服從它的判斷，否則，便受到它的責備或懲罰；有時它的懲罰是如此的嚴厲，甚至勝於身體上的懲罰。顯然的，實踐理性對於其它價值的判斷，便沒有這種力量。所以，倫理學家們大都這樣定義良心：「良心是理智對於行爲的善惡以及對於行爲當做或不當做所作的實際判斷」。

對於以上良心的定義，如果我們加以分析，我們不難看出，良心不但指的是實際判斷行爲善惡的理智，也指的是理智爲達到結論所經過的推理過程，以及理智由推理過程所得到的結論。所以，良心的判斷實際上是經過一番推理過程的，而且良心的推理過程和演繹的推理過程沒有什麼不同，都包括一個大前提，一個小前提和結論。良心判斷的大前提是一個普遍的倫理原則，小前提是此時此地所要做的行爲，結論就是良心的判斷。譬如說，說謊是不道德的，而現在我所要說的話是說謊，所以現在我要說的話是不道德的。又如害人的心是不應有的，現在我所想的事就是害人的心，所以，我現在所想的事是不應有的。

很明顯的，在我們的良心作一個判斷時，我們往往並未察覺到我們要用三段論。那是因爲我們對於普通事情的判斷，早已習以爲常，不必故意的用三段論，而用「省略三段論證」（Enthymeme）便可。譬如說，我是否可以說這種話？不可以，因爲這是說謊。又如，我是否可以有這種想法？不可以，因爲這是害人的心。在我們的日常生活裏，有許多倫理原則都是非常普遍和非常明顯的，在良心做一個判斷時，不需要把它們都明白的列出來。

第二節　良心的功用

良心有三種功用：第一種功用是在行爲以前，那就是如果我們所要做的行爲是好，我們的良心便鼓勵我們去做；如果是不好，便警告我們去戒避。良心的第二種功用是在行爲的當時，這是說，當我們做一件善事的，我們的良心便獎勵我們去完成，當我們做一件惡事時，我們的良心便命令我們去停止。良心的第三種功用是在行爲以後，這就是如果我們做了一件善事，我們的良心便稱讚我們，如果我們做了一件惡事，我們的良心便譴責我們。

良心的三種功用都是很重要的，而第一種功用最爲重要。因爲良心的第一種功用一方面鼓勵我們去行善，另一方面又阻止我們去做惡，使我們不致誤入歧途，鑄成大錯。良心的第二種功用當然也是很重要，它使我們行善要徹底，不要半途而廢；或者使我們做惡時，能及時醒悟，懸崖勒馬，不致一蹶不振。良心的第三種功用雖不像第一及第二種功用那樣重要，然而仍然是很重要的；尤其在消極方面，它可使我們懲前毖後，鑑往知來，不致再蹈覆轍。

良心彷彿是人生的暮鼓晨鐘，事無鉅細，必作提醒；而且事情越嚴重，它的聲音越宏亮。因此，如果人願意作姦犯科，必須先遮掩自己的良心。但是，良心由於常久的掩蔽和阻礙，久而久之，便可以變得麻木不仁，不能發生作用。不過，有一個例外，那就是在人睡眠作夢時，良心的聲音常是響亮的，永遠不能被遮掩。

良心也彷彿是一個人的人格監護人，一個人的人格所以能前進發展，端賴良心的監護和指導。因此，良心也是一個人的人格反應，看到一個人的良心，便可以知道他的人格。同樣，良心也是整個人類道德倫理的監護人，人類社會的福祉與安寧全繫於整個人類良心的監護和指導，人類歷史中的種種罪惡，無不是導致於人類良心的淪落。所以，人類最大的責任就是維護人類良心的正確功能，如果人類的良心泯滅，其禍患遠勝於原子彈、氫氣彈、以及任何武力摧毀的力量。

第三節 良心的種類

根據良心的性質，我們可以把良心分成不同的種類。這樣，我們對良心的意義不但更加明瞭，同時也能使我們在立身處世上有所遵循。良心可以分作以下數種：

㈠正確良心與錯誤良心：正確良心是良心所判斷的行爲價值與客觀的價值完全符合，換言之，行爲的本身價值如何，良心對它的判斷也如何。錯誤良心是良心所判斷的行爲價值與其客觀的價值不相符合。換言之，行爲本身的價值如何，良心對它的判斷不如何，譬如客觀惡的行爲，良心判斷爲善，客觀善的行爲，良心判斷爲惡。

良心是可以錯誤的，因爲良心是實踐理智對所要做的行爲的實際判斷，然而我們知道，實踐理智對於其它的價值可以作出錯誤的判斷，譬如對於貿易界的行情可以作出錯誤判斷，對於選舉活動的路線可以作出錯誤判斷，那麼，對於人如何行事處世自然也可以作出錯誤的判斷。普通來說，良心的錯誤判斷不是來自大前提，而是來自小前提，因爲大前提多是倫理的普遍原則，不容易爲人所誤解，而小前提則是人此時此地所要做的行爲，有時它的性質牽涉極廣，或者不甚明顯，便很容易爲人所誤解。但是，如果人把誤解的小前提貼合於正確的大前提上，自然便作出錯誤的結論來。譬如凡是不屬於任何人的東西，都可以據爲己有；馬路上有一隻皮箱沒有人來拿，所以可以據爲己有。這裏的大前提是沒有錯誤的，但是小前提卻有問題，因爲不是凡沒有人拿的東西，便不屬於任何人。那隻皮箱可能是人遺落的，也可能是被人偷竊而扔掉的，所以，不是不屬於任何人的。但是不論如何，如果我們誤解了小前提，結論自然也不可能是正確的。

良心的錯誤判斷常含有「無知」在內，已如我們所知，無知有不可克服的無知與可克服的無知；可克服的無知有單純的、嚴重的和蓄意的分別，因此，錯誤的良心也有這種種的分別。

(二)確定良心與懷疑良心：確定良心是良心認爲自己所作的判斷沒有錯誤的可能性，堅決相信自己的判斷是對的。然而事實上，確定良心可能是錯誤的，只是它不相信自己有錯誤的可能性而已。在此我們可以看出，確定良心與正確良心是絕不相同的。懷疑良心是良心對於行爲的價值缺少判斷的能力，因此，或是不能作判斷，或是卽便作判斷，也對自己判斷的正確性有所懷疑。所以，懷疑良心常處於猶豫的狀態之中。

懷疑有不同的種類，如果懷疑的發生是因爲主體認爲所要做的行爲可能對，也可能不對，雙方理由參半，因此不能作決定，這種懷疑稱爲積極懷疑。如果主體認爲所要做的行爲，在對與錯兩方面，都沒有充足的理由，怎樣做都認爲不對，這種懷疑稱爲消極懷疑。還有，如果懷疑的發生是在法律方面，主體不能確定法律的存在，或者能確定法律的存在，但不能確定它的內容，這種懷疑稱爲法律懷疑（Dubium juris）。反之，如果懷疑的發生是在事實方面，主體不能確定事實的有無，這種懷疑稱爲事實懷疑（Dubium facti）。因爲懷疑有不同的種類，所以，懷疑的良心也有不同的種類。

㈢粗魯良心、細膩良心、疑懼良心和困惑良心：粗魯良心是常常忽視行爲道德價値的良心，對於行爲的善惡漠不關心。細膩良心是謹小愼微的良心，對於行爲的善惡極其注意，而且明察秋毫，卽連行爲的些微瑕疵，普通也能發覺。疑懼良心（Scrupulous Conscience）是常以爲自己的行爲有罪過的良心，雖然他的行爲並沒有罪過，但是他常爲罪惡的陰影所籠罩，無法脫離；雖然有時由於專家的解釋和開導，也能稍爲舒暢，但不久又發生新的懷疑。因此，有疑懼良心的人，常生活於罪惡感之中，是一種極大的痛苦。困惑良心（Perplexed conscience）是對自己所要作的行爲沒有能力作決定的良心，因爲他不論如何作決定，都認爲是錯誤的，因此，有這種良心的人，也常生活於憂悶之中。

疑懼良心多是發生於有宗教信仰的人身上，那是因爲兒童時期所受的宗教教育極嚴厲，因而形成一種害怕的心理，同時又沒有得到正確的解釋和輔導，隨著年齡的增長，便變成一種病態的心理。爲改正這種疑懼良心，必須經過專家長期的指導和治療。困惑良心多是因爲對於事理的不明瞭，漸漸養成一種猶豫不決，舉棋不定的習慣。由於知識的增加，並練習對於事情勇於作判斷，這種良心是不難改正的。

第四節　良心與行事標準

人類有兩句共同驕傲的話，那就是：「我憑我的良心做事」和「我問心無愧」。這兩句話一方面說明一個人光明磊落的人格，但另一方面也說明人應當隨從自己的良心行事。惟有隨從自己的良心做事，才能問心無愧，才能有光明磊落的人格。當然，這裡所說的隨從自己的良心行事，是指隨從自己的確定良心，因爲只有確定良心才能不欺騙自己。

這裏有一個問題，我們不能不提出來討論，那就是什麼樣的良心才算是確定良心？或者說良心確定到什麼程度我們才可以去隨從？首先，確定良心不需要有形上的確定性（Metaphysical Certitude）。形上的確定性是出於形上原理，那是絕對不能錯誤的，任何錯誤都造成它自身的矛盾。譬如「有」不能是「無」，整體不能小於部分。因此，形上確定性也是不能改變的。人爲形成一個確定良心，不必非有形上確定性不可，因爲人有許多行爲不但牽涉未來，而且也牽涉到他人的自由意志，因此，要想時時處處都有一個形上確定性，那是絕對不可能的。

爲形成一個確定良心，我們也不需要物理的確定性（Physical certitude）。物理的確定性建基於物理的自然律上，所以是普遍的、一致的和必須的，不能有任何例外，譬如火一定要燃燒，人一定要呼吸。對於這樣的確定性，任何例外，都需要超自然的能力。在我們的良心決定一件此時此地要做的行爲時，我們不能常要求這種物理的確定性，因爲物理的確定性雖然不是形上的確定性，但仍然是不可改變的；普通來說，它的反面是絕對不可能。但是，一如我們以上所說，人的行爲牽涉極廣，不但牽涉到未來，也牽涉到他人的自由意志，我們對我們的行爲不論考慮得多麼周密、研判得不論多麼精確，也不能像火一定要燃燒，或者人一定要呼吸那麼確定。對某些行爲，我們可以有物理的確定性，譬如我們的良心可以告訴我們，我們決不可無緣無故的跳入火窖，因爲我們一定要死亡，那是自殺的行爲；然而我們不可能對任何行爲都要求物理的確定性。

在決定做一件要做的行爲時，爲形成一個確定良心，我們只要有明智的確定性（Prudential certitude）便可。所謂明智的確定性，就是在我們衡情度理，盡心考慮之後，認爲一切妥當，大致不會發生什麼錯誤。這種確定性不是絕對不會發生錯誤的，但是，普通來說，人人都不會這樣顧慮。譬如法官對於一個案件，經過詳細的硏究與審斷之後，認爲被告有罪。又如銀行經理經過多方的調查和考驗，認爲某某職員可以陞任爲主任。法官與銀行經理的決定不是百分之百的確定，但是他們沒有理由相信他們所作的決定是錯誤的。如果我們在做事時能有這種確定性，便算是確定良心。

我們這裡還有另一個問題，也不能不提出來討論，那就是如果我們的確定良心是錯誤的，是否我們也應當去隨從？對於這個問題，我們必須加以分析：如果我們良心的錯誤是可克服的，我們就不應當去隨從。因爲如果我們良心的錯誤是可克服的，我們的理智不能不發覺，但是，旣然理智發覺自己的良心有錯誤的可能，這時，我們的良心便不能有確定性。在另一方面，如果我們良心的錯誤是不可克服的，我們就應當去隨從。因爲隨從這樣的良心行事，在客觀上固然是錯誤的，然而站在主觀的立場，錯誤確定的良心與正確確定的良心完全相同，並無任何分別。因此，我們隨從錯誤確定的良心行事，主觀上我們並沒有犯什麼錯誤。很明顯的，在我們說我們應當隨從我們不可克服的錯誤確定良心行事時，我們不是說我們可以不顧及行爲的客觀標準，而是說我們在此時此地要做的行爲上，應當隨從我們確定良心的判斷。因爲良心是我們目前行事的標準，也是惟一的標準，如果我們不隨從良心，便沒有標準可隨從。

我們應當隨從不可克服錯誤的良心，其另一個理由是：人做事應有一個善的意志，而善的意志就是意志接受理智所指出的善，避免理智所指出的惡；如果意志不這樣做，便是惡的意志。在我們隨從不可克服錯誤的良心時，那就說明我們的意志是接受理智的指導，雖然理智的指導是錯誤的，但那是無意的錯誤。

由以上所說，我們可以看出，我們做事是不可以隨從懷疑良心的。隨從懷疑良心行事，是主體不知道自己要做的事應當做或不應當做，但是他仍然照做不誤。在這種情形下，他固然不知道他要所做的事一定是錯，然而他也有理由相信自己可能錯；如果他有理由相信自己可能錯，而仍然去做，這表明他對他所要做的事，對也好，錯也好，他蠻不在乎，這是對道德價值的輕視與不忠，其本身就是一個不道德的行爲。因此，在我們做一件事以前，如果我們發現自己的良心有所懷疑，我們有責任排除我們的懷疑，這就如一個商人，如果他對他所做的交易有所懷疑，不知是賠是賺，他必會精打細算，小心翼翼，好能穩操勝算。這又如一位學者，如果他對他所要寫的東西發現有問題，他也必小心求證，不敢率爾操觚，以免鑄成錯誤，貽笑大方。我們爲了避免道德上的錯誤，並爲了尊重自己的人格，更應當排除自己良心上的錯誤，因爲我們賠了錢，還可以賺回來，作品出了差錯也可以糾正，但是如果我們做了一件有悖倫理道德的事，我們雖然可以懺悔，可以加倍努力行善，但是那個汚點却永遠成爲歷史上的事實，這不能不說是一件可惜的事。懷疑常是錯誤的信號，西塞洛（Tullius Cicero, 106-43 B.C）說：「這是一條金科玉律：是非有疑則不爲，因爲『是』必有其可見的光輝，而『疑』則可能是『非』的信號。」（註四）

第五節 確定良心的形成

在我們做一件有關倫理道德的事時，如果良心遇有懷疑，我們應當設法去解決，這應是沒有問題的了。但是，懷疑有時容易解決，有時不容易解決，甚至有時不能解決。因爲有時我們自己沒有能力去解決，同時也沒有需要的資料或專家去諮詢，而且還有時是事情急不容緩，必須立刻採取行動，沒有時間去解決。在這種情況下，我們應當如何去處理？我們不能說這時我們什麼都不做，等到懷疑消失後再說，因爲我們良心的懷疑有時正是懷疑是否問題可以等待或延遲。處於這種進退維谷，左右爲難的時候，我們的懷疑良心仍然可以變成確定的，因爲有懷疑而不能解決的人，也必有他行事的原則。我們不能說，人在這種情況之下，便是死路一條，這是講不通的。爲使這種懷疑良心變成確定良心，倫理學上有以下兩個原則：

第一個原則是：良心遇有懷疑而不能解決時，應隨較妥的一面。這是說在我們不知道事情是做好還是不做好，但是如果我們認爲做比不做較好，那麼我們就應當去做。反之，如果我們認爲不做比做較好，那麼我們就不應當去做。同樣，如果我們不知道事情是這樣做好還是那樣做好，這時我們也應衡量兩面的情況，而後隨從較妥的一面去做。譬如一位醫生知道某種藥一定能挽救病人的生命，但他懷疑另一種藥是否也有同等的效力，那麼他就應當用那一種一定能挽救病人生命的藥，而不應當用那種他有懷疑的藥。又如獵人在打獵時，懷疑樹林中走動的影子可能是人，也可能是獸，那麼他就不應當開槍去射擊。但是也很可能，有時在我們遇有懷疑時，連較妥的一面也看不出來，這時，我們便可以隨從任何一面，因爲「沒有人有責任做他不可能做的事」（Nemo tenetur ad impossibile）。

第二個原則是：可疑的法律沒有約束力。但是，我們應當注意，這個原則只能用於「法律的懷疑」，不能用於「事實的懷疑」。譬如我們不可以把石頭從山下滾下來，僅希望山下沒人走過；食品店的老闆也不可以把有問題的食物賣出去，僅希望不致於傷害顧客的健康。但是一個人可以擷取長在他家和鄰居邊界上的水果樹上的水果；也可以在禁獵期射殺跑進他的菜園裏偷吃蔬菜的野猪。這兩種情形和以上的兩種情形截然不同。因爲對於以上兩種情形，我們知道，倫理規範及法律都明白的禁止我們危害別人的健康和生命。在我們從山上往下滾石頭時，也許沒有人在山下經過，在食品店的老闆售賣有問題的食物時，也許不會傷害別人的健康，但是那都是絕對有危險的，因此在這種情形之下，我們不可以用「可疑的法律沒有約束力」這條原則。至於對於後來的兩種情形，法律並沒有規定長在兩家邊界上的果木樹屬於何方，也沒有規定不許在禁獵期射殺跑進菜園的野獸。所以，在這兩種情形下，我們可以用「可疑的法律沒有約束力」的原則。

註一：參閱 André Lalande, Vocabulaire Technique et Critique de la Philosoplie, 6th Edition, Presses Universitaires de France, 108, Boulevard Saint-Germain, Paris, 1951 P. 1088.

註二：同上。又 Dagobert D. Runes, Dictionary of Philosophy, 15th Edition, Philosophical Library, New York, 1960. P. 308.

註三：參閱 St.Thomas, Summa Theol. II-II. Q. 47, a. 6, ad 1.

註四：西塞洛，論責任，道義篇(九)，任言曦譯，中央日報副刊，民國六六年，三月二四日。

第十四章　論倫理生活

倫理生活是倫理學所指向的終點，我們以前所討論的種種問題，其目的就是在使我們度一個眞正的倫理生活。所謂倫理生活，一言以蔽之，就是修德行善，所以這一章所討論的就是有關德行的幾個問題。

第一節　德行的意義

中文的德字，訓詁都解爲得，是指得「道」、得「理」於心的意思。而「道」又指的是「天道」；「理」又指的是「天理」；天道、天理又不外天命，就如中庸所說：「天命之謂性，率性之謂道，修道之爲教，道也者，不可須臾離也。」西文的德字，在拉丁文是Virtus它的原義是氣力、勇氣或能力，這是說德行不是垂手可得的，必須努力修練才可。

德行的實質意義是：意志根據理智的指導使人的自然傾向依照正確標準行動的習慣。簡單的說，德行就是使人易於行善的習慣。但是德行既然是一種行善的習慣，所以，一次、兩次偶而行善，不能稱爲德行。我們不能說，一個人只說了一兩次實話，就說他誠實；也不能說，他只做了一兩件公道的事，就說他公道；一個人必須常常說實話、常常做公道的事，我們才說他誠實、他公道。

我們已往在討論習慣時曾說過，習慣是常重複做同一樣的行爲，而所產生做那行爲的容易性。一個人養成一種習慣之後，不知不覺的便會做出那個行爲來。因此，亞里斯多德稱習慣爲人的第二天性。但是，習慣並不是行爲的能力，行爲的能力是來自人的本性；而習慣只是加於人能力上的一種特性，使人的能力容易的、持久的、有秩序的工作，換言之，使人的能力趨於完美，譬如陶器匠可以很容易的塑出一個美麗的陶器來。我們知道，我們也有塑造陶器的能力，但是如果要我們像陶器匠一樣，很容易的、巧練的、並且隨心所欲的塑成各種形狀的器皿，那非要有習慣不可。這對於行善也是一樣，人人都有行善的能力，但是如果要一個人常常的、容易的、不思不想的行善，那也非要有習慣不可。行善成了習慣便是德行，習慣行善的人便是有德行的人。

我們在這裡有一個問題，那就是：德行既然是行善的習慣，習慣成自然，這是否使人在行善時失掉他的自由意志？因此也減少他的行爲的道德價值？因爲習慣成自然的行爲也就是機械式的行爲。的確，一種習慣的德行，尤其一種終身持守不渝的德行，往往會使人不加思索的做出那種德行的行爲來。但是，這種近似機械式的行爲並不使人失掉他的自由意志，因爲一種德行的養成不但是由自由意志開始，而且也必須賴自由意志維持，這樣，才能繼續下去。我們都知道，爲修成一種德行，不是一蹴可幾的，必須久經練習，而後才能成功；然而卽使德行修成之後，仍須持之以恒，不可稍懈。否則，一個德行，不論如何根深蒂固，不論如何機械化，如果主體不願意保持，不久便會消失。譬如一個人有忍耐或謙遜的德行，雖然他修養這些德行已經有年，但是如果他不再願意保持這些德行，他的忍耐和謙遜便會很快的化歸烏有。所以，德行的習慣並不使人失掉他的自由意志，連帶的也不減少行爲的道德價値。

再者，我們從分析德行的因素，也可以看出，德行的習慣並不使人失掉自由意志。德行有兩個因素，那就是意志的向善性和行爲的習慣。在我們修成了一種德行之後，我們的意志利用所習慣的行爲，常常趨向人生的正確目標，使我們的自由與人生的目的完全相結合，不會於善惡之間稍作猶豫，而是當機立斷，從善如流。所以，德行的習慣使我們敏捷的、恒一的實踐我們的人生目的。這無異是使我們擺脫私慾的覊絆，在人的生活中建立一個統一性，能心無旁騖，擇善固執。因此，由於德行所習慣的行爲更是自由的行爲，因爲那是更屬於自己的行爲；沒有習慣的行爲，縱然我們願意做，也常有力不從心之感。沒有走路習慣的人，如果要他走路，那實在是擧步維艱；沒有早起習慣的人，如果要他早起，那更是談何容易？但是對於習慣早起散步的人來說，早起與走路不但不困難，簡直是一種享受。

德行的養成是由難而易，由不完善而達於完善，是人的自由意志運用的最高峰，孔子所說的「從心所欲不踰矩」（論語・爲政），與中庸所說的「安而行之」和「不勉而中」，都是這種意思。因此，我們可以結論說，德行不因爲是習慣的行爲便會使我們失掉自由意志，也不會減少我們行爲的道德價值，相反的，會更增加我們行爲的道德價值。

第二節　惡習

惡習與德行正相反，德行是使人易於行善的習慣，惡習是使人易於做惡的習慣。僅就習慣而言，行善的習慣與做惡的習慣都是習慣，沒有什麼不同，只是一個是好習慣，一個是壞習慣。

在我們討論「惡」的問題時，我們曾經說過，惡是一種缺乏，是應有的善而沒有；倫理的惡也是一種缺乏，是缺乏意志的正直性。但是，物理的缺乏與倫理的缺乏並不完全相同，因爲物理的缺乏，只是一個消極的因素，而倫理的缺乏除了消極的因素外，還有一個積極的因素，那就是意志的向惡性。所謂向惡性，就是意志故意作一個錯誤的抉擇，趨向相反正直理性的目標。因此，罪惡不但是應有的善而沒有，而且還有一個與善相對立的因素。惡人不只是不行善，而是做惡事。

德行常有一個中庸性，凡事無過不及，恰到好處。相反的，惡習不是過，便是不及。譬如以用錢爲例，有德行的人常是該用的就用，不該用的就不用。有惡習的人不是這樣，他不是揮霍無度，便是一毛不拔，這就是所說的浪費與吝嗇。惡習常是相反中庸的，沒有一個惡習可以合乎中庸：沒有合乎中庸的殘酷，沒有合乎中庸的淫亂，也沒有合乎中庸的傲慢，沒有任何一個惡習可以合乎中庸。

惡習與德行還有另一個不同點，那就是德行常有一個連貫性，譬如仁愛不能沒有公義，勇敢不能沒有明智，謙遜不能沒有忍耐。惡習固然有的也有連貫性，譬如貪權不能沒有驕傲，愛財不能沒有吝嗇。但是，也有的惡習彼此毫無聯繫，譬如賭博與淫佚，說謊與懶惰；甚至還有的惡習彼此相衝突，譬如魯莽與怯懦，溺愛與殘酷。因此，一個人能有某種惡習，不一定有其他的惡習；他能把一切的德行都失掉，不一定把一切惡習都染上。

我們以上曾說過，德行不因爲是習慣，便會使人失掉自由意志。同樣，惡習也不因爲是習慣，而使人失掉自由意志，因此，也不免除人的責任性。然而有一個例外，那就是在一個人幡然醒悟之後，深悔前非，定志改過遷善，這時，如果他再不知不覺的做出以往惡習慣的行爲來，便不是一個自由意志的行爲；連帶的，在良心上也不是一個負責的行爲，因爲他已經撤銷了他做惡的意志。

第三節　德行的中庸性

中庸是德行的一個基本特性，這可以說是中外哲人的共同主張。中庸的觀念在中國文化中起源甚早，相傳遠在孔子前一千七百餘年，堯便以「允執厥中」四字傳給舜，作爲立身處世之道；舜又以「人心惟危，道心惟微，惟精惟一，允執厥中。」十六字傳給禹，作爲行事的圭臬。到孔子時，孔子更在中字後加上一庸字，把中庸的思想詳加發揮。（註一）

古希臘的哲學家們也很注重德行的中庸性，柏拉圖在他的「共和國」（Republic）和「政治家」（Statesman）二書裏就孕有中庸的思想，在他的「斐賴布斯」對話錄（Philebus）中更有所發揮。（註二）但是希臘哲學家主張中庸爲德的，並把中庸的觀念作詳細解釋的是亞里斯多德，我們只看他的「尼各瑪古倫理學」（Nicomachean Ethics）就可以知道。

中庸的中字是指不偏不倚，恰合分際；既不過，亦無不及。中庸的庸字是指平庸或平常，一切合於人情。朱子中庸章句題下註說：「中者，不偏不倚無過不及之名；庸，平常也。」同時朱子又引程頤語說：「不偏之謂中，不易之謂庸；中者天下之正道，庸者，天下之正理。」這可以說是中庸二字的最佳解釋。

孔子常用實際的例子闡釋中庸，有一次子貢問他說：「師與商孰賢？」子曰：「師也過，商也不及。」曰：「然則師愈與？」子曰：「過猶不及。」（論語・先進）在孔子看來，子張與子夏都有偏失，一個是過，一個是不及，都不能說是好。又一次子路問孔子說：「聞斯行諸？」子曰：「有父兄在，如之何其聞斯行之？」冉有問：「聞斯行諸？」子曰：「聞斯行之！」公西華曰：「由也問，聞斯行諸？子曰，有父兄在。求也問，聞斯行諸？子曰，聞斯行之。赤也惑，敢問。」子曰：「求也退，故進之。由也兼人，故退之。」（同上）再有一次，有人告訴孔子說：「季文子三思而後行」，孔子說：「再，斯可矣！」（論語・公冶長）孔子的意思是說，凡事都不要不及，但是也不要太過於。孔子極其稱頌舜，就是因爲舜能持中庸之德，孔子說：「舜其大知也與！舜好問而好察邇言，隱惡而揚善。執其兩端，用其中於民，其所以爲舜乎！」（中庸六章）我們都知道，孔子最喜歡他的高足顏回，他喜歡顏回的理由很多，其中的一個理由，就是顏回行事有中庸，就如孔子說：「回之爲人也，擇乎中庸，得一善，則拳拳服膺而弗失之矣。」（中庸八章）

孔子對於中庸還作過精闢的分析，他說：「質勝文則野，文勝質則史；文質彬彬，然後君子。」（論語・雍也）又說：「君子惠而不費，勞而不怨，欲而不貪，泰而不驕，威而不猛。」（論語・堯曰）在孔子的思想裏，中庸實在是達成人格的必要條件，君子與小人的分別就在於此，就如他說：「君子中庸，小人反中庸。」（中庸二章）他認爲道之所以不行於天下，就是因爲人不持守中庸，他說：「道之不行也，我知之矣。知者過之，愚者不及也。道之不明也，我知之矣。賢者過之，不肖者不及也。」（中庸四章）孔子本人一生就持守中庸，論語這樣描述他說：「子溫而厲，威而不猛，恭而安。」（述而）

希臘大哲亞里斯多德和孔子一樣，非常注重中庸，他說：「每種藝術，能注意中庸，以中庸爲標準，便能做到好處。藝術的佳作，既不能增一分，亦不能減一分，過與不及都能毁壞藝術之美，只有中庸才能保持藝術，好的藝術家必會注意及此。但是，如果德行由於它的性質，更是藝術中之藝術，則德行也必須有中庸的性質。」（註三）亞氏認爲中庸就是德行，不中庸就是毛病，所以他說：「過與不及是毛病的特性，中庸是德行的特性。」（註四）又說：「中庸介於兩種毛病之間，那就是過與不及；而德行就是中庸。」（註五）

亞里斯多德也曾對德行加以分析，具體的說明了德行的中庸性。他說勇敢是介於魯莽與怯懦之間，節制是介於禁慾與放縱之間，慷慨是介於吝嗇與浪費之間，自尊是介於吹噓與謙虛之間。（註六）不過，中庸講起來很容易，做起來並不容易，因爲根據亞里斯多德所說，人求中庸，一如在圓中求圓心，只有智者才能。同樣，做好人也非易事，因爲凡事能做到中庸，原非易事。（註七）所以他又說：「失敗能有許多路，而成功只有一條。因爲射中鵠的難，失誤却容易，就畢達哥拉斯學派說，惡的範圍無邊，善的範圍有限。」（註八）這或者也是爲什麼孔子慨歎「中庸之爲德也，其至矣乎，民鮮久矣！」（論語・雍也）的道理。

大致說來，倫理學家們都很注重德行的中庸性，士林哲學家們更是强調德行中庸性的重要，所以，士林哲學家有「德行居中」（Virtus in medio stat）的成語。但是，爲什麼哲學家們都這樣注重德行的中庸性呢？那是因爲德行要求一個完善性。完善性是說，行爲面面都合適，該做的做，不該做的不做，而且做的恰到好處。顯然的，如果一個行爲做的太過或不及，便沒有這個完善性，因爲那是事情的兩極端。

德行的中庸性不是絕對的，而是相對的。因爲人與人不同，爲一個人是正合適的事，爲另一個人可能是太過或不及，這就如爲一個大力士是正合適的一餐飯，爲普通的人可能是兩餐或三餐；又如爲一個窮人算作慷慨的捐獻，爲一個富豪便是太吝嗇。然而無論如何，一切的行爲都有它的中庸性，這個中庸性是理智根據主體不同的情況所判別出來的，因此又稱爲「理性中庸性」（Medium rationis ）。不過，有一個例外，那就是公義之德，因爲公義的中庸性是建立於事物的本身，不以主體作標準；公義只有一個標準，那就是物歸原主；這也就是說，是誰的東西，就應歸與誰；欠人多少，就應還多少；不因主體的不同而有異。當然，債主可以免除別人欠他的債，但那不是公義的問題，而是慷慨或友誼的問題。但是，這也並非說，公義之德什麼中庸都沒有，公義也有中庸性，公義的中庸性稱爲「物的中庸性」（Medium rei），這也是剛才所說的，該得多少，就得多少；該還多少，就還多少；既不多，亦不少。

在我們討論德行的中庸性時，不應誤解了德行的徹底性。德行的中庸性，已如我們以上所說，是凡事不偏不倚，無過不及。德行的徹底性是事情要做得徹頭徹尾，完全無缺。因此，一個法官在判案時應當完全公正，雖然公正有不枉不縱的中庸；一個證人在作證時也應當完全誠實，雖然誠實有不誇張不掩飾的中庸。中庸性要求我們的行爲適可而止，徹底性要求我們的行爲盡善盡美，二者不相抵觸，共同促成行爲的道德價值。

第四節　德行的分類

一個眞正人的行爲離不開理智和意志，人的德行自然也是如此。所以，很多的倫理學家都隨從亞里斯多德的意見，把德行分作「理性德行」（Intellectual Virtues）與「倫理德行」（Moral Virtues）兩大類。（註九）理性德行是使人易於瞭解眞理的習慣，那是因爲理智常常研究某一種眞理，而後養成對那種眞理瞭解的容易性。譬如研究神學的人，容易瞭解神學上的眞理；研究自然科學的人，容易瞭解自然科學上的眞理。倫理德行是使人易於行善的習慣，那是因爲常常行善，所以對於行善也養成一種容易性。理性德行與倫理德行的分別極大，前者是在理論方面，後者是在實踐方面。理性德行是廣義的德行，不是我們普通所說的德行，因爲瞭解眞理還不是實踐眞理，而德行主要在實踐。反之，倫理德行是實在的德行，因爲那實在是實踐德行。

在理性德行裏，亞里斯多德又分作兩種，那就是「理論理性德行」（Virtues of theoretical intellect）與「實踐理性德行」（Virtues of practical intellect）。理論理性德行包括理解（Understanding）、知識（Knowledge）和智慧（Wisdom）。（註一〇）理解是理智明瞭自明原理的習慣；知識是理智根據自明原理推理的習慣；智慧是理智認識最高原因的習慣。實踐理性德行包括藝術（Art）和明智（Prudence）。藝術是知道製做藝術品的習慣，譬如彫刻和文學；明智是知道處世做人的習慣，瞭解如何循規蹈矩，如何避免罪惡。

眞正的德行是倫理德行，西方倫理學一向把倫理德行分爲明智（Prudence）、公義（Justice）、勇敢（Fortitude）和節制（Temperance）四種，稱爲四樞德（Cardinal virtues)。樞是樞紐或門樞，源自拉丁文的Cardo 一字，表示重要的意思。四樞德以外，還有別的德行，稱爲附屬德行或副德（Subordinate virtues)。柏拉圖認爲四樞德是治國做人的重要條件，（註一一）亞里斯多德雖然沒有明確的指定智、義、勇、節爲四樞德，但在他的倫理學裏都有很多的發揮，聖多瑪斯更作了有系統的討論。四樞德是西方傳統所認爲四種主要的德行，直到現在仍然如此。我們現在將四樞德分述於下：

一、智德在本質上原是理性的德行，它之所以被列爲四樞德之一，是因爲在人的實際行爲上，智德已進入了倫理德行的範圍，與實踐德行不能分離。因爲我們不論做什麼事，如果願意做的對，做的合乎中庸，沒有不憑智德來作判斷的；沒有智德，便不能有德行。譬如公義沒有智德，那就可能是刻薄；勇敢沒有智德，那就可能是魯莽；節制沒有明智，那就可能是嚴厲。智德在意志與行爲之間尋求合理的秩序，在行爲與目的之間尋求正確的方法；智德指導一切行爲，沒有德行可以離開智德的。然而明智所以稱爲德行，不是主體偶而有一兩次明智的判斷，而是常有明智判斷的習慣。

中國儒家也極注重智德，孔子把智列爲三達德之首，他說：「智仁勇三者，天下之達德也。」（中庸二十章）孟子也把智列爲四端之一，他說：「惻隱之心，仁之端也；羞惡之心，義之端也；辭讓之心，禮之端也；是非之心，智之端也。」（孟子・公孫丑上）儒家所以如此注重智德，主要的就是因爲「智者不惑。」（論語・子罕及憲問）如果我們眞能遇事不惑，自然也就能愼謀能斷，明情知理，不會做出錯誤的事來。

智德不是聰明，雖然兩者不無關係。因爲聰明的人不一定是明智的人，我們普通所說的「聰明反被聰明誤」的成語，便是這個意思。聰明是天生的智力，明智是理智正確的運用；聰明的大小不在人，就如孔子所說：「唯上知與下愚，不移。」（論語．陽貨）而明智可以修練或學習，所以孔子又說：「好學近乎知。」（中庸二十章）一切的德行都需要練習，智德也不例外。

智德的副德很多，有謹愼、審思、明辨和好學。與智德相反的毛病有疏忽、固執、詭詐和多疑等。

二、公義就是我們普通所說的公道，它的原則，已如我們以前所說，是物歸原主；誰的東西，就應歸於誰。而義德就是主體有常把物歸於原主的習慣。所以，義德基本上是一個對人的德行，至少有兩個人以上的社會，才有義德的出現。公義分「交換公義」（Commutative justice）、「分配公義」（Distributive justice）和「法律公義」（Legal justice）三種。

交換公義是狹義的公義，是專指物屬於誰，就應歸誰所有；欠誰多少錢，就應還多少錢。這種公義存在於人與人之間、團體與團體之間、國家與國家之間、以及個人與團體或國家之間。它的出發點是權力的平等，它的目的也是權利的平等。但是，如果交換公義的出發點與目的是權利的平等，很明顯的，那便不是指的人與人之間的體格的平等，也不是指的團體與團體，或國家與國家之間的人數或面積的平等，更不是指的個人與團體或國家之間的物質條件的平等，而是指的人與人之間、團體與團體之間、以及國家與國家之間的基本權利的平等。

交換公義是條約與合同的基礎，任何條約與合同必須合乎公義，不合乎公義的條約與合同，便不是眞正的條約與合同，受害的一方沒有履行它的義務。在一個合乎公義的條約或合同簽訂之後，如果一方滿全了他的義務，另一方也必須滿全他的義務，否則，便是違反公義。在我們的日常生活裏，我們有許多行爲都是含有合同性質的行爲，譬如我們到商店裏買東西，工人到工廠裏去做工，行人在街上雇用計程車等，這都可以說是合同。因此，在我們交給商店所講妥的價錢之後，商店必須交給我們所買的物品；在工人完成他的工作之後，工廠也必須付給工人應得的工錢；同樣，在一個人坐計程車到達目的地之後，也必須付給司機應得的車資。

分配公義是指國家與國民，團體與成員之間的公義，而尤其是指國家與國民之間的公義。分配公義要求國家對國民以及團體對成員，在權利與義務上作公平的分配，任何厚此薄彼的行爲，都是違反分配公義的行爲。分配公義還要求政府不得任意加與國民無須有的義務；只是勞民傷財，毫無意義的義務，常與分配公義相悖。以外，分配公義也要求政府賞罰嚴明，善理國庫；凡是功過不分，浪費公帑的行爲，也都與分配公義不符。

嚴格的來說，分配公義不像交換公義那樣的嚴格，因爲分配公義沒有「物歸原主」，或者「欠誰多少，就應還多少」的性質。在國家把福利分配與國民之前，那些福利並不屬於國民個人；只有在分配以後，個人才有福利的主權。因此，如果政府分配福利不公，雖然是一個不公道的行爲，但是如果旣成事實，而又無法補救，政府沒有償還的責任。譬如政府賑災，發放救濟品，如果有的人得的多，有的人得的少，發放以後，又沒有補救的方法，政府並無責任去再設法補發。

法律公義是個人對於社會的公義，社會是大家的社會；建設一個安和樂利的社會，是每一個國民的義務；何況社會對於每個國民都有很多的貢獻。所以，每個國民都應根據自己的能力，爲社會盡一份力量。不過，法律公義不僅指國民應盡法律上所規定的義務，法律以外，還有其他應盡的義務，因爲國民對社會的義務不能完全包括在法律之內。爲了這種緣故，所以，有的倫理學家認爲法律公義一詞實在欠妥，因之把法律公義改稱爲「分擔公義」（Contributive justice）。這樣，它的意義不但更清楚，並且還能看出它與分配公義的對立性來。又因爲分配公義與分擔公義都涉及人與社會的關係，因此，很多的倫理學家又稱這兩種公義爲「社會公義」（Social justice）。

法律公義或分擔公義和分配公義一樣，也不像交換公義那樣嚴格，所以，如果有人違反了法律公義，也沒有補償的責任。因爲在國民把自己的力量或物資貢獻給社會以前，那些力量與物資並不屬於社會，但是，如果法律有明文規定補償時，那麼，就應補償。譬如有的人應繳稅而未繳，應服役而未服役，這時就應補繳，並應服役。

義德也是中國傳統上的一個極重要的德行，孟子把它列爲四端中的第二個。但是儒家所講的義，較西方哲學所講的義，其意義還要廣闊。儒家所講的義，既有公義的意思，也有正義的意思。

儒家講義爲公義，孔子說的很清楚，他說：「不義而富且貴，於我如浮雲。」（論語・述而）又說：「富與貴，是人之所欲也；不以其道得之，不處也。貧與賤，是人之所惡也，不以其道得之，不去也。」（論語・里仁）孟子說的也很清楚，他說：「非其有而取之，非義也。」（孟子・盡心上）

儒家又講義爲正義，正義就是說該做的事，就應當做，不該做的事，就不應當做；一切都要按規矩來。所以，義常解作宜，中庸說：「義者，宜也。」（二十章）解釋義解釋得最清楚的，恐是韓愈所說的：「行而宜之之謂義。」（原道）這樣看來，義也就是做人之道，因此，孔子說：「君子義以爲質，禮以行也。」（論語・衛靈公）又說：「君子喻於義，小人喻於利。」（論語・里仁）孔子這樣講解義，孟子自然也不例外，孟子說：「義，人路也。」（孟子・告子上）又說：「義，人之正路也。」（孟子・離婁上）但是義既然是做人之道，人就不可以離棄。所以孟子主張，人於不得已時，寧可捨生而取義，不應苟安偷生。他說：「生，亦我所欲也；義，亦我所欲也。二者不可得兼，舍生而取義也。」（孟子・告子上）儒家的義影響中國人的思想很深，在中國人的觀念裏，義就代表善，因此，我們有義士、義行等名稱。

義德也有許多副德，譬如愛國、愛人、慷慨、廉潔、孝敬父母等都是。與義德相反的有自私、偏心、貪污、瀆職、賄賂等。

三、勇敢稱爲德行，是因爲它使人在做人方面，在面臨艱難、危險、困苦、誘惑時，仍能盡忠職守，遵守倫理規範，而不退縮屈服。勇德是一個做人的生活方式，不是偶而發發勇氣。

勇德不是冒失或魯莽，必有明智作基礎才可。一個眞正有勇德的人，決不冒然行事，更不會作無謂的犧牲。由於衝動、狂妄、愚昧而自蹈危險的人，那是膽大妄爲，不能稱爲勇德。有勇德的人不是不怕危險，也不是不怕痛苦，但是他的勇德使他克服他的恐懼和痛苦。因爲對於他來說，危險與痛苦固然是惡，然而有更惡於危險與痛苦者，那就是罪惡，因此，在他面臨危險、痛苦與罪惡時，他寧願選擇前者。

中國儒家所講的勇德，和西方哲學所講的勇德，完全相合。中國儒家所講的勇德也是不爲勢逼，不爲利誘，勇於爲善的勇，孔子說：「見義不爲，無勇也。」（論語・爲政）又說：「知恥近乎勇。」（中庸二十章）孟子更是講勇的人，他說：「自反而不縮，雖褐寬博，吾不惴焉。自反而縮，雖千萬人，吾往矣！」（孟子・公孫丑上）他又說：「富貴不能淫，貧賤不能移，威武不能屈。」（孟子・滕文公）所以孔孟所講的勇決非魯莽的勇，有一次子路問孔子曰：「子行三軍則誰與？子曰：暴虎馮河死而無悔者，吾不與也；必也臨事而懼，好謀而成者也。」（論語・述而）所以孔子又說：「勇而無禮則亂。」（論語・泰伯）孟子對於這一點，似乎說的更徹底，他說：「可以死，可以無死，死，傷勇。」（孟子・離

婁下）

勇德包括忍耐、恒心、進取、剛毅等副德。懦弱、魯莽、固執、優柔寡斷，都與勇德相反。

四、節制也是人生的一個極重要的德行，這個德行是指人常以理智去節制自己在感覺快樂方面的追求，而尤其是在食與色快樂方面的追求，因爲食與色是人的兩個最强烈的情慾。照理講，人應以理智節制自己在感覺快樂方面的追求，因爲人之所以爲人，而與其他動物有別，就在於人的理智。如果人不以理智節制自己在感覺快樂方面的追求，人的生活便與普通動物的生活無異。

節制不是完全消滅情慾，而是以自己的理智指導情慾。因此，如果一個人有更高尚的人生目的，他可以戒葷茹素，可以守身獨居。但是食與色情慾的本身不是惡，因爲如果人沒有食與色的情慾，人不但不能保持個人的生命，也不能保持人類的生命。然而話又說回來，人不能專求食與色的滿足，否則，人便與禽獸無異。

中國儒家也一向重視節德，孔子主張人在飲食方面，必須有適當的節制，就如他所說：「不時不食，」「不多食，」「惟酒無量，不及亂。」（皆見論語・鄉黨）論到色，他更認爲戒色是青年人的主要規律，他說：「少之時，血氣未定，戒之在色。」（論語・季氏）不但如此，他還認爲潔身自好是達成仁德的必要條件。有一次有人問孔子說：「何如之爲仁？」孔子簡直的答說：「不淫於色。」（大戴禮記・千乘篇）孟子也有同樣的主張，他用一句籠統的話說：「養心莫善於寡欲，其爲人也寡欲，雖有不存焉者寡矣。其爲人也多欲，雖有存焉者寡矣。」（孟子・盡心下）我們知道，儒家講節，還有節操的意思，那是說人要忠於他的做人之道，「無爲其所不爲，無欲其所不欲。」（孟子・盡心上）不過，這是另一個問題，不在我們的討論範圍之內。

節德的副德有端莊、貞潔、儉樸、節食、節飲等。與節德相反的毛病有饕餮、酗酒、淫亂、輕浮、鋪張等。

第五節　德行的連貫性

人修德的目的是在做一個完人、有一個完善的人格。然而一個完善的人格，不是由一個或幾個德行所能達成的，必須有他應有的一切德行才可。因爲人的每一個德行，都代表人性的一種美，都是人性光輝的一種反映。譬如智德反映人性的靈敏，公義反映人性的正直，勇敢反映人性的進取，節制反映人性的純潔。一個完善的人格不能只有明智而沒有公義，或者只有勇敢而沒有節制。所以，惟有在一個人把他應有的一切德行都齊備之後，才能把整個人性的光輝反映出來。也惟有如此，他才有一個完善的人格。

我們說：一個人必須有他應有的一切德行，才能有一個完善的人格；然而這不是說，一個人必須有人類所有的一切德行。因爲事實上這是不可能的，人不可能有修練一切德行的機會。一個人可能有修練公義的機會，不一定有修練忍耐的機會；有修練節制的機會，不一定有修練謙遜的機會。但是，如果一個人願意達成一個完善的人格，他必須根據他的環境具有他應有的一切德行，因爲德行有一個連貫性，彼此串通，息息相關。

德行的連貫性是來自它的本質，那就是它的善。然而善只有一個，就如眞理只有一個一樣。在我們否認某一條眞理時，我們不能不傷及整個的眞理，同樣，在我們排除一個善時，我們也不能不傷及整個的善。換言之，在我們排除一個德行時，我們不能不傷及其他的德行。而且在我們排除一個德行時，我們的意志已經有了一個向惡性，因爲那是拒絕一個應有的善。更何況每個德行幾乎都有兩個相對的毛病，譬如勇德相對的毛病有魯莽和怯懦，仁愛相對的毛病有殘酷和溺愛。因此，在我們故意排除一個德行時，很難不陷入德行相對的兩個毛病中的一個之中。但是，如果我們有一種毛病，也很難不影響其他的德行。一個怯懦的人可能是公義的，然而在他受到惡勢力的威脅時，他的公義便會消失；一個吝嗇的人可能是誠實的，然而有人向他募捐興建公共福利事業時，他的誠實也會變質。毛病與毛病雖然可以沒有關係，德行與德行却是相連的，就如我們以前所說，仁愛不能沒有公義，勇敢不能沒有明智，謙遜不能沒有誠實。

很明顯的，德行的連貫性不是說，如果我們有了一種德行，便自然而然的就會有其他的一切德行。德行有連貫性，然而德行不是一個，因爲德行的對象不同。但是，如果德行的對象不同，它們的性質也必不同，就如聖多瑪斯所說：「由於德行的性質不同，它們的種類自然也不同。」（註一二）因此這就說明，如果德行有不同的種類，爲具有不同的德行，也就需要不同的修練。所以我們不會因爲有了某一種德行，便連帶的也就有了其他的德行。蘇格拉底認爲德行與毛病都是一個，那是因爲他認爲凡是德行都是知識，凡是毛病都是愚昧。（註一三）然而我們知道，知識是一件事，實行又是一件事；一個人知道什麼是德行，但不一定去修德行；一個人知道什麼是毛病，但不一定去戒避毛病。亞里斯多德與聖多瑪斯所以不贊成蘇格拉底的這一主張，其原因就在於此。（註一四）不過，究竟德行是有連貫性的，如果我們有了某種德行，再修其他的德行，也就比較容易，尤其爲修那些連貫性更密切的德行，更是如此。

第六節　西方的智與儒家的仁

德行的種類很多，彼此且不能完全脫離關係，這可以說是毫無懷疑的。那麼，在德行中是否有一個最重要的德行，它可以統攝其他的一切德行？中西哲學家們都認爲是有的。不過，中西哲學的傳統思想不同，因此中西哲學家們的看法也不同。大致說來，西方的哲學家們以智德爲統攝一切德行的德行，中國哲學家們以仁爲統攝一切德行的德行。我們這裡所說的中國哲學家們，是指的儒家哲學家們而言，因爲中國文化受儒家的思想最深。

西方的哲學家們，由蘇格拉底起，一向都很注重智德，認爲智德貫串其他的一切德行。

尤其蘇格拉底更是特別的注重智德，認爲沒有智德，便沒有任何德行，所以把一切德行都歸諸於智德。因爲在蘇氏看來，沒有人會故意傷害自己的身體的，譬如沒有人明知前面有火坑，而仍甘心往裏跳。同樣，也沒有人會故意傷害自己的靈魂的，明知犯罪做惡有害於靈魂，而仍犯罪做惡。一個人故意傷自己的身體固然是愚蠢，但是故意傷害自身的靈魂則更是愚蠢，因爲靈魂比身體更重要。因此，人之所以犯罪做惡，都是因爲無知的緣故。所以蘇氏常常勉勵人去尋求智慧，而智慧又要由認識自己開始，就如他說：「認識你自己！」（註一五）

柏拉圖最先提倡四樞德，以智義勇節並列，但於四樞德之中，他更重視智德，以智德爲其他一切德行的共同因素：因爲有勇敢的人，由於智德，知道在危險中應該做什麼；有節制的人，由於智德，知道在生活中應該控制什麼；有公義的人，由於智德，在處理事物時，知道什麼屬於自己，什麼屬於他人。（註一六）因此，柏氏在他的「共和國」一書中，極其强調哲人的重要性，認爲哲人應該治理社會，而且非哲人治理社會，社會不能有公義。柏氏和他的老師蘇格拉底一樣，主張智慧要由認識自己開始，所以他在他於雅典所創立的學院門口，掛起一個「認識你自己」的木牌，（註一七）作爲弟子們的座右銘或校訓。

有倫理學之父之稱的亞里斯多德，也是非常注重智德的，雖然他並不贊成蘇格拉底的德行卽知識的主張，但是在權衡智德與其他德行的關係時，他仍認爲智德爲主，其他德行爲副，視智德爲諸德之冠。因爲在亞氏看來，接受理智的指導，依照正常理智行事，是人修德及做人的眞正途徑。但是，如果人眞能依照正當理智行事，那已經便是智德。所以，智德應是貫徹整個道德的生活，統攝其他一切德行的德行。

我們知道，在古希臘哲學時代，盛極一時的斯多亞學派和蘇格拉底一樣，極其注重智德，雖然他們也把德行分爲智義勇節四種，但他們認爲那只是名稱上的分別，實際上德行只有一個，那就是智德。因此，他們把世界上的人分作兩種：一種是有德行的人，一種是沒有德行的人，前者又稱爲智人，後者又稱爲愚人。

中世紀的士林哲學大師聖多瑪斯在討論德行時，也以智德爲重。他的理由和亞里斯多德的理由相似，他認爲人要修德行，必不能離開理智的指導，因爲人一定先要知道什麼是德行，而後才能修德行。但是，如果人知道什麼是德行，那已經就是智德的開始。所以在聖多瑪斯看來，在諸德之中，智德爲主，其他一切德行爲副，一如他說：「明智絕對爲諸德之首，其餘一切德行，只在自己本類中是首。」（註一八）又說：「每個罪惡都與明智相反，正如每個德行都與明智有分一樣。」（註一九）然而這絕非說聖多瑪斯不注重意志，因爲聖多瑪斯主張抉擇善惡主要的是意志的工作；人只知道什麼是善，還不能算作德行，必須把善付諸實行，而後才算是德行，但是那就需要意志的推動。因此他說：「一個人稱爲好人，不是因爲他有好的理智，而是因爲他有好的意志。」（註二〇）雖然如此，但是如果以理智與意志相較，聖多瑪斯仍以理智爲重。因爲實際行善，固然在於意志的抉擇，然而認識什麼是善，則是在於理智，沒有理智認識善，意志便不能抉擇去行善。

聖多瑪斯是中世紀最有系統、最偉大的哲學家，他的學說，雖經數世紀的考驗，而至今仍屹立不搖；不但爲大多數的士林哲學家們所追隨，也爲許多別的哲學家們所推崇，影響西方的思想至深且鉅。爲了這種關係，他的有關智德的主張對西方的思想也有很大的影響。因此，我們可以肯定的說，西方傳統的倫理思想，大體說來，是以智德爲諸德之冠的，也以智德爲統攝一切德行的德行，雖然也有人認爲愛德是西方貫串諸德的主德，但那是因爲西方受到了基督教義的影響，在實際上人民所有的思想；然而在哲學的理論上，而仍是以智德爲重的。

在西方，智德爲諸德之冠，統攝一切德行。在中國，儒家的仁則是諸德之首，貫徹一切德行；儒家認爲仁便是全德，仁人便是有一切德行的人或完人。

仁的觀念在中國起源很早，易經上說：「安土敦乎仁，故能愛。」（繫辭上四章）又說：「天地之大德曰生，聖人之大寶曰位。何以守位？曰仁。」（繫辭下一章）書經上也說：「克寬克仁，彰信兆民。」（仲虺之誥）又說：「雖有周親，不如仁人。」（泰誓）到了孔孟時代，仁的觀念已經發揮的淋漓盡致，到達頂點。所以，至少兩千五百餘年來，仁一直是中國人的倫理標準，也是中國哲學界的一個偉大思想。

儒家把仁當作諸德的根源，就如果核的仁是生命的根源一樣，因爲儒家認爲仁是人的本質，禮記說：「仁者，人也。」（表記）孔子也在中庸中說：「仁者，人也。」（二十章）但是如果仁是人的本質，當然也是人的做人之道，所以易經說：「立人之道，曰仁曰義。」

（說卦傳）又說：「君子體仁，足以長人。」又說：「仁以行之。」（乾文言傳）孟子更說：「仁也者，人也；合而言之，道也。」（孟子·盡心上）

仁是做人之道，是一切德行的總滙，這可以從孔子對於仁所作的不同的解釋看出。孔子對於仁的問題常有不同的答覆，這固然是「有敎無類」，因材施敎，但同時也證明，孔子認爲仁是無德不包的。「子張問仁於孔子。孔子曰：能行五者於天下，爲仁矣！請問之。曰：恭、寬、信、敏、惠。恭則不侮，寬則得衆，信則人任焉，敏則有功，惠則足以使人。」（論語·陽貨）「顏淵問仁。子曰：克己復禮爲仁。一日克己復禮，天下歸仁焉。爲仁由己，而由人乎哉？顏淵曰：請問其目。子曰：非禮勿視，非禮勿聽，非禮勿言，非禮勿動。」（論語·顏淵）以後還有別的弟子們問到孔子有關仁的問題，孔子另有不同的答覆。「仲弓問仁。子曰：出門如見大賓；使民如承大祭。己所不欲，勿施於人。在邦無怨，在家無怨。」（同上）「司馬牛問仁。子曰：仁者，其言也訒。曰：其言也訒，斯謂之仁矣乎？子曰：爲之難；言之，得無訒乎」（同上）此後，樊遲曾三次問仁，孔子都有不同的答覆。樊遲第一次問仁，孔子說：「仁者先難而後獲，可謂仁矣。」（論語·雍也）樊遲第二次問仁，孔子說：「愛人。」（論語·顏淵）樊遲第三次問仁，孔子說：「居處恭，執事敬，與人忠，雖之夷狄不可棄也。」（論語·子路）

孔子對於仁的問題作了許多不同的答覆之後，認爲還未把仁講明，因此，他又作了許多別的解釋。他說：「剛、毅、木、訥，近於仁。」（論語·子路）又說：「唯仁者，能好人，能惡人。」（論語・里仁）又說：「力行近乎仁。」（中庸二十章）又說：「仁者不憂。」（論語・子罕）以後，孔子又把仁的反面加以解釋，說明什麼不是仁。他說：「不仁者，不可以久處約；不可以長處樂。」（論語・里仁）又說：「巧言令色，鮮矣仁。」（論語・學而及陽貨）

由以上所說，我們可以看出，孔子認爲仁涵蓋一切的德行；人能有仁，便是一個完人，孔子說：「苟志於仁矣，無惡也。」（論語・里仁）又說：「君子去仁，惡乎成名？」（同上）然而惟其仁爲全德，有仁的人爲全人，所以孔子絕不輕易以仁許人。孟武伯問孔子子路是否是仁人？孔子說子路可以治千乘之國的大軍，但不知道他是否是仁人。（見論語・公冶長）孟武伯又問冉求是否是仁人？孔子說冉求可以管理有一千家的大邑，和有一百輛車馬的卿大夫之家，但不知道他是否是仁人。後來孟武伯接着又問公西華是否是仁人，孔子說公西華可以立朝拜相，與鄰國使者周旋，但是也不知道他是仁人。（以上皆見論語・公冶長）以後，子張又問孔子子文和陳文子是否是仁人？孔子都未有以仁許他們。（同上）在孔子的心目中，只有他的高足顏回可以稱爲仁人，因爲顏回能長期的不違仁，其餘別的弟子只能一天或一月不違仁，孔子說：「回也，其心三月不違仁，（朱注說：「三月，言其久也。」）其餘則日月至焉而已矣。」（論語・雍也）

儒家的仁包含四方面，那就是對己、對人、對物和對天。對己的仁就是忠於自己的修身之道，因爲「修身以道，修道以仁。」（中庸二十章）所以孔子說：「君子無終食之間違仁，造次必於是，顛沛必於是。」（論語・里仁）曾子也說：「仁以爲己任。」（論語・泰伯）孟子也有同樣的看法，認爲人應常以仁存心，不能有所疏忽，他說：「君子所以異於人者，以其存心也，君子以仁存心。」（孟子・離婁下）荀子也說：「唯仁之爲守，爲義之爲行。」（荀子・不苟篇）

對人的仁是推己及人，把仁心加於別人。按仁字，古文爲「忎」，從千從心會意，是說千人一心。小篆爲「仁」，從人從二，是指與人相處之道，蓋如一個人獨居荒野，與人老死不相往來，便無所謂做人處世。所以必須與人相偶，由二人以上，乃至全體社會人民，如此，做人之道乃見。這也是爲何我國古書多以人釋仁的道理。

對人的仁先要由父母開始，因爲父母是最有恩惠、最親近的人。如果一個人對於自己的父母不仁，便談不到任何仁，因此，孔子說：「仁者，人也；親親爲大。」（中庸二十章）又說：「思修身，不可以不事親。」（同上）大學也有「仁親以爲寶」（十章）的話。孟子也認爲事親就是仁，他說：「親親仁也。」（孟子・盡心上）又說：「未有仁而遺其親也。」（孟子・梁惠王上）又說：「仁之實，事親是也。」（離婁上）

父母以外，人的最親近的人，應是自己的兄弟姊妹，所以對人的仁除先向自己的父母表示以外，其次就是要向自己的兄弟姊妹去表示。孔子認爲對兄弟姊妹的仁也是做人之本，與對父母的仁有同樣的重要性，孔子說：「君子務本，本立而道生。孝弟也者，其爲人之本與！」（論語・學而）又說：「弟子入則孝，出則弟。」（同上）孟子更認爲對父母的仁與對兄弟姊妹的仁，是人的良知良能，與做人之道不可分離，就如他說：「人之所不學而能者，其良能也；所不慮而知者，其良知也。孩提之童，無不知愛其親也；及其長也，無不知敬其兄也。親親仁也，敬長義也。無他，達之天下也。」（孟子・盡心上）

對人的仁當然不能只止於父母、兄弟和姊妹，應當對人人都要仁，因爲人人都是由天所生，都是人類大家庭的一份子，所謂「四海之內，皆兄弟也。」（論語・顏淵）因此，在樊遲第二次問孔子什麼是仁時，孔子很直率的說：「愛人。」（同上）對人的仁是愛人，孟子也有同樣的意見，孟子說：「仁者愛人。」（孟子・離婁下）又說：「親親而仁民。」（孟子・盡心上）

對人的仁有積極與消極兩方面，積極的仁是直接加惠於人，視別人的福澤一如自己的福澤，見別人的發展一如自己的發展。因此，自己能立，亦使人立；自己能達，亦使人達，孔子說：「夫仁者，己欲立而立人，己欲達而達人。」（論語・雍也）這以外，還要助人成善，而不助人成惡，孔子又說：「君子成人之美，不成人之惡。小人反是。」（論語・顏淵）關於這一點，孟子的思想與孔子的思想也完全相脗合，孟子說：「老吾老，以及人之老；幼吾幼，以及人之幼。」（孟子・梁惠王上）又說：「古之人所以大過人者，無他焉，善推其所爲而已矣。」（同上）孟子所以極推崇禹和稷，就是因爲「禹思天下有溺者，由己溺之也。稷思天下有飢者，由己飢之也。」（孟子・離婁下）因此，孟子又說：「仁者以其所愛，及其所不愛。不仁者，以其所不愛，及其所愛。」（孟子・盡心下）孔子的志願就是

「老者安之，朋友信之，少者懷之。」（論語・公冶長）

消極的仁是不願意別人加給自己的事，也不要去加給別人，譬如自己不願意有困難，也不要加給別人困難；自己不願意有痛苦，也不要加給別人痛苦。這就是孔子所說的「己所不欲，勿施於人。」（論語・顏淵）也就是子貢所說的「我不欲人之加諸我也，我亦欲無加諸人。」（論語・公冶長）孟子把這種消極的仁解釋爲不忍人之心或惻隱之心，是人人必須所有之心；沒有這種心，便不得稱爲人。（見孟子・公孫丑上）

儒家對物的仁是對人仁的擴延，那就是對物要愛惜，不要蹧蹋，不要殘忍。論語說孔子少時家貧，爲奉養父母和祭祀，有時必需從事釣獵。然而孔子只釣魚，而不絕流網魚；只射樹上飛的鳥，而不射宿鳥（見論語・述而）。孟子誇讚齊宣王有仁術，因爲齊宣王一次見人牽牛過堂下去釁鐘，不忍見牛之觳觫，令人把牛放開，以一隻他看不見的羊去代替（見孟子・梁惠王上）。有仁心的人一定會把他的仁擴及於動物，因爲動物也有感覺；他雖不能不利用動物，但決不會加與動物不必要的痛苦。而且，仁人的心不但擴及於動物，也必擴及於任何物，因爲他愛惜一切的物，所以孟子說：「仁民而愛物」（孟子・盡心上）。宋儒張載更倡導「民吾同胞，物吾與也。」（西銘）這雖是張氏天人一貫的主張，但也不能不說是他的仁人愛物的思想。

儒家對天的仁就是事天與順天（註二一），就如孔子說：「是故仁人之事親也如事天，事天如事親。」（禮記・哀公問）孟子也說：「存其心，養其性，所以事天也。」（孟子・

盡心上）但是如果人對天的仁是事天，當然也要順天，順天就是順天意。一次桓魋想要殺孔子，孔子說：「天生德於予，桓魋其如予何？」（論語・述而）這是孔子完全順天意的偉大態度。孔子順天意不只是這一次，他常常如此，所以他又說：「不怨天，不尤人；下學而上達，知我者天乎。」（論語・憲問）孟子論順天，更認爲那是人得以生存的惟一途徑，因此他說：「順天者存」（孟子・離婁上）。

仁確是儒家的全德，統攝其他的一切德行。雖然曾子把孔子的「吾道一以貫之」解釋爲忠恕，其實，忠恕就是仁。朱熹這樣注疏忠恕說：「盡己之謂忠，推己之謂恕。」而後朱熹又引程子的話說：「以己及物，仁也；推己及物，恕也。」然而這都是我們以上所講的仁的意思。

儒家的仁實是中國倫理上的一個極偉大的觀念，由這個仁的觀念產生了中國人的天下爲公，世界大同的主義。中國人數千年來，所以能保持崇高的道德倫理，仁的觀念的確發揮了極大的作用。

第七節　士林哲學與儒家的天人合一

士林哲學與中國的儒家都講天人合一，也都以天人合一爲倫理生活的最高境界。在這裡，我們僅就這兩家所講的天人合一的理論，稍作比較。

西方哲學講天人合一，起源很早，不是由士林哲學開始，蘇格拉底早就有這種思想。蘇氏强調人生要符合神的旨意，一切唯神命是從，好能與神默契。柏拉圖認爲人靈魂的美善是分享於至上神的美善，人應以自己的心靈去認識至上神，並按理智去生活，奉至上神爲模範，以企與至上神更能相似。亞里斯多德在他的倫理學裡就如在他的形上學裡，把最後目的看作一個極重要的課題；認爲一切物都爲最後目的所繫；並趨向於最後目的。但是，有時亞氏明言最後目的便是神，就如他說：「在宇宙內，在人靈魂上，神推動一切。」（註二二）所以，在亞氏的思想裡，也涵蘊著天人合一的觀念。

斯多亞學派特別强調天人合一，不過，斯多亞學派所講的天，其意義極其複雜，有時天是指的宇宙的創造者與主宰者，所以是有位格的天；但是，有時天也是指統治宇宙的理性（Logos），很像老莊的道和大自然，或宋明新儒的性理的天。然而無論如何，斯多亞學派極其注重天人合一，要人回歸自然，與天相契，這應是沒有問題的。

西洋哲學講天人合一，理論最透澈，系統最淸晰的是士林哲學。士林哲學的天人合一，其出發點是天或天主，天亦稱造物主。天創造了人和宇宙間的一切物，創造或造（Creatio）在士林哲學裡是指物的出現，旣不是出於它自己，也不是出自預先有的主體，而是完全出於虛無。所以，士林哲學所講的創造與今天普遍所說的創造，其意義逈然相異。在今天，凡是人製做一件物品，都可稱爲創造。其實，嚴格的講，這是不能稱爲創造的，因爲在人製做一件物品時，必須需要原料和工具，然而創造則不需要原料和工具。根據士林哲學，人的靈魂便是造物主所創造，因爲靈魂既不是出生於自己，也不是來自預先所有的主體，它的出現完全是出自造物主的無限能力。因此，靈魂由虛無而到存在，造物主是它的惟一原因，士林哲學稱之爲「有效原因」（Efficient Cause）。

但是，造物主不但是人靈魂的「有效原因」，也是人靈魂的「模型原因」（Exemplar Cause）。所謂「模型原因」，是指人靈魂依照造物主的觀念所造。在士林哲學裡有一個原則，那就是：「一切工作者，都製做與自己相似的物」（Omne agens agit sibi simile）（註二三）。這就如一個雕刻家所雕刻的作品，常含有自己的特性，一位詩人所寫的詩，常含有自己的靈感一樣；任何一個製做者所製做的任何物，都含有他的印跡。這對於造物主也是如此，一切受造物都與它的造物主在某處有它的相似處，聖多瑪斯說：「在某種意義下，受造物都是造物主的形像或肖像，因爲製造者製做與自己相似的物。」（註二四）

由以上所說，天或造物主既是人靈魂的「有效原因」與「模型原因」，或者說，人的靈魂既是造物主由無中所造，且又帶有造物主的肖像，那麼，人的靈魂也必以造物主爲依歸。所以，士林哲學又主張造物主乃是人生的最後目的，人必須尋求造物主，並以獲得造物主爲人的至善（Supreme Good）和幸福。

善的觀念，以及至善的觀念，是蘇格拉底、柏拉圖、亞里斯多德，以及其他希臘哲學家們的一個主要觀念。蘇氏以實行道德生活就是善，就是幸福。柏氏認爲善和幸福都是超越的，人在此世只是分享超越的善和超越的幸福。亞氏對於善和幸福的解釋與蘇氏不同，亞氏認為實行道德生活並不卽刻享受幸福，人的生活不因為道德而就變成幸福的生活，道德的生活只是達到至善的方法。以亞氏來看，至善必須存在，因為假如沒有一個至善，每個善都是由於追求另一個善所以才成為善，那就形成一個無窮的連環或回溯（Infinite Regress），這顯然與邏輯不符合。然而亞氏對於善與幸福的解釋與柏氏也不同，亞氏認為善與幸福是屬於人生，不是超越人生，雖然亞氏並不否認超越的至善（註二五）。對於聖多瑪斯而言，亞氏的至善適正解釋造物主與人的幸福的關係，因為人的最後目的是造物主，人非獲得造物主，便不能有幸福；又因為造物主是至善，獲得了造物主，也就獲得了全福或至福（Beatitude）。所謂至福，根據博愛修斯的定義是：「滙合一切善的完美狀態」（註二六）。普通，士林哲學家們都把它定義為：「最高而完善的永久享有」（註二七）。

士林哲學認為人一定要追求全福，這是人的本性。因為如果人不追求全福，便含有追求痛苦的意義；然而那是不可能的，因為這與人性相反。但是，我們知道，人的理智在追求眞理上和人的意志在追求美善上，都超越相對而有限的對象，趨向一個絕對的眞和善，因此，人的全福不能建築於物質的事物上，這不但因為物質的美善有限，也因為物質的物沒有理智，不能與人在思想和情感上有所溝通；人的基本價值是位格，人的全福不能來自低於位格的物。然而人的全福也不能建築於別的人身上，因為別的人也在追求全福，他們的本身就有缺陷；況且，人有自由，朝秦暮楚，反覆無常，常常可以改變。因此，人的全福必須來自造物主，聖奧斯定說：「因為我們是造來為你的，我們的心得不到你，就搖惴不安。」（註二

八）

我們到此，可以這樣結論說，士林哲學認爲人爲天或造物主所創造，以造物主爲依歸；因此人必須尋求造物主，且以獲得造物主爲至福。所以天人合一是人生自然的目的。

中國儒家講天人合一，源遠流長，起源也很久遠，早在孔孟以前，就有這種觀念。儒家所說的天人合一，是指人的德行達到最高境界時，便可與天相配，詩經這樣描述文王的德行說：「文王在上，於昭于天。周雖舊邦，其命維新。有周不顯，帝命不時。文王陟降，在帝左右。」（大雅・文王）朱熹註說：「帝，上帝也，左右，旁側也。」又說：「蓋以文王之神在天，一升一降，無時不在上帝之左右。」

中國古籍講論以德與天合一的地方極多，易經說的最清楚，易經說：「夫大人者，與天地合其德，與日月合其明，與四時合其序，與鬼神合其吉凶。」（乾卦文言）孟子也說的很清楚，他說：「夫君子所過者化，所存者神，上下與天地同流。」（孟子・盡心上）

儒家天人合一的出發點也是以天爲造物主，這與士林哲學所講，實是不謀而合。詩經說：「天生烝民，有物有則，民之秉彝，好是懿德。」（大雅・庶民）朱子註說：「天生衆民，有是物必是有是則。蓋自百骸九竅五臟，而達之君臣、父子、夫婦、長幼、朋友，無非物也，而莫不有法焉。如視之明、聽之聰、貌之恭、言之順、君臣有義、父子有親之類是也。是乃民所執之常性，故其情無不好此美德者。」朱子註釋詩經中的這幾句話的意思是說：天既造生了人，就賦予人行事做人之道或原則，因此，人自然便有修德行善的傾向和能力。詩經的這種思想是很重要的，由於這種思想，而啓發了中庸的另一種思想，那就是：「天命之謂性，率性之謂道，修道之謂教。道也者，不可須臾離也。」（第一章）中庸的這幾句話可以說是「天生烝民，有物有則」的解釋，和「天生烝民，有物有則」有同樣的重要性。

我們不論探討「天生烝民，有物有則」也好，或是探討「天命之謂性，率性之謂道」也好，都可以發現儒家論人性的一個基本原則，那就是人性之內有天性，人道之內有天道。換言之，人性可以通天性，人道可以通天道。所以，孟子說：「盡其心者，知其性也；知其性，則知天矣。」（孟子．盡心上）但是，人如何能盡心知性呢？那就是要發揮天道，因爲天道在人，至誠無僞，人的責任就是使天道彰顯於人，因此中庸說：「誠者，天之道也；誠之者，人之道也。」（二十章）孟子也說過類似的話，他說：「是故誠者，天之道也；思誠者，人之道也。」（孟子．離婁上）如果人眞能達到至誠無妄的境界，便可與天相契合，中庸說：「唯天下之至誠，爲能盡其性；能盡其性，則能盡人之性；能盡人之性，則能盡物之性；能盡物之性，則可以贊天地之化育；可以贊天地之化育，則可以與天地參矣。」（二十二章）

以上所說，是儒家天人合一的主要理論。在實際實行方面，儒家主張人爲了要達到天人合一的境界，必須先從法天做起，因爲天之所做所爲，無不盡善盡美，因此人若願意與天相合，自應與天相似才對，所以禮記說：「天垂象，聖人則之。」（郊特牲）易經也說：「天行健，君子以自彊不息。」（乾卦）又說：「與天地相似，故不違。知周乎萬物而道濟天下，故不過。」（繫辭上・四章）孔子最讚美堯，就是因爲堯法天，孔子說：「大哉堯之爲君也！巍巍乎，唯天爲大，唯堯則之。」（論語・泰伯）

天人合一是儒家的一個極重要的思想，這種思想在宋明新儒的著作裏，更是處處可見，雖然宋明新儒所講的天多是性理的天，而所講的天人合一又多是天地萬物一體。但是，如果我們從人實踐道德的觀點來看，天的基本意義，在宋明新儒的思想裏，仍是理性的天。所以，宋明新儒的盡心盡性以與天相契，實際上則是履行天命天理以與天相契；能實際達到與天地同德同體的人，也就是盡心盡性與天理相合的人。（註二九）因此朱子說：「性，天理也。理之所具，便是天德，在人識而體之。爾云：能體認之，便是天德。體認乃是人力，何以爲天德乎？性心只是體用，體用豈有相去之理乎？（朱子答何叔京・文集卷四十第二十七頁）王陽明也說：「聖人無所不知，只是知個天理；無所不能，只是能個天理。聖人本體明白，故事事知個天理所在，便去盡個天理。」（王陽明傳習錄下・王陽明全書第一冊八〇頁）又說：「君子之學，心學也。心，性也。性，天也。聖人之心純乎天理，故無事於學。下是則心有不存，而汩其性，喪其天矣，故必學以存其心。」（王陽明謹齋說・王陽明全書第一冊第一六一頁）（註三〇）

再者，宋明新儒並沒有絕對否認天是有位格的天，就如朱子說：「問經中天字，曰：要人自看得分曉，也有說蒼蒼者，也有說主宰者，也有單訓理時。」（語類卷一・理氣上）又如他解釋「知我者天乎」一句話說：「知，恐是與天相契合，不是眞個知覺否？先生曰：又似知覺，又不似知覺。」（語類卷四十四・論理二十六・憲問篇・莫我知也夫章）而且朱子有時暗示他還肯定人格的天，「或問伊川說以主宰謂之帝，孰爲主宰？曰：自有主宰。蓋天是個至剛至陽之物，自然如此運動不息；所以如此，必有爲之主宰者。這樣處，要人自見得，非言語所能盡也。」（朱子語類）他又說：「蒼蒼之謂天，運轉周流不已，便是那個。而今說天有個人在那裡批評罪惡，固不可。說道全無主之者，又不可。這裡要人見得。」（朱子語類卷一・理氣上）（註三一）。

對於宋明新儒的天，到此我們可以這樣說：我們不能否認他們所講的天，很多都是指物質的天和性理的天。但是，我們也不能完全斷言他們所講的天，絕對不是指人格的天，否則，人修德與天相契，便已毫無意義。

士林哲學與儒家是東西方的兩大派思想，在許多方面都有同樣的主張。尤其關於天人合一，更是分庭抗禮，平分秋色，對於鼓勵人心向上，修德行善，不能不說都發揮了極大的作用。

註一：參閱：陳立夫著，四書道貫，上冊，二七九頁。

註二：參閱：Plato, Philebus, 25-26.

註三：Aristotle, N. E. BK. 2, Ch. 6, 1106 b 10.

註四：同上，ch. 5. 1106 b. 30.

註五：同上，ch. 6. 1107 a. 1-5.

註六：參考：同上，ch. 7.

註七：同上，BK. II. ch. 9. 25.

註八：同上，BK. II. ch. 6. 1106. b. 30.

註九：同上，BK. II. ch. 1. 1103 a. 1.

註一〇：同上，BK. VI. St. Thomos, Summa Theol. I-II. Q. 57.

註一一：Plato, Republic, ch. IV.

註一二：Introduction to St. Thomas Aquinas by Anton C. Pegis, The Summa Theologica, P. 573 (I Answer.)

註一三：參閱：Aristotle, N. E. BK. VI. ch. 3. 1144 b. 15-19; BK. VII. ch. 1. 1145 b. 20-25; Plato, Protagoras, P.P. 352 b; 355 a; 357b; 358 C.

註一四：Anton C. Pegis Op. Cit. Q. 5. art. 2. P. 581 (I Answer); Aristotle, N. E. BK. VI. Ch. 3. 1144 b. 15-19.

註一五：Xenophon, Memorabilia, IV. 2. 24-25.

註一六：Plato, Phaedo, § 68-69; Phaedrus, § 246-256.

註一七：Cfr. Daniel J. Sullivan, An Introduction to Philosophy, Milwaukee, The Bruce

Publishing Co. 1957, P. 57.

註一八：St. Thomas, Summa Theol, I-II. Q.61. art. 2 ad 1.

註一九：同上．II-II. Q.55. art. 2 ad 3.

註二〇：同上．I. Q. 5. art. 4 ad 3.

註二一：吳經熊，總統的哲學素養，中央日報，第九版，民國六十三年十月三十一日。

註二二：Aristotle, Eudemian Ethics, VII, 14. 1248 a. 26-29.

註二三：St. Thomas, Summa Theol, I. Q. VI. art. 1. resp; Q. 45. art 6. sed contra.

註二四：St. Thomas, Summa Contra Gentiles, III, 19.

註二五：J. Maritain, Moral Philosophy. P. 34.

註二六：Boethius, De Consolatione Philosophiae, I. Bk. 3. Pros. 2.

註二七：Victor Cathrein, Philosophia Moralis, P. 28.

註二八：聖奧斯定，懺悔錄，第一章，一頁。

註二九：周克勤，已引書，中册，一八七頁。

註三〇：引於周克勤，已引書，中册，一八七至一八八頁。

註三一：同上，引於二三九頁。

參考書

謝扶雅：當代道德哲學，香港亞洲出版社出版，民國四十四年。
羅光：實踐哲學，香港公教眞理學會出版，一九六〇年。
羅光：中國人格的創造者，先知社出版，民國六十三年。
張東蓀：道德哲學，廬山出版社出版，民國六十一年。
溫公頤：道德學，商務印書館出版，民國五十五年。
范錡：倫理學，商務印書館出版，民國五十七年。
袁廷棟：普通倫理學，光啓出版社出版，民國五十八年。
周克勤：道德觀要義，商務印書館出版，民國五十九年。
林子勛：倫理學概論，文化印刷廠出版，民國五十六年。
黃建中：比較倫理學，國立編譯館出版，民國五十一年。
余家菊譯，J. Dewey and J. H. Jufts 著：道德學，中華書局出版，民國二十四年。
謝扶雅：人生哲學，正中書局出版，民國六十六年。
李石岑：人生哲學，地平綫出版社出版，民國六十一年。
方東美：中國人生哲學概論，先知出版社，民國六十三年。
楊紹南：宗教哲學概論，商務印書館出版，民國五十八年。

方東美：科學哲術與人生，虹橋書店印行，民國五十四年。
楊紹南：人生哲學概論，商務印書館出版，民國六十一年。
彼得‧克魯泡特金著，李費甘譯：人生哲學，帕米爾書店印行，民國六十二年。
黃公偉：中國倫理學通詮，現代文藝出版社出版，民國五十七年。
吳康：康德哲學，中華大典編印會印行，民國五十五年。
南庶熙：康德哲學大綱，正文書局印行，民國六十一年。
三鋪藤著，張宗元及林科棠譯：中國倫理學史，商務印書館印行，民國五十六年。
蔣維喬：中國哲學史綱要，中華書局出版，民國四十六年。
佛洛姆著，蔡伸章譯：人類之路，協志工業叢書出版公司出版，民國五十九年。
韓山城譯，Andrian Van Kaam 著：宗教與人格，安道社出版，民國六十三年。
韓山城譯，Alice Van Hildebrand 著：宗教哲學，安道社出版，民國六十二年。
傅統生：哲學與人生，天文出版社，民國五十九年。
陳立夫：四書道貫，中華印刷廠出版，民國五十五年。
袁廷棟：馬克斯哲學簡介與評價，光啓出版社出版，民國六十四年。
張振東：神學哲學，商務印書館出版，民國六十三年。
李震：基本哲學，問學出版社出版，民國六十七年。
丁道源：犯罪學，崇文打字排版印刷行出版，民國六十年。
史懷哲著（Albert Schweitzer），鄭泰安譯：文明的哲學，新潮文庫出版，民國六十五年。
合田周平著，汪仁雄譯：生態學入門，協志工業叢書出版公司出版，民國六十五年。
孫沛德：智能不足兒童教育，文景出版社出版，民國六十四年。

林德賽著，方祖同譯：科學與文化（The Role of Science in Civilization by Robert Bruce Lindsay），協志工業叢書出版社出版，民國六十一年。

海森堡著，周東川、石資民、黃銘欽合譯：物理與哲學，協志工業叢書出版公司出版，民國六十一年。

黃方剛：倫理學，正文書局出版，民國六十一年。

李霜青：人生哲學導論、五洲出版社出版，民國六十一年。

陳百希：倫理學，光啓出版社，民國六十六年。

曾仰如：宗教哲學，光啓出版社，民國六十三年。

梁啓超：墨子學案，中華書局出版，民國四十六年。

尼采著、蕭贛譯：扎拉圖士特拉如是說，商務印書館出版（漢譯世界名著），民國五十五年。

聖奧斯定著，應楓譯：懺悔錄，光啓出版社出版，民國五十五年。

Aquinas, St. Thomas, Summa Theologiae, Summa contra Gentiles, De Malo.

Augustine, St., De Civitate Dei, De Confessionibus, De Libero Arbitrio.

Aristotle, The Basic Works of Aristotle edited and with an Introduction by Richard McKeon reprinted in Taiwan, 1970.

A.J. Ayer, The Problem of Knowledge, R & R Clark Ltd. London, 1956.

A. J. Ayer, language, Truth and Logic, London, 1946.

Baier, Kurt, The Moral Point of View, Cornell University Press, Ithaca, New York, 1960.

Banner, A. William, Ethics, Charles Scribner's Sons, New York, 1968.

Bittle, Célestine, Man and Morals (Ethics), The Bruce Publishing Co., Milwaukee, 1958.

Boethius, The Consolation of Philosophy, transled by H. F. Stewart and E. K. Rand, Loeb Classical Library, Cambridge, Mass., Harvard University Press, 1936 (With De Duabus Naturis.)

Bourke, Vernon J., Ethics, The MacMillan Co., New York, 1951.

Cathrein, Victor, Philosophia Moralis, Barcelona, 1945.

Collins, James, God in Modern Philosophy, Henry Regnery Co., Chicago, 1959. (2 vols)

Cronin, Michael, The Science of Ethics, Benziger, New York, 1930.

Dewey, John and Tufts, James H., Ethics, Henry Holt and C., London, G. Bell & Sons, 1910.

Fagothey, Austin, Right and Reason, (Ethics in Theory and Practice), The C. V. Mosby C., St. Louis, 1959.

Frankena, William K.,Ethics, Prentice-Hall Inc., Englewood Cliffs, N. J. 1963.
Fuchs, Josef, Natural Law, translated by Helmut Reckter and John A. Dowling, Gill & Sons, Dublin, 1965.
Il Comunismo e I Cristiani, Morcelliana-Brescia, Italia, 1947.
Jones, W. T. edited :Approaches to Ethics, Representative Selections from Classical Times to the Present, McGraw-Hill Book Co., New York. 1962.
Gilson, Etienne, The Spirit of Mediaeval Philosophy, Translated by A. H. C. Downes, Charles Scribner's Sons, New York. 1940.
Gilson, Etienne, The Christian Philosophy of St. Thomas Aquinas, translated by L. K. Shook, C. S. B., Random House, New York. 1956.
Gilson, Etienne, Moral Values and the Moral Life, B. Herder Book Co., St. Louis, Mo.1931.
Higgins, Vernon J., Ethics, Man as Man, (The Science and Art of Ethics), The Bruce Publishing Co., Milwaukee, 1948.
Hildebrand, Dietrich von, Christian Ethics, David McKay Co., New York, 1953.
Hobbes, Thomas, Leviathan, Clarendon Press, Oxford, 1909.
Hostie, Raymond, Religion and the Psychology, Sheed & Ward, New York, 1957.
Huxley, T. H. & Julian Huxley, Evolution and Ethics, reprinted in Taiwan.
Hudson, W. D., Modern Moral Philosophy, reprinted in Taiwan.
Kant, Immanuel, Critique of Practical Reason., Critique of Pure Reason., Fundamental Principles of the Metaphysic of Morals, translated by Lewis White Beck, reprinted

in Taiwan.

Lawler, Ronald, Philosophical Analysis and Ethics, The Bruce Publishing Co., Milwaukee, 1968.

Leibell, J.F., Readings in Ethics, Loyola University Press, Chicago, III. 1926.

Liehmann, Paul, Ethics in a Christian Context, Harper & Row, New York, 1954.

Magill, Frank N, Masterpieces of World Philosophy (in Summary Form) reprinted in Taiwan, 1967.

Maritain, Jacques, Les Droits de L'Homme et la Loi Naturelle, edtions de La Maison Francaise, Inc., New York, 1942.

Maritain, Jacques, The Person and the Common Good, Scribner's, New York, 1947.

Maritain, Jacques, Moral Philosophy, Charles Scribner's Sons, New York, 1964.

Merton, Thomas, No Man Is an Island, Bell Publishing Co., Inc., New York, 1957.

Mill, John Stuart, Utilitarianism, (With an Appendix of Speeches), edited with notes by M. Kohmo, The Hokuseido Press, 1936.

Monden, Louis, Sin, Liberty and Law, translated by Joseph Donceel, Sheed and Ward, New York, 1965.

Mothersill, Mary, Ethics, Bernard Cellege, 1966, reprinted in Taiwan.

Nowell-Smith, P. H., Ethics, Philosohical Library, New York, 1957.

Moore, G. E., Principia Ethica, Cambridge, Cambridge University Press, 1903.

Pegis, Anton, C., Introduction to St. Thomas Aquinas, The Modern Library, New York, 1948.

Plato, Collected Dialoques, edited by Edith Hamilton and Huntington Cairns, reprinted in Taiwan, 1970.

Renard, Henri, The Philosophy of Morality, The Bruce Publishing Co., Milwaukee, 1953.

Rousseau, Jean Jacques, The Sacial Contract, New York, Hafner, 1947.

The Rationalists: Rene Descartes, Discourse on Method, Meditations, translated by John Veitch., Benedict De Spinoza, The Ethics, translated by R. H. M. Elwes., Gottfried Wilhelm Freiherr von Leibniz, Discourse on Metaphysics, translated by George Montgomery, Dolphin Books, Doubleday & Co. Inc., Garden City, New York, 1960, Re-printed in Taiwan.

Sargent, S. Stansfeld, The Basic Teachings of the Great Psychologists, The New Home Library, The Blakiston Co., Philadelphia, 1947.

Sidgwick, Henry, The Methods of Ethics, Dover Publishing Inc., New York, 1963.

Spinoza, Baruch, Works of Spinoza: On the Improvement of Human Understanding, Ethics, Selected Letters, translated by R. H. M. Elwes, reprinted in Taiwan. 1968.

Struhl, Karsten J. and Paula Rothernberg Struhl, Ethics in Perspective, Random House, New York, 1975.

Terruwe, A. A. A., Paychopathic Personality and Neurosis, translated by Conrad W. Baars, edited by Jordan Aumann, P. J. Kenedy & Sons, New York, 1958.

Toccofondi, Eugenio T., I valori Spirituali e II Fattore Economico, Marieti, Rome, 1949.

Toulmin, S., The Place of Reason in Ethics, Cambridge, Cambridge University Press, 1950.

Warnock, Mary, Existentialist Ethics, McMillan and C. Ltd., Great Britain, 1969.
Ward, Leo R., Christian Ethics, B. Herder Book Co., St. Louis, Mo. 1954.
White, Robert W., The Abnormal Personality, The Ronald Press C., New York, 1956.
Wiley, Thomas E., Capitalism Explained, Catholic Library, Publishers, Ozone Park, New York, 1942.
Woetzel, Robert, K., The Philosophy of Freedom, Popular Library, New York, 1966.

國家圖書館出版品預行編目資料

倫理學（理論與實踐）

王臣瑞著. – 初版. – 臺北市：臺灣學生，
1980 [民 69]
面；公分

ISBN 957-15-0246-4 (平裝)

1. 倫理學

190　　80002122

倫理學（理論與實踐）（全一冊）

著作者：王臣瑞
出版者：臺灣學生書局有限公司
發行人：盧保宏
發行所：臺灣學生書局有限公司
臺北市和平東路一段一九八號
郵政劃撥戶：〇〇〇二四六六八號
電話：（〇二）二三六三四一五六
傳真：（〇二）二三六三六三三四
E-mail: student.book@msa.hinet.net
http://www.studentbooks.com.tw

本書局登記證字號：行政院新聞局局版北市業字第玖捌壹號

印刷所：長欣彩色印刷公司
中和市永和路三六三巷四二號
電話：二二二六八八五三

定價：平裝新臺幣三〇〇元

西元一九八〇年八月初版
西元二〇〇五年九月初版七刷

19001

ISBN 957-15-0246-4 (平裝)